2018年教育部人文社会科学研究青年基金项目
“缓刑适用评估机制实证研究“（18YJC820067）

社区矫正
适用前调查评估模式研究

吴一澜 著

法律出版社
LAW PRESS·CHINA
北京

图书在版编目(CIP)数据

社区矫正适用前调查评估模式研究 / 吴一澜著. -- 北京 : 法律出版社, 2024
ISBN 978 - 7 - 5197 - 8707 - 3

Ⅰ. ①社… Ⅱ. ①吴… Ⅲ. ①社区-监督改造-研究-中国 Ⅳ. ①D926.7

中国国家版本馆 CIP 数据核字(2024)第 017585 号

社区矫正适用前调查评估模式研究
SHEQU JIAOZHENG SHIYONG QIAN DIAOCHA PINGGU MOSHI YANJIU

吴一澜 著

责任编辑 韩梦超
装帧设计 汪奇峰

出版发行 法律出版社
编辑统筹 司法实务出版分社
责任校对 裴 黎
责任印制 胡晓雅
经　　销 新华书店

开本 710 毫米×1000 毫米 1/16
印张 18.75 **字数** 260 千
版本 2024 年 1 月第 1 版
印次 2024 年 1 月第 1 次印刷
印刷 唐山玺诚印务有限公司

地址:北京市丰台区莲花池西里 7 号(100073)
网址:www.lawpress.com.cn
投稿邮箱:info@lawpress.com.cn
举报盗版邮箱:jbwq@lawpress.com.cn

销售电话:010 - 83938349
客服电话:010 - 83938350
咨询电话:010 - 63939796

书号:ISBN 978 - 7 - 5197 - 8707 - 3　　**定价**:78.00 元
凡购买本社图书,如有印装错误,我社负责退换。电话:010 - 83938349

前 言

社区矫正适用前调查评估起源于19世纪美国的缓刑资格审查制度,是近代以来教育刑思想和刑罚个别化理念发展的产物。随着犯罪圈的扩大,我国缓刑适用率较高、缓刑人群基数庞大,同时非监禁刑的适用亟须科学的量刑依据,司法实践中也亟须提升调查评估工作的规范化水平。虽然我国社区矫正制度的发展时间较短,作为社区矫正前置程序的调查评估也还未形成完善的制度,但实践中已形成了值得一定研究的模式,为科学完善社区矫正适用前调查评估制度提供了有益的范式。调查评估制度能为社区矫正决定机关提供重要的量刑参考,能有效地防止在社区矫正实践工作中,由于衔接不到位导致的脱管、漏管现象的发生,从而提高教育矫正的成效,最终实现刑罚个别化的司法公平正义。

目前,国内对于调查评估的研究较为分散,实证研究的数据样本有限,国外的调查评估主要针对缓刑的适用前调查评估和假释适用的再犯风险性评估。本研究以刑罚个别化理论为主线,采用了访谈法和文献分析法,全视角探究了社区矫正适用前调查评估的模式。在数据的处理上使用了定量与定性相结合的混合性研究方法,对30名调查评估相关机构的工作人员进行了深入访谈,其中包括社区矫正适用前调查评估委托主体法院的法官、对调查评估有权进行委托和监督的检察机关的检察官、基层司法所的工作人员、县级社区矫正机构负责人、市级社区矫正机构负责人、省级社区矫正机构负责人6种不同类型的主体，同时结合全省社区矫正工作人员的整体数据进行了分析。除此之外，还通过对1115份适用缓刑和管制、96份适用假释和47份适用暂予监外执行的调查评估卷宗的整理和转化，进行了定量的数据分析。

第一部分整合了国内外目前较为分散的研究内容，梳理了社区矫正适用前调查评估的发展脉络，论述了本研究的理论主线，即责任刑和预防刑理论与刑罚个别化理论。预防刑裁量的难度要远远高于责任刑的裁量，影响责任刑的因素相对固定，而影响非责任刑的因素则相当宽泛；裁量责任刑是具有报应的标准对过去犯罪事实的回顾，而预防刑的裁量是对犯罪人将来社会化的预判，没有具体的标准，也缺乏具体评判模式，从减少预防刑的角度，可以采取适用非监禁刑，社区矫正的适用前调查评估是辅助法官进行裁量的一种方式。本研究从法律依据和实践运行两个层面对社区矫正适用前调查评估的模式进行了梳理。社区矫正适用前调查评估的法律依据的变化分为未有法律依据的试点阶段，2011年《刑法修正案(八)》之后法律依据的初步确立阶段，2020年《社区矫正法》之后调查评估法律依据的全面确立阶段三个阶段；其实践运行可划分为调查评估的初步探索和全面推广两个阶段，初步探索阶段司法行政机关及社区矫正机构对调查评估采取"一刀切"、"层批式"和"自我拔高"的特色做法；在全面推广阶段，本书从各机关衔接的角度对调查评估模式进行了多主体视角的展现。

第二部分研究了调查评估的程序模式，调查评估工作涉及公检法司多机关的衔接配合，但目前未有全流程调查评估的程序论述。本书划分了调查评估的启动、接受、运行三个程序阶段，分别探讨了调查评估规范化流程的模式、调查评估的启动需明晰的委托主体、调查评估的对象与社区矫正对象之间的关系等。调查评估目前在我国并不是社区矫正适用的前置必备程序，因此本研究区分了"可以"和"应当"委托的模式。调查评估程序中的冲突,其中,域外的调查评估程序冲突主要体现在量刑权与评估建议权的冲突,而我国的评估程序冲突则体现在适格的调查评估管辖主体之间的冲突,以及审判时限与调查评估时限的冲突。最后,从明确调查评估中各主体的责任、规范调查评估的时限、区分调查程序与评估程序、完善被评估对象的维权机制等方面构建了符合刑罚个别化目的调查评估应然程序模式。

第三部分论述了社区矫正适用前调查评估的内容维度,具体从《社区矫正法》确立的"社会危险性"和"对所居住社区的影响"二维度模式、《社区矫正法实施办法》确立的"居所情况、家庭和社会关系、犯罪行为的后果和影响、居住地村(居)民委员会和被害人意见、拟禁止的事项、社会危险性、对所居住社区的影响"八维度模式;安徽省《社区矫正适用前调查评估办法》确立的"居所情况、生活及家庭情况、违法违规表现、犯罪或涉嫌犯罪情况、有关组织和个人的意见"五维度模式三个层面分析调查评估的内容维度,并根据2020年《社区矫正法》出台的时间节点分析了调整评估内容维度的法律依据变化。调查评估内容维度的适用,法律规定的文本与实践运行中存在一定的差距,以域外调查评估的实践运行情况为借鉴,其结合实证调研的数据,全景式地展示了调查评估内容实践运行的情况,发现对社区矫正对象的监管条件是调查评估内容运行的核心因素。结合责任刑与预防刑的理论,研究区分了被评估对象,即犯罪人属于其与犯罪相关的犯罪人属性因素和社会人属性因素,以此整合了不同层次法律法规对调查评估内容维度的规定,并结合实证数据进行了实践运行情况描述性的分析;以刑法的理念梳理了调查评估内容与社区矫正具体种类(缓刑、假释)的适用条件之间的逻辑关系。社区矫正适用前调查评估最初源于未成年调查评估制度,因此在这部分也探究了未成年罪犯调查评估的内容实践运行情况。

第四部分论述了调查评估的意见是调查评估最终运行的结果,调查评估的意见是否是基于调查评估内容作出的,即其影响因素也是本研究较为重要的一个方面。调查评估的意见随着法律法规的变化呈现一定的改变,但仅仅表现为形式上文书名称的变化,调查评估意见的法律规定与实践运行有一定的差距。本研究规范性地整合了调查评估意见后,结合定量和定性的数据分析了调查评估意见与调查内容的相关性,最终发现犯罪人属性情节中犯罪或涉嫌犯罪维度与调查评估意见有统计学意义上的相关性,包括犯罪人的社会人属性中居所情况维度、其他组织的意见维度、生活和家庭情况维度。除此之外,在出具调查评估意见的程序中,调查评估程序中衔接因素也与评估意见有统计学意义上的相关性。由此可知,调查评估意见的影响因素除了调查评估内容中被调查评估对象的犯罪人属性情节和社会人属性情节、调查程序中调查评估的衔接机制外,省域的总体数据显示,具体负责调查评估意见出具的基层社区矫正机构人员的结构性匮乏也对调查评估意见的出具有一定的影响。

第五部分探讨了社区矫正适用前调查评估意见的应用模式,调查评估意见为法院等社区矫正决定机关选择适用社区矫正时提供预防刑的参考因素。要确定社区矫正适用前调查评估意见的应用模式,需要有一个判断的基准,即何种情况是社区矫正决定机关采信的调查评估的意见,但判决适用社区矫正仅是刑事执行的一种状态,本研究创新性通过法院的判决情况确立刑事执行的状态。法院作出的判决代表着裁判机关对犯罪人刑罚适用的理性选择,也是最后判断社区矫正评估意见应用情况的基础。因此,对法院判决的整合以免予刑事处罚、单处罚金、适用缓刑、不适用缓刑四种刑事执行状态进行分类,并结合犯罪人属性情节与社会人属性情节程序衔接因素与刑事状态相关性进行探究,发现犯罪与涉嫌犯罪维度和生活家庭维度的因素与刑事执行状态相关。调查评估的应用模式分为形式上的采信和实质上的采信,结合数据对调查评估意见和刑事执行状态的影响因素进行了回归模型的建构。最终采用了调查评估意见与刑事执行状态一致性进行界定社区矫正适用前调查评估意见的应用,同数据分析显示调查评估的应用一致性与犯罪人属性情节中涉嫌犯罪维度和社会人属性情节中生活情况维度相关,可见,无论是调查评估的意见、刑事执行的状态,还是调查评估的一致性,都能形成可复制的模式。

目　录

导　言

一、选题背景与研究价值

(一)选题背景

社区矫正是我国一项重要的非监禁刑事执行制度,同时是推进国家治理体系和治理能力现代化的重要制度,在预防和减少社区矫正对象重新犯罪、维护社会和谐稳定方面发挥了重要作用。社区矫正制度在我国实施时间并不长,自2003年开始试点以来,先后经历了开始试点、扩大试点、全面推行、全面推进、依法实施五个发展阶段。2003年7月,最高人民法院、最高人民检察院、公安部、司法部联合印发《关于开展社区矫正试点工作的通知》,部署了北京、天津、上海、江苏、浙江和山东6个省(市)的社区矫正试点工作,此项工作标志着社区矫正在我国正式开始。2005年1月,最高人民法院、最高人民检察院、公安部、司法部联合印发《进一步扩大社区矫正试点工作的通知》,将社区矫正试点扩大到18个省份。2009年9月,最高人民法院、最高人民检察院、公安部、司法部印发《关于在全国试行社区矫正工作的意见》,部署开展全国范围内的社区矫正试行工作,其标志着社区矫正工作在我国全面推开。2014年5月,最高人民法院、最高人民检察院、公安部、司法部联合召开全国社区矫正工作会议,印发《关于全面推进社区矫正工作的意见》,对全面推进落实社区矫正工作进行安排。2019 年 12 月 28 日,经第十三届全国人大常委会第十五次会议表决通过的《社区矫正法》于 2020 年 7 月 1 日起正式施行,《社区矫正法》是首部专门规范社区矫正工作的法律,它的颁布标志着社区矫正工作正式进入有法可依的新阶段。

对社区矫正的恰当适用,除了要严格依据相关法律法规之外,还需要进行一项基础性程序工作,即科学地进行适用前的调查评估,以帮助司法机关作出符合个案正义的裁决。社区矫正适用前调查评估工作是通过了解拟适用社区矫正对象的非监禁刑事执行等后续情况,在一定程度上掌握罪犯的基本情况和评价是否具有社会危害性,从而预测实行社区矫正后可能发生的社会危险性。这一工作有利于评价社区矫正对罪犯的适用性,从而使得审判机关准确地作出裁决。同时,调查评估中收集的相关信息,也方便后期更好地处理社区矫正执行程序中的调查核实工作。

社区矫正是社会文明发展到一定历史阶段的必然产物,也是社会不断进步、刑事政策日趋理性化的重要标志。[1] 自 20 世纪以来,社区矫正越来越受到国际行刑领域的重视,已成为许多国家矫正制度中发展最快的一个领域。社区矫正采用开放的方式对犯罪人实施矫正,为他们提供一定的救助措施并促使其回归社会。从“监禁”与“非监禁”的特征来看,监狱工作与社区矫正工作之间界域分明,然而在刑事执行的共性层面,这二者之间存在明显的关联性,突出表现为监狱工作与社区矫正之间的衔接。监狱工作与社区矫正工作是双向关系,即相互之间有影响,而社区矫正适用前调查评估程序是监狱矫正与社区矫正的先行性程序,连接着监狱工作与社区矫正工作的“交接面”——暂予监外执行和假释领域。[2] 由于我国的社区矫正工作一直是先试点后立法的模式,调查

〔1〕 许世腾:《论社区矫正法律监督工作的完善与创新》,载《山东人大工作》2016 年第 2 期。

〔2〕 姚建龙主编:《刑事司法进化论》,北京大学出版社 2017 年版,第 432 页。

评估工作亦是如此,调查评估工作的制度虽然已经确立,但程序和内容都缺少统一规定。调查评估的称谓,各地在社区矫正发展的不同时期也各不相同,更重要的是,调查评估工作在实际运行中的一些做法和建议并未系统性地被归纳和总结。

1. 非监禁刑事执行的科学适用需量刑依据

社区矫正制度的设立有两个目的,一是避免执行短期自由刑和前科制度所造成的弊害,二是在保持执行刑罚可能性的情况下,促使行为人保持善行,不再犯罪。然而,对不同的罪犯如何选择社区刑罚或监禁刑罚,依据是比较模糊的。社区矫正的对象分为缓刑、假释、管制、暂予监外执行四种类型,不同类型的社区矫正对象是否都需要启动调查评估?调查评估的内容又是否有所区别?目前学界对此都没有系统的研究。我国量刑指导意见中对在何种情况下应给予缓刑的规定较为原则,但从2017年以来,判决3年以下的有期徒刑(缓刑与实刑)案件占每年总体案件判决人数的70%以上,而司法机关在进行缓刑选择中重要的参考依据就是社区矫正的适用前调查评估。

国外的社区矫正适用前评估主要是在缓刑适用的量刑前评估和假释适用前对社会危险性与再犯风险的评估实践。其对调查评估的实践研究分为缓刑适用的量刑前评估和假释适用的社会危险性评估。其作为一项准司法活动,体现的原理是法官主要基于犯罪事实对案件进行审理,但在具体裁判时又必须考虑到当事人的个人情况,即非犯罪人属性的情况,同时作为社会当中的人的情况是一个动态的发展过程,犯罪行为只是人的成长过程的一个截面,并不能完全展现当事人个人的主观恶行,而且当事人个人的性格偏好、人际关系、家庭纽带也会对其认罪服法复归社会产生深层的影响。[1] 此时就需要根据法官要求,由缓刑官准备并向法庭提交包含有关犯罪、犯罪人和量刑建议等内容的书面报告,该报告主要包括犯罪的性质、犯罪人的特征、犯罪历史、被害人遭受的损

---

〔1〕 武红玉:《社区矫正管理模式研究》,中国法制出版社2011年版,第56页。

失和量刑建议。[1]

与国外相比,我国的社区矫正对象情况复杂,除了可以与之进行横向比较的缓刑和假释罪犯之外,还有我国特有的管制犯和暂予监外执行的罪犯。管制作为我国的刑罚种类之一,是具有中国特色的一项刑罚制度。管制作为我国独创的一种刑罚方法,也是我国刑罚体系中唯一的限制自由刑,它的存在和适用,可以避免监禁刑的负面效应,降低行刑成本。它的适用受制于三个方面:犯罪人的社会危害性、犯罪人的人身危险性和客观环境因素。[2] 而对暂予监外执行的罪犯进行社区矫正是我国《刑事诉讼法》对因有特殊情形不适合在监所服刑的罪犯的一项规定。非监禁刑的科学适用,需要了解除了关于犯罪信息以外的其他信息,借鉴国外的经验,这些信息是无法由法官在审判时积极获取的,需要通过非监禁刑适用前的调查评估为法官的量刑提供科学的依据。

2. 司法实践中亟须实现调查评估工作的规范化

依据目前全国适用缓刑数据的分析来看,我国适用缓刑基数庞大。最高人民法院发布的《全国法院司法统计公报》显示,2017 年刑事案件收案 11,842,758件;结案 1,852,037 件;未结案 108,538 件。全国生效判决总人数为1,270,141 人,生效的缓刑判决人数为 347,989 人,管制人数为 7372 人。拘役实刑人数为 158,860 人;刑罚不满 1 年的罪犯人数为 204,718人;刑期 1 年以上 3 年以下的人数为 211,592 人。3 年以下有期徒刑的罪犯人数(缓刑加实刑)占总体判决人数的 73%,其中缓刑人数占全国生效判决人数的27.4%。全国的判决轻刑化趋势明显,所有轻罪的判决占总体判决的比例为 45.86%。[3] 在所有可以适用缓刑的轻罪判决中,适用缓刑的比例[4]为 59.7%,即符合法定刑期的可适用缓刑的罪犯有近 2/3 适用了缓刑。(见表 1)

---

〔1〕 吴宗宪:《社区矫正比较研究》(上),中国人民大学出版社 2011 年版,第 71 页。

〔2〕 阎少华:《管制刑研究》,吉林人民出版社 2005 年版,第 79－85 页。

〔3〕 (1 年以上 3 年以下＋不满 1 年＋拘役＋管制)÷生效判决人数。

〔4〕 缓刑÷(拘役＋不满 1 年＋1 年以上 3 年以下)

表 1　2017 年刑事一审案件情况

单位：人

分类	生效判决	宣告无罪	宣告不负刑事责任	免予刑事处罚	5 年以上至死刑	超过 3 年不满 5 年	1 年以上 3 年以下	不满 1 年	拘役	缓刑	管制	单处附加刑		
												罚金	剥夺政治权利	驱逐出境
合计	1,270,141	1156	478	20,684	175,162	119,133	211,592	204,718	158,860	347,989	7372	22,944	27	26
危害公共安全罪	264,094	38	39	3032	35,914	15,625	18,528	9072	83,870	97,154	670	145	3	4
破坏社会主义市场经济秩序罪	95,750	111	61	1816	13,321	16,888	14,516	6965	2860	38,004	59	1137		12
侵犯公民人身权利民主权利罪	177,904	565	122	2367	27,296	20,327	32,938	31,023	7836	53,416	1909	203		2
侵犯财产罪	344,351	206	88	2361	25,828	32,759	74,301	89,976	37,837	64,578	1635	14,774	2	6
妨害社会管理秩序罪	357,114	133	141	3020	70,378	28,672	66,397	65,972	25,702	36,930	3075	6670	22	2
危害国防利益罪	834			7	31	28	150	61	32	498	10	17		
贪污贿赂罪	24,501	51	16	4906	2124	4277	4241	1455	629	6713	12	77		
渎职罪	5339	50	9	3168	195	532	496	186	79	666	2	6		
其他	204	2	2	7	75	25	25	8	15	30		15		

数据来源：2017 年《全国法院司法统计公报》。

2018 年刑事案件收案 1,834,374 件,结案 1,825,835 件,未结案 111,147 件,从刑事案件被告人判决生效情况看,2018 年生效判决人数为 1,430,091 人,缓刑人数为 401,127 人,管制人数为 7503 人,拘役人数为 198,508 人,不满 1 年有期徒刑人数为 276,566 人,1 年以上 3 年以下有期徒刑人数为 295,127 人。[1] 1 年以下有期徒刑的罪犯(缓刑加实刑)人数占总体判决人数的 73%。缓刑人数占全国生效判决人数的 28%。3 年以下轻罪判决占比为 54.38%,相较 2017 年有所上升,但是缓刑适用比率为 52.08%,有所下降。

2019 年刑事案件收案 157,971 件,结案 157,847 件,未结案 3662 件,从刑事案件被告人判决生效情况看,2018 年生效判决人数为 1,661,235 人,缓刑人数为 409,103 人,管制人数为 5860 人,拘役人数为 258,293 人,不满 1 年有期徒刑人数为 294,356 人,1 年以上 3 年以下有期徒刑人数为 392,378 人。缓刑人数占全国生效判决人数的 25%。3 年以下有期徒刑的罪犯(缓刑加实刑)人数占总体判决人数的 57%,[2]缓刑适用比率为 43%。而对于假释的罪犯,我国目前适用率较低,亟待有合理和完善的评估机制,分担监狱作为假释提起主体对罪犯是否适合非监禁刑的评估判断职责,为进一步提高假释的适用率作出贡献。

可见,从 2017 年开始,缓刑的人数都维持在总体判决人数的 1/4 以上,在选择适用缓刑的轻刑罪犯中,缓刑适用的比例基本维持在一半,即 50% 左右。(见图 1)

---

[1] 《2018 年全国法院司法统计公报》,载中华人民共和国最高人民法院公报网 2022 年 3 月 9 日,http://gongbao.court.gov.cn/Details/c70030ba6761ec165c3c2f0bd2a12b.html。

[2] 王烁:《刑法总则中的"时间阶梯"——兼评刑法修正案(八)对时间的修正》,载《中国刑事法杂志》2012 年第 2 期。

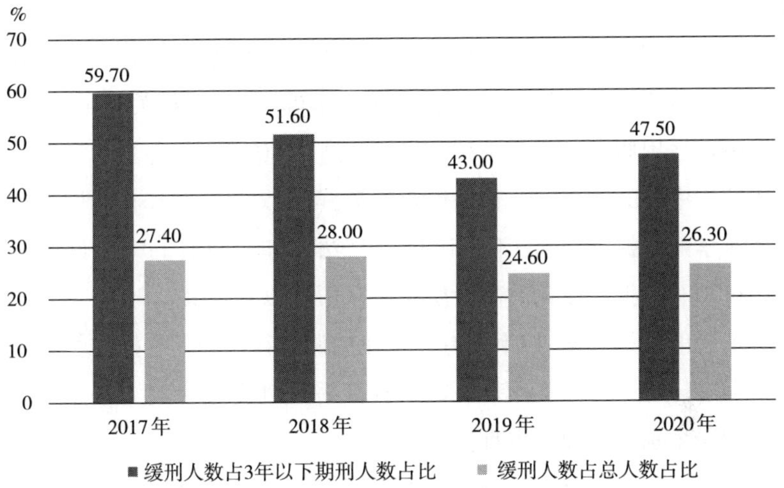

图1　2017～2020 年缓刑占比

在目前我国的司法实践中，判决机关对缓刑的适用会参考社区矫正机构出具的社会影响调查评估意见，但各地没有统一的标准，对社区矫正的效果也没有统一的评估体系。作为我国社区矫正对象的主要刑罚类型，缓刑是指对判处一定刑罚的犯罪分子，依据其犯罪客观事实以及人身危险性进行评估，在一定期间内附条件不执行原判刑罚的一种制度。缓刑制度具有避免短期自由刑，激励犯罪行为人积极改造，促进其再社会化的实现，减少国家狱政开支等诸多监禁刑所不具有的价值。我国的缓刑制度在司法适用中也总结了不少有益经验、取得了较大的成功，而且促进了 2011 年《刑法修正案(八)》对缓刑制度的修订和完善。[1] 为了准确适用缓刑，防止缓刑的滥用，促进社区矫正与案件审判环节的衔接，保证社区矫正的效果，我国部分地区对审前适用缓刑风险评估做了有益的尝试，但相关法律对这一制度并无规定，在如何进行缓刑的适用前调查程序上也存在一些问题，为了使相关法律在制定时明确这一制度，并加强对这一制度的检察监督，对缓刑适用前的调查评估进行实证的研究是非常有意

〔1〕 最高人民法院、最高人民检察院在 2015 年发布的《关于刑事案件速裁程序试点情况的中期报告》中提出要“细化……缓刑适用条件”。

义的。

作为监禁刑与非监禁刑衔接的社区矫正种类之一，假释制度在我国的适用率极低是长久的“症结”，根据《刑事诉讼法》的相关规定，监禁机关在决定适用假释之前需进行社区矫正适用前的评估，并且通过以犯罪人属性为中心的适用前评估的模式构建，可以为提高假释在我国的适用提供科学的依据。“徒法不足以自行”，法律如果没有一个良好的法律适用机制和一批专业化的高素质职业队伍难以发挥其功效。[1] 对于社区矫正制度也是这样，如果没有规范化的调查程序和具有操作性的适用评估标准，很难发挥其应有的效果，社区矫正制度蕴含的人本主义刑罚观和刑罚个别化的理念也难以实现。

我国人民法院对“罪行较轻、主观恶性较小、社会危害不大”的刑事案件适用缓刑、管制的比例越来越大。“罪行较轻、主观恶性较小、社会危害不大”都属于量刑情节，只有以犯罪人的属性情节为中心进行社区矫正适用前调查评估才能获得较为充分的量刑信息，法官才能准确地判断能否适用缓刑、管制、假释，并将罪犯放置于开放的社区环境接受非监禁的刑事执行。

（二）研究价值

就性质而言，社区矫正适用前调查评估主要是一种人格调查和社会调查。社区矫正适用前调查评估具有重要的价值，其有助于在刑事司法程序不同阶段全面了解拟适用社区矫正的对象的情况，更为准确地评价社会危害性，评估未来对所居住社区的影响，帮助社区矫正决定机关作出符合刑罚目的的裁决。更进一步来说，社区矫正适用前调查评估中所收集的信息，对于后期社区矫正执行工作中社区矫正对象的分类管理、个别化矫正目标的实现，也具有重要作用。

随着社会法治的发展，“能动司法”要求兼顾法律效益和社会效益。从能动司法的角度而言，社区矫正适用前调查评估的主要目的包含追求

---

[1] 王耀忠：《非监禁刑问题研究》，武汉大学2013年博士学位论文，第37页。

定罪量刑的准确性和寻求对犯罪人的最佳矫治方案。[1] 各地调查评估的委托主体、内容、程序以及评估意见的效力方面也存在很大区别,如调查时限的冲突、调查人员能力与需求不匹配、评估效果受到限制、调查评估启动主体与决定机关的关系不清等。在有关机关裁定假释、判决缓刑、决定暂予监外执行前进行调查评估,不仅有助于刑事量刑工作的科学化、精准化,也促进了社区矫正工作的顺利开展。因此,亟须以实证研究的视角和方法来探究目前的社区矫正适用前调查评估的制度运行情况,并在此基础上尝试构建模型,进一步构建分类化、易操作的调查评估模式,以期完善社区矫正适用前调查评估制度,最终使得社区矫正适用前调查评估发挥其功效。

1. 为适用社区矫正提供重要的量刑参考

《刑法修正案(八)》将社区矫正正式写入《刑法》,体现了宽严相济刑事政策的精神和现代刑罚轻缓化、行刑社会化的理论趋向,顺应了世界刑罚行刑社会化制度改革的潮流,有利于全面提高罪犯教育改造质量,减少并预防重新犯罪。[2] 人民法院或者其他决定机关在判决、裁定或决定适用社区矫正前,委托社区矫正机构对被告人或罪犯是否可以适用社区矫正进行调查分析,出具调查评估意见,作为其裁量的重要参考依据,真正把好社区矫正的“入口关”,在社区矫正试行工作中,社区矫正调查评估实践效果良好。社区矫正适用前调查评估意见,可以为法院在刑事审判中正确适用非监禁刑罚提供参考,也增强了社区矫正的执行效果。同时,进行审前调查评估,不仅有利于被调查者的非监禁刑事执行,更有利于巩固社会的和谐安宁,维护社会长治久安。

2. 有效预防社区矫正对象衔接不到位的现象

人民法院或者其他决定机关对拟适用社区矫正的被告人或罪犯,需要调查其对所居住社区影响和社会危险性的,通过委托社区矫正机构进行调查评估,及时反馈调查评估意见采信情况,在适用社区矫正前即与

---

〔1〕 姚建龙:《法学的童真》,上海三联书店2015年版,第173页。
〔2〕 黄勇峰:《行刑社会化视野下的社区矫正》,载《中国司法》2005年第5期。

社区矫正机构相互发生工作联系。社区矫正机构在进行调查评估时，通过详细调查、实地走访，已经掌握了被告人或者罪犯的居所情况、家庭和社会关系、有关组织和个人的意见。实践中，社区矫正人员衔接不到位现象一直存在。调查评估机制的引入，既加强了矫正工作与裁判工作的衔接，做到了社区矫正人员的无缝交接，也有利于确定社区矫正人员的居住地和基本情况，可以从源头上避免社区矫正人员脱管、漏管现象的发生。

3. 提高社区矫正对象的教育的矫治成效

社区矫正机构接受人民法院或者其他决定机关的委托，社区矫正工作机构人员提前介入，对拟适用社区矫正的被告人或罪犯进行调查，全面掌握拟接受社区矫正人员的基本情况，预先和拟接受社区矫正人员及其家属进行沟通交流，使其了解社区矫正有关要求，[1]促使拟社区矫正人员提早产生自觉主动服从监管的意识，为以后接受教育改造打下良好的基础。司法所接收社区矫正人员后，根据调查评估时掌握的情况可以有针对性地为社区矫正人员确定专门的矫正小组，采取有针对性的监管、教育和帮扶措施，强化罪犯的在刑意识，提高教育改造质量，有效预防社区矫正人员重新犯罪。在调查评估实践中，司法行政机关通过对被告人或罪犯的矫正前调查，可以全面掌握被告人或罪犯的个人情况、家庭背景及一贯社会表现，以便准确判断其主观恶性，找准社区矫正的切入点，依法、规范、有序地适用刑罚，实现对社区矫正人员判而有据的工作目标。

4. 有利于体现司法的公平正义

社区矫正工作既需要社区民众的理解支持，也需要社区民众的积极参与，才能使社区矫正人员的监督管理、教育改造和帮扶解困得以顺利展开，提高社区矫正刑罚执行的效果，促进法律效果和社会效果的有机结合。随着《社区矫正法》的颁布和实施，从立法上明确确立了我国刑罚行刑轻缓化、社会化理念，但全民从了解到理解还有很长的距离。在

[1] 朱荣政：《完善社区矫正审前调查评估工作的思考》，载《人民调解》2010年第4期。

调查评估实践中，需要调查走访的社区组织及相关民众会存在不理解、不配合的抵触情绪。社区矫正机构通过对被告人或罪犯居住地村（居）民委员会、所在单位（学校）、家庭成员等相关单位和个人的调查走访，多渠道多举措加大对非监禁刑罚执行的宣传力度，以良性教育矫正成果促使社区民众对社区矫正产生充分的信赖感，主动配合矫正机构开展调查评估。依法慎重做好调查评估工作，营造社区矫正全民参与的氛围，确保调查评估的质量和公信力，体现我国司法裁判、执行过程的公正透明。

二、文献综述

本研究综述将从国内、国外两个方面进行论述，国内关于社区矫正适用前调查评估的研究还处于比较基础的阶段，国外的判前评估和再犯风险评估制度已经研究得较为成熟。

（一）国内研究综述

目前国内对于调查评估的研究主要也集中于对制度的研究。自2005年调查评估在个别地区试点以来，就有研究者对此问题进行关注。但对社区矫正调查评估研究的研究较为小众，到本书写作时发文数量也较少，共209篇。对调查评估的工作乃至整体的社区矫正工作的规范化也是自2020年《社区矫正法》实施之后才开始起步，在2020年之后关于社区矫正调查评估的研究论文为40篇左右。

国内对社区矫正调查评估的研究分为理论研究和实证研究，理论研究集中于对调查评估制度的构建和其性质的探讨，实证研究集中于调查评估实践中存在的问题和对策。在《社区矫正法》实施之后，研究文献主要集中于《社区矫正法》与《社区矫正法实施办法》中关于调查评估的规定、各省实施细则的衔接问题以及对社区矫正对象中的特殊主体如未成年的社区矫正对象的调查评估研究。

1. 社区矫正适用前调查评估的研究分析

有研究仅认为调查评估是作为人民法院适用社区矫正的一个前置

性程序,对调查评估的认识不够全面。但针对人民法院适用社区矫正而启动的调查评估,已然存在启动程序的随意性、启动时间的滞后性、调查内容的不统一、调查报告的低质化以及调查评估报告效力的不确定性等问题。审前调查评估制度存在制度设计缺陷,其定性模糊、分权不清、边界不明的问题导致存在选择性司法,使得整个制度设计缺少系统性考量。在制度完善方面,有学者建议调查评估工作设定为必经程序,从而限制法官在量刑环节的自由裁量权,增加调查评估报告的影响权重,建立备案制度并与重新犯罪建立勾连,推行责任倒查机制。[1] 调查程序强调关注被害人的权利,审前社会调查评估报告则由检察机关通过量刑建议、监狱机关通过假释建议的方式使用。有研究认为审前调查评估制度的完善路径包括相对明确调查评估的案件范围,在启动的程序上以审查起诉阶段检察机关启动为原则,将调查评估报告定性为量刑证据。余俊认为社区矫正裁前评估是决策机关适用社区矫正的量刑要件和程序,对于管理社区矫正人员具有重要意义。该制度在实践中面临很多问题,一是在全国范围内缺乏统一规范,使得制度不健全;二是基层司法所人员配置不足,裁前调查评估对象跨省难开展。为了完善社区矫正裁前评估制度,应该在法律法规上确立适用裁前评估制度;加强裁前评估制度的法律宣传,树立责任意识;加强基层队伍建设,落实经费保障;完善外省籍矫正人员的评估机制。[2] 顾顺生认为,社区影响调查评估是适用社区矫正前的关键环节,对提高量刑的科学性和准确性,以及严把社区矫正"入口关"等具有重要意义,但非必经程序容易导致调查评估的随意,也给检察机关有效开展法律监督工作带来极大难度。对适用社区矫正的四种不同对象进行分析,研究建立调查评估前置程序的可行性,并

---

〔1〕 任文启:《完善我国社区矫正审前调查评估制度的思考——基于文本和现实的比较分析》,载《甘肃政法学院学报》2016 年第 3 期。

〔2〕 余俊:《社区矫正裁前评估:现状、问题与完善》,载《贵州警官职业学院学报》2016 年第 3 期。

从完善制度机制、做好工作衔接、强化法律监督等方面提出建议。[1] 戴思洋等人认为社区矫正审前调查评估是法院裁判的重要参照，以长株潭三市为样本进行了描述性的研究，指出农村调查评估时间不足、基层社区矫正机构承载力不足且职责繁重、量表使用不统一以及调查报告效力不确定等问题。[2] 并建议要对农村地区采取变通措施、委托专门机构进行调查评估、设计具有科学性和普适性评估量表和明确调查报告的效力等。有学者认为审前社会调查决定着是“狱内”还是“狱外”服刑。目前的审前社会调查存在着启动随意、时限冲突、评估主体以及评估报告属性不明等问题。[3] 研究中也有基层工作人员对基层的社区矫正调查评估进行了区域性的数据总结，并指出实践中存在调查主体不强、调查主体力量不强、调查内容不全、调查结论不够科学合理等问题，也提出了需要科学合理的评估体系。[4] 针对实践中社区矫正调查评估工作科学化的需求很强烈这一现象，杨刚在《社区矫正调查评估科学化研究》中，提出应明确调查评估为适用社区矫正的必要前置程序，建立健全调查评估的基础保障体系，规范调查评估内容和程序，建立评估模型。[5] 王鹏飞指出社区矫正社会调查评估制度存在在评估内容设置上具有强烈主观色彩、评估量表研发的顶层设计缺失以及未能充分考虑到再犯诱发原因的复杂性等问题。对于目前确定的社区矫正调查评估的内容也应该以“再犯罪危险性较小”取代“没有再犯罪的危险”，对评估量表的类型进行多元化设计，以满足调查评估的个性化需求，但未对如何具体实现有效评估内容的构建进行实证的科学探索。[6] 罗智勇、李慧涛

---

〔1〕 顾顺生：《建立调查评估未使用社区矫正前置程序之思考》，载《中国检察官》2016 年第 7 期。

〔2〕 戴思洋、张明、陈翔：《长株潭地区社区矫正审前调查评估制度研究》，载《湖南警察学院学报》2016 年第 5 期。

〔3〕 肖乾利、薛宁：《社区矫正审前调查评估制度研究》，载《宜宾学院学报》2019 年 7 月。

〔4〕 黄智聪：《关于开展社区矫正适用前调查评估工作的实践与思考》，载《中国司法》2019 年第 5 期。

〔5〕 杨刚：《社区矫正调查评估科学化研究》，载《中国司法》2020 年第 10 期。

〔6〕 王鹏飞：《社区矫正社会调查评估的现实困境与规则建构》，载《宜宾学院学报》2021 年第 4 期。

在《关于〈社区矫正法〉实施中人民法院正确履职的若干思考》中，调查评估工作是与人民法院工作关系紧密的重点问题，其中也提到了人民法院启动调查评估的范围，假释案件的委托评估调查主体等存在的问题。[1]

目前研究对于调查评估机制的完善，实践中存在的问题有较多梳理和总结，但总体上缺乏体系性和完整性。由于调查评估的相关规定也都散落在《刑法》、《刑事诉讼法》以及专门性的规章制度中，目前对于调查评估的内容和程序也没有体系化的研究。

2.社区矫正适用前调查评估的实证研究有限

在对社区矫正适用前调查评估的制度和实践运行的研究中，虽然有学者提出要进行科学的实证研究以精准化进行制度完善，但是我国的整体实证研究较弱，调查评估又涉及公检法司多主体的衔接，并且不同地区的社区矫正工作有一定的差异，这就导致目前关于社区矫正适用前调查评估现有的实证研究存在研究方法和调查范围上的局限性。进行调查评估实证探索的王宏玉、张学超认为在裁决前评估、调查人员专业性、调查时间等方面还存在一些问题，可从立法、裁决前检察院及法院等机关在委托调查机构、资源共享和裁决前社会调查与裁决后社区矫正个性化矫正方案制定前的社会调查资源共享等方面进行突破与整合。[2] 对于社区矫正适用的评估机制，从实证的角度进行有泛化能力的解决问题的研究甚少。陈珠、叶凌以法院的视角给出了关于社区矫正评估的总体委托数、本地委托数与外地委托数的占比、涉及罪名情况、适用程序的比例、法院采信情况的描述性分析数据，[3]进而得出调查制度设计、审理时限与调查时限冲突、外地人口评估难以完成、评估报告性质界定模糊

---

[1] 罗智勇、李慧涛：《关于〈社区矫正法〉实施中人民法院正确履职的若干思考》，载《法律适用》2021年第2期。

[2] 王宏玉、张学超：《突破与完善：我国社区矫正社会调查制度探析》，载《中国人民公安大学学报（社会科学版）》2013年第2期。

[3] 陈珠、叶凌：《刑事案件审前社会调查制度实证研究——以长乐法院审前社会调查运行情况为样本》，载《福建警察学院学报》2014年第1期。

等问题，其提出的制度完善建议与其描述性的数据关联不大，实证数据的采集视角单一。再如谢平海、郭妙珊以某一司法局的评估结果与法院判决不一致的案件数、外地评估委托数、被害人不配合评估的描述性数据以及一些具体的评估个案为视角，[1]总结了评估制度中基层工作的人员的困境，并提出了一些建议。邹志强、陈韦君在《社区矫正调查评估制度的实证化研究——以江西省赣州市为例》[2]中进行的实证研究十分有限，仅以中国裁判文书网的官方数据进行了初步的描述性统计。赵爽通过向基层司法所发放并收集50份有效调查问卷进行统计分析，认为调查评估制度不应当被称为审前社会调查，应称为前置调查评估，因为审前一词限制了适用阶段，且与社区矫正适用范围不统一，调查评估制度应作为社区矫正适用前的必经程序，应从法律层面确立调查评估的重要地位，应细化操作规范，健全法律监督。[3]

目前，在与社区矫正调查评估有关的实证研究和对缓刑适用影响因素的司法偏向研究中，判处缓刑的罪犯是社区矫正对象最重要的部分，对缓刑的适用意味着该名罪犯将接受社区矫正，虽然并不是每一名被判处缓刑的罪犯都会被启动社区矫正适用前调查评估程序，但基于法官对适用缓刑的量刑制度有一定的偏向性，这种偏向性对于启动评估制度也有一定的影响。如赵兴洪的《缓刑适用的中国图景——基于裁判文书大数据的实证研究》，[4]王耀忠的《正义与功利天平上中国缓刑类型的发展方向》，陈磊、石磊的《身份差异与量刑歧视——流动人口犯罪缓刑适用问题研究》。[5] 国内学者认为随着社区矫正在中国的深入发展，社区

---

[1] 谢平海、郭妙珊：《社区矫正前调查评估制度的现实困境与路径探析——基于福建省F县的实证研究》，载《福建广播电视大学学报》2015年第1期。

[2] 邹志强、陈韦君：《社区矫正调查评估的实证化研究——以江西省赣州市为例》，载《四川警官学院学报》2016年第5期。

[3] 赵爽：《社区矫正前置调查评估制度现状与对策探析》，载《净月学刊》2017年第2期。

[4] 赵兴洪：《缓刑适用的中国图景——基于裁判文书大数据的实证研究》，载《当代法学》2017年第2期。

[5] 陈磊、石磊：《身份差异与量刑歧视——流动人口犯罪缓刑适用问题研究》，载《法律适用》2013年第1期。

矫正适用前调查评估的开展有很大的必要，应该要对社区矫正适用前调查评估进行制度化模式的探究。已有的研究大部分是以检察院、法院的视角来分析社区矫正适用前评估制度，未有对社区矫正使用前评估进行发展阶段的梳理，也未从具体实践中以流程化、体系化、制度化构建的角度进行整体的把握，所进行的实证研究样本泛化能力较弱，实证研究的设计缺乏科学性。在我国大力推崇行刑社会化、发展社区矫正的背景下，如何从犯罪预防的角度即“犯罪人”角度为缓刑、假释等非监禁刑事执行的适用提供有效的评估机制在实证研究方面几乎为空白，目前仅有的少许实证研究只能做到基础性的定量、描述性分析和基于作者自身工作经验的有限定性分析。

（二）国外研究综述

国外对于调查评估的适用主要在缓刑的适用和假释的适用上，同时也有对未决犯的评估和对已决犯的评估，因此在国外的研究语境下会根据对象的不同来进行区分。

1. 各国关于缓刑的适用前调查评估研究

美国的审前调查制度主要用于审判前确定犯罪人的人身危险性，并提供量刑建议供法官裁决参考，因此其对审前调查的质量要求较高。在美国这种联邦制国家，在调查评估制度的适用上，不同的州区别很大。有些州对所有案件或者大多数重罪案件必须进行审前调查，而在其他州审前调查评估只适用于一些拟适用缓刑的案件。刑事政策的变化对美国的审前调查评估有重要影响，例如，在改造论盛行时，重点调查被调查人的生理、心理及社会适应等治疗需求方面的问题，重在考察是否能达到改造和预防再犯罪的目的；在犯罪控制模式占主导时，审前调查的重点则为被调查人的犯罪行为、犯罪记录、生活稳定程序等，主要考察是否会危及社区安全及重新犯罪可能性。美国的审前调查评估起初是由志愿者承担，后变为主要由退休的治安法官和警察组成，后期缓刑官变为由专职的国家公职人员承担后，调查评估主体也变更为缓刑官。审前调查程序步骤主要通过与犯罪人面谈获得案由、前科、家庭状况等个人基本资料,再就犯罪人提供的或自行掌握的对评估有价值的信息走访核实,最后形成调查评估报告。判决前评估报告的内容一般包括开头、前科、评估、建议四个部分。[1]

英国社区矫正的主要工作是由国家缓刑局及其分支机构、地方假释委员会和全国未成年司法委员会共同完成。在英国社区矫正适用需要严格的程序,法律规定适用社区矫正需由缓刑局向法院提供判决前报告。判决前的报告由缓刑官收集相关背景资料,主要考虑涉案罪犯加重或减轻情节的相关数据资料,由缓刑官形成评估报告,主要对罪犯犯罪性质和原因进行评估,目的是为法官量刑提供参考。[2] 但对于青少年犯罪则必须有判决前的报告。[3] 2000 年《监督社区中犯罪人的国家标准》规定,量刑前调查报告包括了封面、犯罪分析、犯罪人评估、侵害公众危险性和重新犯罪可能性的评估、结论。量刑报告涉及的调查事项主要包括犯罪行为及证据、犯罪后果及证据、个人与家庭背景、前科情况、重新犯罪可能性、被害人意见、犯罪后关系修复、量刑建议、个人健康状况、社区环境与资源、服兵役情况、宗教信仰、就业历史、经济状况等,[4] 旨在全面考察犯罪人的情况,而非犯罪情况。通过调查,法院得以了解嫌疑人的人身危险性及改造可能性,能够全面评估社区矫正的适用性,体现了教育刑理念、刑罚个别化原则以及保护公众的考虑。目前英国的量刑前调查报告由两大部分组成,分为“犯罪人情况报告”与“犯罪行为情况报告”,其信息来自被告人本人、被告人的家庭成员、被害人、其他与被

[1] 卢振:《社区矫正调查评估研究》,南京师范大学 2016 年博士学位论文,第 20 页。

[2] 英国《刑事法院权利法》判决的总则规定,法院适用社区矫正的判决需要有判决前报告,但不是强制性的,如法院根据开庭前的案件情况,认为不必要获得判决前报告,也可以在没有报告的情况下作出判决。

[3] 根据英国《刑事法庭(判刑)》第 2000 号法案的规定,在未满 18 周岁的青少年案件中,非起诉才可审判的罪的案件中和无起诉才可审判的其他罪的案件中,则要求法院必须有该罪犯的判决前报告。

[4] 高一飞:《量刑前调查报告符合现代刑法理念》,载《学习月刊》2007 年第 6 期。

告人经历有关的重要的个人。[1]

德国没有明确的社区矫正概念,也未明确规定审前调查评估。社区矫正采用暂缓执行制模式,规定凡是有条件不执行全部或部分监禁刑罚都为缓刑 。[2],德国于1895年建立缓刑考验制度,初期仅限少年犯,目前已经涉及成年犯。在日本,在未成年人案件上,社区影响评估的运用非常规范、系统和科学。[3] 审理少年案件的家庭法院调查官必须将调查结果用书面形式报告给家庭法院法官,同时要提出自己的处理意见。

2. 各国关于适用假释前的再犯风险评估制度研究

国外的假释适用制度与我国由监狱等刑罚执行机关提起和法院最终裁定不同,其假释是由假释委员会决定的,其具体的职责是决定什么时候通过假释释放犯人。假释委员会主要有三种类型:一是特别假释委员会,它也限定在一个矫正机构内,有时由矫正机构的全体成员组成,有时由监狱长作为委员会唯一的成员;二是设在州矫正机构内的州假释委员会,它有权从州的任何矫正机构中释放犯人;三是设在州矫正机构外的州假释委员会,它也有权从州的任何矫正机构中释放犯人。假释权集中和从矫正机构中取消假释委员会成为一种趋势。虽然这得到了一些监狱工作人员的支持,但是也遭到了一些监狱工作人员的批评,理由是监狱员比其他任何机构人员更了解什么时候释放犯人。20多年前,美国总统司法管理委员会发现,41个州的假释委员会是独立机构,7个州的假释委员会是在一个大的机构下的独立委员会,2个州的假释委员会与矫正机构是同一机构。

[1] 两个报告的具体内容包括以前的犯罪和少年违法情况、犯罪行为的描述、被告人职业和工作历史,被告人的从军经历、经济状况、社区居住期限、教育背景和其他相关资料,吸毒史、滥用药物史、心理和精神病史,被害人是否对其有伤害、被害人陈述、被告人本人陈述、可能适用的量刑指南条款、被告人是否能够适应社区生活,量刑建议。

[2] 德国的缓刑主要包括缓刑帮助、余刑缓刑、赦免缓刑、保安处分帮助、青少年教育处分、少年刑罚缓刑等。

[3] 日本1948年《少年法》第9条规定:"家庭法院调查少年事件时,务须就少年、保护人或关系人之现状、经历、素质、环境等,运用医学、心理学、教育学、社会学及其他专门知识,努力为之。"

直接负责矫正机构运作的工作人员,没有被赋予在成人领域准许或者否定假释的管辖权,但是在未成年人领域,绝大多数的释放决定与机构的工作人员相关。在最近的一次调查中,约翰逊和史密斯[1]发现,在所有的州中,假释委员会都是独立于矫正机构的不同的组织结构,其中的一些假释委员会与矫正机构的功能划分并不那么清晰。赋予假释当局独立于矫正机构的行政地位的主要理由在于,这些保证假释决定是根据犯人和社区安全需要作出的,而不是根据矫正要求作出的。尽管如此,一些州的独立的假释委员会还是常常更加关心公众对假释的可能反应,而不关心犯人的进步。[2] 设在某个矫正机构内考虑是否释放犯人的许多假释委员会可能使用假释来维持监狱纪律,保持监狱总人口处在某种水平上。[3]一个不断发展的趋势是,假释委员会成员要有一定的专业背景,如法律、执法、精神病学、社会学、刑罚学专业背景。当为了建立一个理想员会而对警察、法官、缓刑和假释当局、矫正机构工作人员、监狱犯进行职业培训时,他们很少有一致意见。虽然所有的被调查者都赞成法学和社会学方面的培训,但是每一位被调查者都有自己职业的选择倾向[4]。

国外的缓刑、假释是允许失败的,即无法顺利完成缓刑和假释考验期。根据经验推算,所有的缓刑犯当中大约75%的人成功度过了缓刑考验期。但是在我国,对社区矫正的再犯率要求较为苛刻,在全国的范围内再犯率为0.3%左右,即社区矫正的成功率在99%以上。再犯率是社区矫正目前被证明为有效的最明显的证据,在政府层面,从总体上会控制再犯的数量。在美国,缓刑的成功率与地域、社区的大小、犯人的类

---

〔1〕 Johnson Charles L. & Barry D. Smith, *Pattems of Probation and Parole Organization*, Federal Probation 44:43 – 51.

〔2〕 McGee Richard A., *Prisons and Politics. Lexington*, Lexington Books.

〔3〕 Berk Richard A. & Sheldon L. Messinger, et al., *Prisons as Self – Regulating Systems: A Comparison of Historical Patterns in California for Male and Female Offenders*, Law and Society Review 17:547 – 86.

〔4〕 Rogers Joseph W. & Norman S. Hayner, *The Ideal Parole Board: Views from the Correctional World and the Society of Captives*, Proceedings of the American Correctional Associatian 1963:287 – 300.

别、缓刑考验类别等因素的不同有关，例如，犯轻罪的人成功度过缓刑考验期的比例高于犯重罪的人，[1]暴力犯罪的人成功度过缓刑考验期的比例高于财产类犯罪的人。[2] 进一步来说，所犯罪行相同但是被执行的缓刑类别不同的人，成功地度过缓刑考验期的比例也不尽相同。欧文和贝内特[3]研究了两个由200名缓刑犯构成的样本，这些缓刑犯在年龄、性别、种族、犯罪类型、危险程度和需要分数方面是相匹配的，但是被分配到不同类型的缓刑中，其研究发现在18个月的追踪研究期间，被分配到严格监督缓刑组的缓刑犯，被再次定罪判刑的数量要少于被分配到常规监督缓刑的缓刑犯，犯罪的严重程度也要轻于被分配到常规监督型缓刑犯。几乎所有的人都同意，应该扩大使用缓刑。但是，关键的问题不是缓刑大体上是成功的还是失败的，而是哪一类犯罪人适用缓刑能够获得成功以及相应的缓刑条件应该是什么。很多研究对于这一问题提供了系统的信息，他们认同缓刑犯当中重新犯罪率高的人，往往具有这样一些特征：以前有工作不稳定的记录、经济地位低下、就业率低、居住条件恶劣或者居住在商业区域、住所的变动性大、很少或者没有稳定地上学或者去教堂、家族成员中有犯罪记录、与犯罪人交往、有犯罪前科以及曾在矫正机构中服过刑。例如，在一项早些时候对芝加哥少年法庭判处缓刑的人员的调查中，赖斯发现，[4]居住在犯罪率最高的地区的缓刑犯再次犯罪的比例是44.8%，同样的情形在犯罪率最低的地区为

---

[1] Allen Harry E., Eric W. Carlson & Evalyn C. Parks, *Critical Lssuesin Adult Probation: Summary*, Washington, Department of Justice, p. 33.

[2] Petersilia Joan & Susan Turner, et al., *Granting Felons Probation*, *Santa Monica*, Rand Corporation, p. 22.

[3] Erwin Billie S. & Lawrence A. Bennett, *New Dimensionsin Probation: Georgia's experience with Intensive Probation Supervision (IPS)*, National Institute of Justice, Researchin Brief, Washington, DC. U. S. Department of Justice. Euwles, Saled. 1959. A Comparative Study of Two Delinquency Areas National Review of Criminal Science (UAR) 2:1 – 15.

[4] *Delinquency as the Failure of Personal and Social Controls*, American So – ciological Review 16:196 – 207.

30.7%。格拉斯和汉格伦〔1〕发现,在30名空闲时间都与有犯罪倾向的人一起度过的犯罪人中,有80%的人在执行缓刑后又再犯新罪;而由69名品行良好的人所组成的社交圈子里进行改造的犯罪人,其行为模式开始逐渐朝着社会认同的方向转变,这69人当中只有7%的人再次犯罪。在加利福尼亚州的一个县,兰迪斯等人〔2〕将415名缓刑成功的人与376名缓刑失败的人分组进行了对比。他们发现,缓刑失败的人通常都具有以下特点:较低的受教育水平、较低的社会经济地位、不稳定的婚姻状况、不断跳槽的工作史以及作为少年或者作为成人而在以前有过犯罪记录。与此相一致的是,一项对路易斯安那州6个县的100名成年缓刑犯所做的调查中,朗德里等人〔3〕发现,缓刑失败的情况更多出现在那些未完成高中学业、有犯罪前科、在19岁以前有被捕经历以及之后又有多次被捕经历的人身上。这些研究支持了这样一个观点,即与犯罪行为模式过于密切的接触,很有可能会使有过第一次犯罪经历的人再次犯罪。

相较于国外调查评估的成熟模式,我国社区矫正适用前的调查评估的研究还处于起步阶段,对于社区矫正适用前的调查评估的程序和内容都缺乏深入的研究,多是在简单资料分析的基础上提出政策建议。随着社区矫正相关立法的不断完善,社区矫正适用前评估的程序范式和内容范式也在不断发展变化,因此对于社区矫正适用前影响评估模式的研究很有必要,也有继续深入研究的空间。目前各地的调查评估模式不统一、程序不规范,在一定程度上制约了社区矫正工作的发展。当前研究的主要缺陷在于仅仅针对某一个侧面来研究,并且研究的基础数据泛化能力较差,为此需要系统性地对社区矫正适用前评估制度进行研究。

---

〔1〕 Glaser Daniel & Richard F. Hangren, *Predicting the Adjustment of Federal Probationera*, National Probation and Parole Association journal 4:258 -67.

〔2〕 Landis Judson & Carole E. Wolff, *Success and Failure of Adult Probationers in California*, Journal of Research in Crime and Delinquency 6:34 -40.

〔3〕 George A. Dan W. Edwards & Jack B. Parker, *A Study of the Personal Characteristics of Probationers as Related to Recidivism*, Journal of Offender Counseling. Services and Rehabilitation 8:53 -61.

三、研究方法与样本选择

我国社区矫正工作起步于21世纪初,迄今约20年的历史。在短暂的发展历程中,社区矫正调查评估制度属于在矫正发展后期的产物,本研究选取一省域,结合访谈法、文献法为我国的社区矫正适用前调查评估制度的发展提供一份有益的实证研究。

(一)研究方法

对于社区矫正调查评估模式的实证研究,主要采用了对参与社区矫正适用前调查评估的主体进行参与式访谈和结构化访谈和收集分析调查评估相关的个案文书和内部资料方法。

1. 访谈

笔者深入研究样本的地域进行实地考察社区矫正适用前调查评估的工作开展情况。社区矫正是一项实务工作,而不是纯学术的活动,要真正弄清社区矫正适用前调查评估的实践情况,必须深入社区矫正工作的基层一线,才能真正了解社区矫正工作的制度规定和实践做法,为评估的模式研究提供研究基础。在研究的过程中,研究者采取了多种具体的调研方法,自2018~2021年对A市所有的县级社区矫正机构进行了全覆盖的实地调研,每次为期至少一周。主要通过实地观察和访谈获取社区矫正适用前评估的实践经验材料,2019年在初步确定选题之后,利用假期时间笔者在A市各矫正中心进行了至少为期一周的参与式观察,与矫正中心负责人、社工、司法所所长、工作人员进行多次深入的访谈。对包括A市、D市在内的36人次作个别访谈(包括社工4人、司法所所长22人、县级社区矫正中心负责人10人)。同时,因社区矫正适用前调查评估工作涉及评估的委托主体即社区矫正决定机关,也从委托机关的视角对A市E县法院、BH区法院、SH区法院、YH区法院、D市YA区法院的刑庭法官进行10人次的个别访谈。对A市城郊检察院、长丰检察院、D市YA区检察院的检察官进行5人次的个别访谈、4场结构化座谈。对社区矫正适用前调查的衔接工作和社区矫正适用前调查评估的程序和内容,以及存在的问题从各主体视角进行一次全流程的定性研究。限于时间和精力,研究中尽可能对社区矫正适用前调查评估工作有全面的了解,因此还选取了安徽省其他地级市的基层司法行政工作人员进行了深入的访谈和交流。

2. 文献分析

文献调查法是指通过收集和阅读大量的文件以便获得信息和分析问题的研究方法。在本研究过程中,由于在 A 市社区矫正处挂职锻炼和参与省厅关于社区矫正实务的工作,研究者结合自身的工作优势不仅搜集了公开出版的书籍、公开发表的文章等文献,还收集了大量非公开出版的书籍和材料,例如,省域内各地级市对于社区矫正适用前调查评估的专题汇报材料、《安徽省社区矫正工作手册》、资料汇编、省社区矫正工作报表等。这些非公开的资料是反映社区矫正实际情况的重要文献,对于准确了解社区矫正适用前评估的工作有重要的价值。同时,不断地收集外文资料和不断地梳理国内外学者有关社区矫正适用前评估的研究成果,辨析其理论构建和实务模式之间的差异。前期文献分析主要集中在国内系列研究成果和不同的观点,中期则聚焦于将研究的成果与现有的理论进行模型的构建,后期结合数据的结果深入探索我国社区矫正适用前评估的发展逻辑和走向。社区矫正适用前调查评估案件卷宗可以全视角地分析评价调查评估程序过程中的主体,因此在 A 市各个社区矫正中心的调研期间,完成了对各个区域 2016～2019 年评估个案的卷宗收集,并将其转化成可进行定量分析的数据缓刑(管制)评估案件 1115 份,假释评估案件 95 份,暂予监外执行评估案件 45 份。这也是本研究最主要的数据样本。同时以 2020 年《社区矫正法》实施为时间基点,对安徽省 A 市 2016～2020 年已经评估的案卷进行数据化的处理。一方面,试图为目前规范性较差的调查评估工作的程序和内容给出全景式的描述性分析,另一方面,探究对调查评估的结果具有影响性的因素;决定机关最终的判决结果是否存在偏向性因子;对域外研究较为成熟的评估结果与判决的一致性进行实证研究。为社区矫正适用前调查评估机制的建立提供有力的数据支撑，以相关性分析为基础，为现有的数据建立评估意见影响因素、法院最终判决的影响因素、对二者意见一致性的二元 logic 回归模型，对社区矫正适用前调查评估机制作出初步探索。但鉴于目前国内的研究未有一定影响力的对评估的定量研究。本研究选取了 A 市的近三年社区矫正评估的案件卷宗，按照其官方维度进行梳理录入，并结合最终的判决结果。分为拟适用缓刑的评估、拟适用假释的评估和拟适用暂予监外执行的评估。最终有缓刑评估 1115 份，假释评估 94 份，暂予监外执行评估 47 份。依据前文论述，不同类型的拟评估对象适用的依据有差异，先对样本分别分析，再对有一定共性的问题进行统一分析，具体模型的建立仅对缓刑评估进行。

（二）研究样本的选择

本研究样本所选的安徽省位于我国中东部，省域面积 14 万平方公里，下辖 16 个地级市、9 个县级市、50 个县、45 个市辖区，常住人口超 6000 万，是我国中部人口和经济大省。省会合肥，别称庐州，常住人口超 900 万。安徽是全国第二批社区矫正试点省份，2006 年 3 月开始试点，2007 年 8 月全面推开，2014 年 9 月全面推进。近年来，安徽社区矫正工作从局部试点到全面推进，从规范提升到转型增效，有一些规范化的范式值得研究。从社区矫正对象的数量情况分析，自 2018 年以来，年均新接收超 2.5 万人，每年实际列管近 6 万人，社区矫正对象长期保持高位运行。2020 年累计接收社区矫正对象 27,982 人，解除矫正 29,167 人，实际列管 59,908 人，2020 年在册 30,786 人，随着社区矫正的全面推进，社区矫正对象的数量还有进一步增长的趋势。从动态数据上看，2021 年 4 月底，全省累计接收社区矫正对象 29.7 万人，累计解除 26.5 万人，在矫 3.19 万人，处在全国第 9 位；到 2021 年 6 月底，全省累计接收社区矫正对象 30.5万人，解除矫正 27.2 万人，在矫 3.2 万人，处在全国第 9 位。

从社区矫正对象重新犯罪率看，安徽省重新犯罪率总体控制在

0.17%。2020年社区矫正对象重新犯罪48人,重新犯罪率0.08%,较2019年降低0.05个百分点,未有危害国家政治安全和社会稳定的案件,2021年重新犯罪率降低到0.02%,持续低于全国平均水平。安徽省属于劳务输出大省,在长三角一体化中存在诸多与经济发达省份的关于社区矫正工作的对接合作。在社区矫正适用前调查评估跨区域的衔接工作中出现的问题也较多,本研究的部分定性数据在安徽省全省范围内进行了采集并且安徽省社区矫正工作面临很多新的情况和问题,主要表现在社区矫正对象数量多、监管压力大,具体表现在专职工作人员与矫正对象配比仅为1.76%,低于全国1.85%的平均水平。2020年全省共对社区矫正对象给予警告1326人次,治安管理处罚102人,撤销缓刑99人,撤销假释3人,收监执行45人。目前社区矫正的法定类型为缓刑、假释、管制、暂予监外执行,从安徽省近五年的矫正对象分类,可以看出缓刑的矫正对象占绝大多数,2017年缓刑的矫正对象占总体在册矫正对象的93%,2018年为95%,2019年为95%,2020年为95%,2021年截至成文时为93%。可以看出缓刑的占比较为稳定。另外,占比较多的矫正种类为假释,2017年占比约为5%,2018年占比约为3%,2019年占比约为3%,2020年占比约为2%,2021年截至成文时占比约为5%。暂予监外执行占比较为稳定,2017~2021年占比都为约2%。管制类矫正对象的占比也较为稳定,2017~2021年至今都为1%。(见表2)

表2　安徽省矫社区正对象分布情况

年度	在册人数/人	管制人数/人	占比	缓刑人数/人	占比	假释人数/人	占比	暂予监外执行人数/人	占比
2017	34,615	683	0.010	31,900	0.928	1387	0.046	645	0.017
2018	34,637	348	0.008	32,140	0.950	1576	0.025	573	0.018
2019	31,971	249	0.010	30,368	0.946	791	0.025	563	0.018
2020	30,786	304	0.009	29,135	0.951	781	0.023	566	0.018
2021	31,883	277	0.010	30,306	0.928	735	0.046	565	0.017

从安徽省社区矫正机制建设情况看，其 16 个市、102 个县区、1486 个乡镇（街道）已依法设立社区矫正委员会。13 个市、77 个县区依法设置了社区矫正机构，全部为司法局直属行政机构。通过采取清理空编招录、政府购买服务、招聘协管员等方式，充实社区矫正机构工作力量，全省现有社区矫正专职人员 582 人（包括辅助人员）、专职社会工作者 2786 人。在规范性文件的建设方面，单独或联合相关部门出台 39 件规范性文件，明确了社区矫正工作内容、程序、标准和要求。自 2012 年起就制定了专门性的关于社区影响评估的专门性文件，并在 2018 年进行了修改，《社区矫正法》颁布后，及时出台了《安徽省社区矫正工作实施细则》，完成了 21 件规范性文件的立、改、废工作，形成了较为完整的社区矫正执法制度体系。本研究定量数据所选的 A 市是首批国家园林城市，国家科技创新型试点城市、世界科技城市联盟会员城市，综合性国家科学中心、中国四大科教城市之一，站在新的历史起点上，A 市正朝着国家中心城市发展，加快推进“五高地一示范”建设，全面提升长三角世界级城市群副中心功能。A 市的社区矫正对象人数占安徽省的首位，人口流动性大，社会情况复杂，各种矛盾情况较多。社区矫正的适用前的调查评估涉及公安机关、检察院、法院和社区矫正机构，在经济发达和人口流动大的地方存在的问题和突出的矛盾更为明显，能较为全面地体现社区矫正适用前调查评估工作的整体情况。

在以往的文献和相关的实践工作中，已经使用了多种关于调查评估不同的概念，这些概念主要有社会调查、判前调查、裁前评估、调查评估和就社区矫正适用前调查评估。社会调查的概念是在《北京规则》中第一次被使用，该规则第 16 条的标题是社会调查报告，其具体内容为，所有案件除涉及轻微违法行为的案件外，主管当局作出判决。《东京规则》中也包含了“社会调查报告”的概念，[1]社会调查的概念存在指向性

〔1〕《东京规则》第 7 条的标题为“社会调查报告”，具体内容为“如果社会调查报告有其可能，则司法当局可利用由特许主管官员或者机构编写的这一报告。报告应载有关于罪犯本人有关其犯罪方式和现在犯法行为的社会资料，它还应在有关判决程序的资料和建议。报告应确实、客观和公正，观点应明确”。

不明确的问题,并没有将社会调查的工作放在刑事司法的最后处置之前,应对少年生活的环境或犯罪的条件进行适当的调查,以便联系起来,但容易与社会上一般的调查评估工作混同。目前社会调查在具体实践中采用得较少,但对于未成年的社区矫正适用前调查评估,法院和检察院等机关一般都还以“社会调查”称之,并认为其调查的内容比成年人的要更为全面。

判决前调查(presentence investigation),是在美国等国家实行的一种了解犯罪人的个人情况、社会背景以及犯罪记录等信息的制度。[1]这种制度的主要内容是,根据法官要求而由缓刑官对有关犯罪和犯罪人的情况进行调查,然后向法庭提交一份书面报告,即判决前调查评估报告(presentence investigation report)。报告主要描述犯罪的性质、犯罪人的特征、犯罪历史、被害人遭受的损失和量刑建议。处置前调查(pre - disposition investigation)是对少年犯罪人进行“判决前调查”。与判决前调查评估的结果类似,撰写成处置前调查报告(pre - disposition report)或者处置报告(disposition report)。[2] 有的学者使用“量刑前调查”[3]或者稍有不同的“量刑前社会调查”的概念[4],以及“审前调查”[5]和“裁前评估”[6]。在我国,由于我国的社区矫正制度的特殊性,量刑前评估并不能包含我国所有的适用前调查评估的范畴,因为我国的拟评估对象包括拟被决定暂予监外执行的罪犯、认罪认罚制度中拟被检察院建议适用缓刑的犯罪嫌疑人,以及被监狱建议裁定假释的罪犯。

在《社区矫正法》和《社区矫正实施办法》中,只有调查评估的规定,

---

[1] Jay S. Albanese, *Criminal Justice*, 2nd *ed.*, Allyn and Bacon 2003, p. 186.

[2] Rolando V. del Carmen & Chad R. Trulson, *Juvenile Justice: The System, Process, and Law*, Thomas Wadsworth, 2006, p. 278.

[3] 高一飞:《量刑前调查报告符合现代刑法理念》,载《学习月刊》2007 年第 1 期。

[4] 殷健康:《论量刑前的社会调查制度》,载《刑事法评论》2013 年第 32 卷。

[5] 吴宗宪主编:《社区矫正导论》,中国人民大学出版社 2011 年版,第 152 - 160 页。

[6] 郭玮:《我国社区矫正裁决前调查制度的完善建言》,载《渭南师范学院学报》2017 年第 2 期。

受此影响一些研究文献中也采用了调查评估[1]的概念。但此概念范畴较大,可适用于整个社区矫正程序中,对社区矫正实施效果的调查评估,有指向性不明确之嫌。结合上述分析,社区矫正适用前调查评估是本书所确定采用的概念,也是较为符合此项制度的目的和意义的概念,结合本研究的样本地域于2018年出台的地方性文件《关于社区矫正试用前调查评估试行办法》中,对于调查评估的名称便确定为“社区矫正适用前调查评估”,其定义为:“人民法院、人民检察院、公安机关、监狱对拟适用社区矫正的被告人、犯罪嫌疑人或者罪犯,需要调查其对所居住地的影响的,委托居住地县级司法行政机关开展调查评估工作的活动。”社区矫正适用前调查评估从时间上一定是发生在社区矫正适用之前,也不论调查评估是否为适用社区矫正的必要程序,又由于我国的社区矫正对象较为复杂,不能简单地用裁前评估、判前评估或者量刑前调查完全概括,因为适用暂予监外执行是决定程序,是对刑罚执行在特殊情况下的调整,与裁判无关,因此不能用判前评估或者裁前评估,而是整体用社区矫正适用前调查评估较为合适,不论何种主体在启动评估时,其目的是考量该对象是否适宜接受社区矫正。

---

[1] 蔡明骅:《关于社区矫正调查评估制度的思考与建议》,载司法部社区矫正管理局编:《社区矫正研究论文集(2013)》,法律出版社2013年版,第183-191页。

第一章 社区矫正适用前调查评估的发展脉络

社区矫正作为我国的非监禁刑事执行制度，其工作运行需要建立一整套基本的管理制度，而社区矫正适用前的调查评估制度则是社区矫正程序的开端，是最能体现各个职能部门衔接的机制。适用前调查评估有助于提高决定机关对于未决犯是否适用社区矫正量刑的科学化、对于已决犯是否适用假释和暂予监外执行的合理化的程度，是对促进刑罚的效益最优的体现。以目前很多国家的实践经验来看，调查评估一般是由社区矫正机构完成的，因为社区机构和工作人员与社区关系密切，在调查地开展中有着其他机构不具备的诸多便利条件。在英美法系国家，缓刑官的职责之一就是为法官提供判决前的量刑建议报告，就是否适用社区矫正以及对个性化的社区矫正方案提出意见。我国的调查评估制度起源于一些地方办理未成年人刑事案件的探索且这一做法被司法解释所肯定，最终在 2012 年的《刑事诉讼法》修订中对未成年人的社会调查制度予以了肯定。社区矫正适用前调查评估之前一直被称作社区影响评估，在 2012 年《社区矫正实施办法》颁布前，各地实践中对其名称表述及定义都不尽相同，名称表述方面诸如“审前调查”“审前社会调查”“审前调查评估”“判决前人格调查”等,对其定义有诸如仅认为法院是调查评估委托主体、被评估的对象仅为被告人和服刑人员的片面理解。[1] 关于调查评估的性质,有学者认为,社会调查报告在未成年人刑事案件中具有英美法系证据规则中品格证据的属性。[2] 但也有学者认为,整体而言,我国“审前社会调查报告”在审判中不具有法律效力,只能看作非法律效力的社会资料。

一、社区矫正适用前调查评估的理论基础

社区矫正适用前调查评估作为一种需要预判被告人或罪犯是否适宜接受非监禁的刑事执行措施,其蕴含着教育刑罚思想、再社会化理论和刑罚个别化原则的精神。社区矫正适用前调查评估依据其评估对象的不同,对未决犯的适用缓刑、管制的社区矫正适用前调查评估是对量刑中刑罚适用预防刑理念的具体应用。

(一)责任刑与预防刑

世界目前对刑罚的目的以相对报应刑理论为主,即量刑除了以责任为基础,还需考虑预防的需要。但现实表明,要想以某种有效的数学公式或者数学计算方法裁量刑罚,很难实现。量刑时观念比方法更重要,各种观念中,责任刑的观念最为重要,主要是基于犯罪人各种情节进行相应责任的量刑。

特殊预防论认为,预防犯罪行为人再次陷入犯罪,即对其今后社会危险性的预防,[3] 是刑罚正当化的根据。特殊预防的另一个内容不是以痛苦(即使事实上伴随着痛苦)而是以之外的方法防止犯罪人再犯

---

〔1〕 2007 年《湖北省适用非监禁刑审前社会调查实施办法(试行)》规定,人民法院拟对被告人判处非监禁刑或对服刑人员拟裁定假释的,在开庭审理前委托社区矫正机构对其个人情况、一贯表现和社会背景等情况进行调查的一种制度。

〔2〕 唐震:《未成年被告人个体情况调查报告的法律性质与运用》,载《法治论丛》2001 年第 6 期。

〔3〕 融昊:《特殊预防视域下对于社区矫正制度的宏观审视》,载《黑龙江省政法管理干部学院学报》2018 年第 5 期。

罪,这被称为改善刑、教育刑或者犯罪人的重返社会。[1] 教育刑罚理论促进了刑罚的宽缓和对犯罪人的人道化、社会化和个别化处遇,是社区矫正最主要的刑罚理论根据,对社区矫正及矫正前调查评估制度的出现和发展有着深远的意义和影响。[2]

目前学界能类型化的预防刑因素主要有累犯和再犯、一般违法事实、犯罪前的表现、犯罪后的态度,构成累犯的被告人的预防刑考量中是很难适用社区矫正的,因此在讨论社区矫正对象的预防刑因素中,主要对再犯进行分析。需要关注再犯与特殊预防的关联性,构成累犯的再犯一般也能表明犯罪人的特殊预防必要性较大。但是,再犯对预防刑的增加量应当少于累犯对预防刑的增加量。这不仅是因为《刑法》对累犯有明文规定。对再犯只有针对毒品犯罪的特殊规定,而且因为再犯既可能表现为前罪没有执行刑罚,因而没有刑罚体验的情形,也可能表现为后罪与前罪刑罚执行完毕之间间隔时间较长,故再犯罪的危险性一般比累犯小。

再犯虽然是增加预防刑的情节,但并不是增加预防刑的必然情节。因为增加预防刑的情节,必须是表明犯罪人再犯罪可能性大的情节。不能因为犯罪人具有二次以上的犯罪经历,就得出再犯罪可能性大的结论。再犯罪可能性不是一种单纯的客观事实,而是必须联系犯罪人的犯罪原因、规范意识等主观事实进行判断后形成的结论。所以,倘若犯罪人基于特殊原因而再次犯罪,不能说明其再犯罪可能性大,就不应当增加预防刑。由于《刑法》将过失犯罪排除在累犯之外,即使在 5 年之内再犯罪,但只要其中一次是过失犯罪,就不以累犯论处,不得从重处罚,所以,根据举重以明轻的解释原理,对于两次犯罪的行为人而言,如果前罪是过失犯罪或者后罪是过失犯罪,那么,在对后罪量刑时,都不得将“再犯”作为增加预防刑的情节,否则就实际上违反了《刑法》关于累犯的规定。同样,由于《刑法》将不满 18 周岁的人排除在累犯之外,所以,如果

---

〔1〕［日］平野龙一:《刑法总论》,有斐阁 1972 年版,第 20 页。
〔2〕李云雄:《社区矫正审前调查制度浅析》,载《中国司法》2009 年第 8 期。

行为人犯前罪时不满18周岁或者犯后罪时不满18周岁，在对后罪量刑时，也不得以再犯为由增加预防刑，否则也有悖《刑法》关于累犯规定的精神。由此可见，不能将所有前科（依法受过刑事处罚的事实，参见《刑法》第100条）都作为增加预防刑的情节。

一般的违法事实也是预防刑可以考量的情节，其主要是指违反其他的法律，但是没有构成犯罪的事实，实践中较多的违反《治安管理处罚法》的行为。其容易与犯罪相关联，足以证明被告人的人身危险性大小可以成为影响预防刑的情节，但实践中调查评估主体和法院最终的裁量对一般违法事实的看法是否一致，值得探究。这里的犯罪前的表现，是除了累犯、再犯等前科劣迹之外的表现。犯罪人的一贯表现不是定罪的依据，但是预防刑非常重要的情节，因其与行为人的再犯可能性相关。为了防止间接处罚，对不良的一贯表现对预防刑的影响应当控制在较低程度。良好的一贯表现，如果能说明行为人的再犯可能性大小，当然可成为减少责任刑的情节。

有人认为，对于犯罪人的一贯表现，应当从以下方面把握：在家中是否不负责任；在社区生活中是否经常实施不道德行为；在学校是否经常违反校规，是否认真学习；是否有违法犯罪的经历。然而，不加限制地将犯罪人在各方面的表现全面纳入影响预防刑的情节，不利于判断被告人特殊预防必要性的大小，因而不利于实现预防犯罪的目的。[1]

社会影响在量刑中是否属于量刑情节，如果属于量刑情节，是影响责任刑情节还是影响预防刑情节，或是具有双重性质。[2] 一般意义上的社会影响，是难以甚至不可能被评估和测量的，我国司法解释中大量地将社会影响作为量刑情节，并且对所在社区的影响也是社区矫正适用前调查评估的内容之一，社会影响被作为对特殊刑罚方式的选择条件，具体表述是对所在社区的影响，也是一种社会影响。[3]

---

〔1〕 翟中东：《刑罚个别化研究》，中国人民公安大学出版社2001年版，第116页。

〔2〕 [日]原田国男：《量刑判断的实际》（增补版），立花书房2008年，第18页。

〔3〕 张明楷：《论预防刑的裁量》，载《现代法学》2015年第1期。

预防刑裁量的难度要远远高于责任刑的裁量,影响责任刑的因素相对固定,而影响预防刑的因素则较为宽泛;裁量责任刑是对过去犯罪事实的回顾,具有报应的标准,而裁量预防刑是对犯罪人将来社会化的预判,没有具体的标准,也难以有具体评判模式,从减少预防刑的角度,可以采取适用非监禁刑,那么社区矫正的适用前调查评估是辅助法官进行裁量的一种方式。我国对社区矫正的适用较为复杂,对于管制等刑种的选择,涉及对责任刑和预防刑的考量;缓刑是刑罚具体的形态,判处实刑还是宣告缓刑,是对于预防刑的裁量。从预防刑的角度看,行为人是否生活在健全的家庭中,对刑种的选择起着至关重要的作用,家庭生活的健全是判处管制、缓刑的有利因素。

(二)刑罚个别化理论

我国《刑法》规定对判处管制和被宣告缓刑的犯罪人实行社区矫正。非监禁刑或者缓刑,也具有再社会化的功能。监禁刑后的行刑方式与非监禁刑都具有对罪犯再社会化的功能。在量刑时要注重特殊预防的必要性,在量刑和刑罚的执行阶段,刑罚的主要目的是特别预防,适用刑罚时,需考虑到罪犯的年龄、性格、经历、成长环境和一贯表现,考虑犯罪的动机、方法和社会影响,以及罪犯犯罪后的态度、补偿损害之努力和其他情况,达到有遏制犯罪和使罪犯改过自新的目的,这是刑罚个别化的理论,其关注的是犯罪人的人身危险性和刑罚的预防功能,对不同的罪犯适用不同的适宜其的刑罚处罚方式,为了实现刑罚的个别化,不必刻意追求量刑的均衡。刑罚的正当化根据是报应与预防,根据责任刑的程度和预防的大小,做出符合刑罚正当化根据的裁判。

刑罚个别化包括法律上的个别化、裁判上的个别化和行政上的个别化,目前能做到的只有裁判上和行政上的个别化。社区矫正对象所在的社区,对犯罪人的罪行是抽象的接纳,而对矫正对象本人是具体的接纳,这成为其对犯罪人的评价和接纳做出有效判断的逻辑起点。[1] 对假释、暂予监外执行,因都是针对已决犯的刑罚变更措施,不存在审判机关在量刑时基于特殊预防的理念对责任刑与预防刑的权衡,而主要是依据刑罚个别化的理念。刑罚个别化的另一面是法官作为决定主体的理性选择理论。法律中较常见的规定行为的标准是外部标准,并且不考虑当事人的自身因素。

法官在量刑时应当合理行使自由裁量权,不能期待所有情节都由刑法明文规定。刑法不可能将所有量刑情节法定化,不可能对各种量刑情节的裁量制定具体规则,不可能对各种量刑情节的作用予以数学式的量化。[2] 预防刑的裁量特别需要法官明确刑罚的正当化根据,全面掌握非类型化的情节,以此为基础正确判断被告人特殊预防必要性的大小,从而实现刑罚目的。要体现刑罚的公正实现刑罚个别化,限制法官的自由裁量权,应当对预防刑的情节进行类型化,目前一部分情节被类型化,如自首、立功、坦白,有的被司法解释类型化,如退赃、退赔、当庭认罪,这些都还是与犯罪人犯罪行为有关的情节,属于犯罪人属性的情节,此外还有表明犯罪人特殊预防必要性的情节被类型化。

刑罚个别化原则的运用,不但可以满足对犯罪人进行特殊预防的合理需要,也可以实现刑罚资源的合理分配,有效提升刑罚运用的综合效益。有的国家在其刑法中集中规定了刑罚个别化的考量要素。但我国《刑法》并未对刑罚个别化及其考量因素做出单独和集中的规定,但是依据《刑法》第5条的规定,刑罚个别化原则本身是罪责刑相适应。虽然当前理论上对刑事责任的概念仍然存在不同的理解,但是,对于影响责任刑大小的因素包括犯罪行为的社会危害性,也包括犯罪人的人身危险性是没有争议的。而人身危险性的评判涉及量刑中的预防刑的因素,因其是对犯罪人将来行为的预判。据此应当在量刑的过程中,在坚持罪刑

---

〔1〕 任文启:《完善我国社区矫正审前调查评估制度的思考——基于文本和现实的比较分析》,载《甘肃政法学院学报》2016年第3期。

〔2〕 [美]肯尼斯·卡尔普·戴维斯:《裁量正义》,毕洪海译,商务印书馆2009年版,第1720页。

相当的基础上,通过综合评判各种责任刑情节和预防刑情节来具体判断犯罪人的人身危险性大小。

缓刑适用的规范性即社区矫正适用的规范性。[1] 我国的缓刑适用制度本身有待完善,鉴于这一问题,2011 年的《刑法修正案(八)》对缓刑适用制度进行了全面的修正,其主要目的就是进一步促进缓刑适用的规范化,进而推动缓刑制度的广泛适用。其中,缓刑适用的规范化是促进缓刑扩大化适用的前提,目前我国的缓刑适用率处于攀升的态势,但缓刑的适用不一定完全符合规范化的要求,要避免随意适用或者盲目适用。在缓刑规范化的路径中,完善缓刑适用的实质条件是建立缓刑适用的人格调查制度,也就是社区矫正适用前的调查评估制度。责任刑就是报应刑,所谓罪刑均衡。责任刑与预防刑的关系,也可以说是罪行均衡与特殊预防(刑罚个别化)的关系。

刑罚的适用是整个刑罚的运作系统的中间环节,在刑罚的配置与执行之间起着刑罚的"传送"作用。因此刑罚的适用,不仅决定着刑罚实践效果的发挥,也影响着刑罚执行的效果。我国刑罚裁量原则的概括性影响了其对司法实践的指导。我国自由裁量的方法的科学化程度有待提高,虽然我国有量刑指导意见,但对于具体的罪名在何种情况下应当适用缓刑难以有科学化的标准。退一步说,我国缓刑适用的制度本身有一定的缺陷,制约了应然功能的发挥。在刑罚的适用方面,缓刑的适用意味着罪犯将接受社区矫正,社区矫正的适用前调查评估能帮助缓刑在适用中确立科学化的量刑,但是由于目前的调查评估意见仅是缓刑裁量最后的参考,在刑罚个别化的视角下,在法官的自由裁量权中,对于同一案件调查评估的意见与法院最终判决的一致程度如何,即法官的量刑考虑较多的是预防刑的哪一因素还是责任刑的哪一因素。对于社区矫正适用前调查评估,是基于责任刑的因素进行考量,抑或基于预防刑的因素考量再犯危险性,也值得探究。

---

[1] 敦宁:《自由刑改革的中国路径》,人民出版社 2014 年版,第 50 页。

二、社区矫正适用前调查评估法律依据的演变

社区矫正实践在持续发展中会不断地出现新情况、新问题，社区矫正适用前评估的工作也在发展过程中，从笔者对社区矫正适用前调查评估的法律法规梳理，其基本可以划分三个阶段。第一阶段为调查评估制度最初发展的阶段；第二阶段是在《刑法修正案（八）》对缓刑的适用条件加入了“对所在的社区无重大不良影响”和对假释的适用条件加入了“对犯罪分子决定假释时，应当考虑其假释后对所居住社区的影响”，调查评估制度有了法律依据，同时又随着2012年《社区矫正实施办法》*的出台，该制度开始进行了最初规范化探索；第三阶段是在《社区矫正法》实施之后，社区矫正工作有法可依，调查评估工作逐步规范化。

（一）调查评估制度未有法律依据阶段

2011年《刑法修正案（八）》颁布实施前，社区矫正适用前调查评估制度在我国尚未实现刑事立法化，仅在司法解释和其他规范性文件中有所涉及。在开展社区矫正工作的过程中，一些地方借鉴了未成年人刑事案件的做法，将拟适用社区矫正人员的调查评估作为社区矫正机构的工作内容之一，一般认为调查评估制度在我国的实践探索最先开始于未成年人刑事案件审理中。[1] 之后又根据司法行政系统的规范性文件，初步进行了社区矫正适用前调查评估的试点。[2]

在此阶段各省市积极尝试、探索调查评估制度。安徽省在此阶段未

---

* 2020年7月1日《社区矫正法实施办法》正式施行，《社区矫正实施办法》同时废止。——编者注

〔1〕 2001年最高人民法院《关于审理未成年人刑事案件的若干规定》中，提出在办理未成年人刑事案件时，控辩双方可以提供书面调查报告，并明确了调查的主体、内容以及调查的时间。

〔2〕 2003年《关于开展社区矫正试点工作的通知》规定，人民法院在判处非监禁刑、减刑、假释工作中，可以征求有关社区矫正组织的意见。2004年司法部颁发的《司法行政机关社区矫正工作暂行办法》第10条规定，司法行政机关应当在人民法院就管制、缓刑、暂予监外执行、假释、剥夺政治权利的判决、裁定或者决定听取司法行政机关的意见时，积极配合。

形成省级层面的关于社区矫正适用前调查评估的具体文件,但2008年5月安徽省高级人民法院、安徽省人民检察院、安徽省公安厅、安徽省司法厅共同制定的《关于进一步明确各自职责和任务共同做好社区矫正工作的意见》规范性文件指出,为扩大社区矫正工作成果,更加规范有序地将社区矫正工作向纵深推进,根据安徽省《社区矫正试点工作方案》的有关规定,结合政法各部门工作职能和业务特点,现就人民法院、人民检察院、公安机关、司法行政机关进一步明确各自职责和任务,共同做好社区矫正工作提出如下意见。充分认识全面开展社区矫正工作的重要意义。开展社区矫正是积极推进司法体制改革,实现刑罚一般预防和特殊预防两个目的的有益探索,也是全面落实科学发展观,贯彻"宽严相济"刑事政策,维护社会稳定,构建和谐社会的现实需要。有利于整合社会力量,提高罪犯教育改造质量,最大限度地化消极因素为积极因素。公安、检察、法院、司法行政部门要充分认识全面开展社区矫正工作的重要意义,切实将社区矫正作为本职工作,共同促进社区矫正工作规范化、制度化,全力维护社会和谐稳定。此时的社区矫正对象还包括剥夺政治权利的主体。[1] 对人民法院的责任的表述为:对可能适用社区矫正的案件,可以委托社区矫正工作机构开展审前调查,通知相关社区矫正组织旁听庭审,事先征求社区矫正机构意见,摸清社区民意。各个市对社区矫正适用前的评估在进行探索,因此在此阶段对评估的理解和认识也并未统一。因为社区矫正工作在此阶段属于试点阶段,在安徽省对调查评估工作有规范性文件的市,对此项工作的称谓都不统一,具体有"刑事案件被告人审前调查""社区矫正对象裁判前评估""社区矫正审前调查评估"等。[2] C市是省内最早开展调查评估工作试点的城市,2008年10月,C市市公、检、法、司四部门联合出台了C市《刑事案件被告人审前调查实施办法》,对社区矫正人员实行审前调查制度,规定凡是人民法院判决、

---

〔1〕 赵咏梅:《我国社区矫正制度探析——以福州市为例》,载《晋中学院学报》2011年8期。

〔2〕 李光明:《马鞍山实现社区矫正专业化》,载《法制日报》2011年第12期。

裁定可能适用社区矫正的,先交由司法行政机关组织了解被告人的犯罪背景、日常表现、家庭生活等情况,提交评估报告,供法院裁量参考。截至2012年3月15日,C市各级法院将判决、裁定可能适用社区矫正的1301名刑事案件被告人,委托司法行政机关进行审前调查,各级法院综合采信率达90%以上。[1] 2009年B市出台了《社区矫正对象裁判前评估办法》,依据还有B市《社区矫正试点工作方案》,其对评估的定义为:"人民检察院或人民法院在审查起诉或审理过程中,根据案件具体情况进行审查,认为犯罪嫌疑人或被告人已经构成犯罪,且基本符合进入社区矫正条件的,移送起诉或判决前,委托司法行政机关社区矫正机构对犯罪嫌疑人或被告人犯罪行为的背景因素、是否具有再犯罪危险、是否可以适用非监禁刑进入社区服刑进行调查分析,出具评估意见、提出刑法裁量的参考意见的活动。"2010年A市出台了《社区矫正审前调查评估实施办法》,其制定目的为预防和减少犯罪,实现社区矫正工作与审判工作的有效衔接,确保社区矫正工作质量,依据还有A市《社区矫正试点工作方案》。A市《社区矫正审前调查评估实施办法》使用的评估名称为"社区矫正审前调查评估",但并未对评估的内容进行定义,A市在此阶段的评估工作中,评估的适格委托主体仅为法院,并依据法院审理案件的不同将调查评估分成两种情况,一种是委托的主体都为人民法院,审理案件中的被告人要基本符合社区矫正条件;另一种是受理的监狱看守所假释的案件在裁定前,人民法院对依法有可能判处管制、缓刑、单独剥夺政治权利等非监禁刑以及拟裁定假释的,决定是否开展审前调查评估。

(二)《刑法修正案(八)》:法律依据的初步确立

《刑法修正案(八)》出台后,明确将"对所居住社区的影响"作为宣告缓刑和裁定假释的条件之一,由此进一步推动了调查评估的发展。《刑法》规定,对犯罪分子宣告缓刑时,将"宣告缓刑对所居住社区没有

---

[1] 本数据由笔者参加安徽省社区矫正工作会议时获取。

重大不良影响”与“犯罪情节较轻”“有悔罪的表现”“没有再犯的风险”作为除了法定之外的并列适用条件;同样对假释的适用条件表述为“对犯罪分子决定假释时,应当考虑其假释后对所居住社区的影响”与“如果认真遵守监规,接受教育改造,确有悔改表现,没有再犯罪的危险的”同为假释的实质性内容条件。这都表明了《刑法》将对社区的影响作为宣告缓刑和决定假释的重要因素或条件,为确立调查评估制度提供了法律依据。

2012年《社区矫正实施办法》第4条全面确立了调查评估制度。[1]安徽省于2012年下发《适用非监禁刑事审前调查实施办法(试行)》(征求意见稿),其上位法是最高人民法院、最高人民检察院、公安部、司法部《关于开展社区矫正试点工作的通知》,给予的调查评估的名称和定义为:非监禁刑事审前调查评估是指人民法院在审理刑事案件和假释案件后根据被告人或者拟假释罪犯的犯罪情节、主观恶性、社会危害性及悔罪表现,拟依法适用非监禁刑在审理判决前,委托被告人或拟假释罪犯户籍所在地或常住地社区矫正机构对其个人情况、社会背景、能否适用非监禁刑进行调查,提出书面评估意见,供法院在量刑时参考的活动,而在最终成文的文书中,将此项工作原本的定义“非监禁刑事审前调查评估”改成了“社区影响评估”。根据《社区矫正实施办法》,安徽省制定《关于适用社区矫正社区影响评估暂行办法》(以下简称《安徽评估办法》),在第2条中“社区影响评估”是指人民法院、公安机关、监狱对拟适用社区矫正的被告人、罪犯,需要调查其对所居住社区影响的,委托县级司法行政机关进行调查评估的活动。2012年《安徽评估办法》有很多突破:一是在全国范围内第一个与《刑法修正案(八)》《社区矫正实施办法》衔接,提出“社区影响评估”的概念;二是把监狱、看守所提请适用社区矫正或决定监外执行的列入评估范围;三是吸收省内有关地市和其他

---

[1] 《社区矫正实施办法》第4条第1款规定:“人民法院、人民检察院、公安机关、监狱对拟适用社区矫正的被告人、罪犯,需要调查其对居住地社区影响的,可以委托县级司法行政机关进行调查评估。”

地方审前调查的好的经验和做法,在评估内容、方法、工作纪律等设计上更加科学、更加规范。《安徽评估办法》对调查范围、评估内容、程序、方法、工作纪律、法律监督及具体文书格式予以了明确和规范,在全省范围内全面推行社区影响调查评估工作。与2012年《社区矫正实施办法》颁布前的"审前调查"制度相比,"社区影响评估"的委托机关不再仅限于人民法院,而是扩展到人民检察院、公安机关和监狱;被调查评估的对象也不再仅限于拟判处非监禁刑的被告人或拟裁定假释的服刑人员,而是与社区矫正人员的范围相一致。但是,即便是在2012年《社区矫正实施办法》颁布后,有关这方面名称表述也不尽一致,如"社区影响调查评估""社区影响评估""适用前调查评估""调查评估"等。2016年8月30日最高人民法院、最高人民检察院、公安部、司法部《关于进一步加强社区矫正工作衔接配合管理的意见》,其中第一部分是关于加强社区矫正适用前的衔接配合管理,其对调查评估的主体、程序进一步进行了明确。[1]

在这一阶段,社区矫正适用前调查评估制度已经成为与社区矫正工作密切相关的一项重要的法律制度,但是社区矫正适用前调查评估的意见只是供决定机关在裁决时的参考,不能要求必须被采纳。

(三)《社区矫正法》:法律依据的全面确立

2019年12月28日全国人大常委会通过并于2020年7月1日起施行的《社区矫正法》第18条规定,社区矫正决定机关根据需要,可以委托社区矫正机构或者有关社会组织对被告人或者罪犯的社会危险性和对所居住社区的影响,进行调查评估,提出意见,供决定社区矫正时参考。为社区矫正调查评估制度正式确立提供了法律依据,但其对于调查评估

---

[1] 《关于进一步加强社区矫正工作衔接配合意见》规定:人民法院、人民检察院、公安机关、监狱对拟适用或者提请适用社区矫正的被告人、犯罪嫌疑人或者罪犯,需要调查其对所居住社区影响的,可以委托其居住地县级司法行政机关调查评估。对罪犯提请假释的,应当委托其居住地县级司法行政机关调查评估。对拟适用社区矫正的被告人或者罪犯,裁定或者决定机关应当核实其居住地。

的内容和程序规定得较为原则、笼统，尤其是对调查评估后制作的报告的形式、内容、效力及运用等没有做出具体规定。随后 2020 年 6 月出台的《社区矫正法实施办法》基本延续了 2012 年《社区矫正实施办法》的内容，删除了“一贯表现”，增加了“社会危险性、对所居住社区的影响”的表述。

为了顺应《社区矫正法》的颁布和实施，安徽省司法厅 14 号文件对安徽省四部门《社区矫正适用前调查评估试行办法》(皖司通〔2018〕9号)对《安徽评估办法》进行了修改，将“社区影响评估”改为“社区矫正适用前调查评估”，为“人民法院、人民检察院、公安机关、监狱对拟适用或提请适用社区矫正的被告人、犯罪嫌疑人或者罪犯，需要调查其社会危险性和对所居住社区的影响的，委托居住地社区矫正机构或者有关社会组织开展调查评估工作的活动”。但是实践中不同的部门对于调查评估的认识有差异，做法也不同，这在一定程度上影响了作为刑事执行制度的社区矫正适用的准确性，有必要进一步深入探究并进行规范，以确保社区矫正质量和效果。

三、社区矫正适用前调查评估的实践运行阶段

在对调查评估的法律依据进行纵向的时间线梳理后，对本研究的样本——安徽省内的调查评估实践工作的分析也依据相应的时间线来进行，但是考虑到规范性文件的出台与实践工作模式的形成并不能够完全同步，结合研究样本的省域的特点和现有数据进行调查评估实践分类，以期能归纳出在不同时期内调查评估工作的共性和实践工作的困境。由于 2011 年关于评估实践探索的材料的缺乏，在笔者已经获取的材料中对调查评估工作的阐述和探讨以 2013 年为起点。2018 年省域内的评估办法进行了革新性的修改，对调查评估进行全省范围内的数据统计也在 2018 年之后，因此在对社区矫正调查评估的实践探索的阐释中，主要的时间点在《刑法修正案(八)》为调查评估工作确定了法律依据之后，分为 2013 年开始的调查评估的初步探索实践阶段和 2018 年之后逐步规范化的阶段，

总体把握安徽省目前社区矫正适用前调查评估工作的实践情况。

（一）初步探索："混乱的"社区矫正适用前调查评估阶段

初步探索阶段是社区矫正工作全面试点后初步走向规范化的阶段。在此阶段，社区矫正适用前调查评估被称为对拟适用非监禁刑罚和非监禁刑罚执行措施的一项综合性的调查评估工作。其主要法律依据是2012年《社区矫正实施办法》、安徽省《社区矫正实施细则》和《安徽评估办法》。由于社区矫正工作是试点先行的状态，在安徽省不同区域也存在对社区矫正适用前评估工作上的差异。笔者选取了安徽北方的一个县级司法行政机关和南方的一个县级司法行政机关的材料进行了定性研究。在此阶段根据安徽省相关文件，对于评估的称谓一般为"社区矫正影响评估"，也有部分工作人员会称为"判前评估"。2013年安徽北方的BZ市谯城区司法局共办理社区影响评估案件152件，经核实居住地不属本区管辖退回委托机关的5件，法院采信率达97%。谈到对调查评估工作的认识，负责人的表述为：此项工作有助于审判工作与社区矫正工作的无缝对接，有助于提高社区矫正质量，为推动社区矫正工作的开展，促进社会管理创新发挥了积极作用。在评估的人员配置上，该辖区社区矫正中心明确有专职工作人员负责此项工作，明确了工作职责和任务。在程序上，接到委托单位的社会调查评估函后，及时指派到辖区司法所。基层司法所组成工作人员不少于2人的调查组和评估对象居住地社区居委会主任组成的调查小组，就调查评估对象的居住情况、家庭成员和主要社会关系、一贯表现、犯罪行为的后果和影响、再犯罪风险、矫正环境等情况进行走访调查，广泛听取了被告人（罪犯）的邻居、被害人及所在社区居委会的意见，形成了书面社区影响评估报告，提出是否实行社区矫正的建议，该社区影响评估报告一式三份，原件提交委托机关，复印件由社区矫正中心和司法所各存档一份，由同级人民检察院对社区影响评估工作进行全程监督。

安徽南部安庆市宜秀区的工作实践中，该负责人认为社区矫正影响评估是指社区矫正机关依据一定标准对被告人或罪犯是否适用社区矫正进行分析、评价的活动。自 2012 年 3 月 1 日《社区矫正实施办法》实施以来，该区共接收社区影响评估委托 37 人次，各级法院采信 37 人次，采信率为 100%。与同期的北方相比，安徽南部一年评估案件数少了很多，这与皖南总人口基数与北方相比也少很多有一定关系。在总体评估案件数量远远少于北方 HS 区的情况下，在具体的社区矫正评估实践工作中存在调查评估专门人员不足、调查时限不足和调查评估协调难度大等实践困境。审前调查评估人员不足，该辖区有 6 个司法所，平均每个所 2 人，由于基层司法所承担了司法行政机关包括社区矫正工作在内的多个职能，其中所长身兼多职，在每一个个案开展评估时都要保证 2 人参与很难。

首先，针对人员不足的问题，该区域的做法是司法局专门成立了由局长为组长的 5 人调查评估小组，虽然能体现司法行政机关对调查评估工作的重视，但是以局长为组长的调查小组很难实际承担具体评估工作，这也体现基层司法行政机关的实践工作中的一些"惯性"的思路做法。其次，在具体评估的程序中，对于调查评估的流转和协调工作。该区域对评估的具体委托的流转，是以局长为组长的评估小组为起点的，再进行到被评估对象居住地司法所的二次流转，并且基层司法行政工作人员缺乏基础法律知识，10 日完成评估与相关规定的 10 个工作日并不是一个概念，或许也是"自我加压"式的基层司法行政工作的作风。针对其评估实践困境中协调难的问题，也是通过局长为组长的评估小组与社区干部取得联系，可能也难在实践中真正解决协调难的困境。"评估小组在接到监狱、法院社区矫正审前社会调查委托函后，及时登记、通知被评估人居住地的司法所，与其所在的社区干部取得联系。当地司法所人员，严格按规定程序开展调查工作，评估工作人员在 10 日内形成调查结论。"强调"两人进行评估"和"回避"原则的落实，即便是人员再缺乏，最低的底线要求，也要由至少两人进行评估，但是其启动回避的程序只有评估人员的主动回避，没有当事人申请和有关部门指定回避的启动方式。“为了确保调查的完整性、安全性、严肃性,社区矫正机构开展调查评估时要严格遵守由两人进行调查的原则,禁止出现一人代办调查的现象,评估工作人员与案件当事人或案件处理结果有利害关系的,应主动回避。”〔1〕最后,该区域负责人也提到了对档案管理方面的要求,“在查评估结束后,一人一档,对开展社会调查评估中的法院、监狱委托调查函、意见调查表、社会调查表、调查笔录、村(居)委会证明、调查报告等材料及时整理归档成册,以备核查”。

1. “一刀切”式的社区影响评估运行程序和调查内容

具体来说,在评估运行过程中北方区域矫正中心的负责人的工作重点一般在调查评估的人员组成需要有乡镇基层司法所至少两名的工作人员等关于调查评估的程序性问题上。关于评估主体的人数问题,由于安徽省存在大量的“一人所”,甚至“无人所”的情况。对于此种情况,该辖区的做法是由当地的派出所人员配合进行判前调查评估,但是派出所的人员直接作为评估的主体是否能实现评估的效果值得探究。另外是对评估的时限要求上,该辖区内进一步的“一刀切”式的要求,即不区分评委的类型、评估委托的难易程度、是否是跨区域的委托和案件是否是速裁程序等,要求“所有调查要在接到委托书后七天内完成,保证与法院的对接”。但从其区域的评估案件的数据上可以看出在该区域内,评估的委托主要是法院发出的关于适用缓刑的调查评估,监狱机关发出的假释案件的评估较少,导致该区域负责人对评估时限的认识上有偏差,7日与规范性文件要求的10个工作日和速裁程序的5个工作日,不是一个范畴的概念。对评估时限进行“查”,主要围绕被告人、罪犯家庭环境是否健康、是否具有再犯罪危险性,在评估的内容上关注是否可以实现有效监管,是否可以实行社区矫正,对被告人、罪犯的居所情况、家庭和社会关系、一贯表现、犯罪行为的后果和影响、居住地村民委员会或社区居民委员会意见以及拟禁止的事项进行详细的实地走访调查,做好家庭情况、居住地社区意见、群众评价、所在单位或就读学校的评价和反映等

〔1〕 司法部社区矫正管理局编:《社区矫正研究论文集》,法律出版社2013年版,第20页。

调查笔录和证明材料。在具体的做法中，需要由犯罪嫌疑人、罪犯的近亲属提供拟建议适应缓刑、假释亲属承诺书，一式三份，保证其回到社会服刑期间不出区，随时对其思想、行为掌握、报告；亲属的承诺书或者说是保证书，其法律依据应是源于在裁定假释和决定暂予监外执行的案件中，需要提供保证人的制度。而将此种制度应用于所有的评估案件中是不合适的，因为缓刑的适用前评估未有对保证人的要求。在对承诺书或者保证书的保证人关系的证明上，其负责人还特别指出：父亲为儿子担保的，除提供父亲的身份证复印件以外还需提供显示父子关系的户口复印件；妻子为丈夫担保的除上述证明材料以外，还要提供结婚证复印件；在该区域内进行具体调查的内容中，也注意到了对被害人的调查：有被害人在本地的必须附带被害人调查笔录，征求被害人是否同意罪犯在本地服刑等。

对评估时限问题，与北方 HS 区的“自我加压”式评估时限模式不同，X 区认为调查评估时间仓促，具体体现在区司法局接到法院评估委托书都是在寄出三四天之后，再流转到具体评估的司法所，等到司法所评估结束再反馈到法院可能就超出 10 天的期限。另外，不同于北方 HS 区可以将派出所的人员吸纳进调查小组中，在 X 区实践工作中，审前调查评估工作协调难度大，“开展评估时，司法助理员不仅走村入户了解情况，还要与相关单位、部门配合，在时间紧、人员不足的情况下，司法所完成这些工作有一定难度”。

2.“层批式”流程的评估意见的出具过程

在评估结果的出具阶段，如何对调查的内容进行合理的逻辑分析得出结论未有提及，基层的工作主要体现在对评估意见出具的最终形式和流程上。经综合评估后填写《安徽省社区矫正影响评估表》，出具调查评估意见书一式四份，报局领导审核后将调查情况及时反馈给委托单位。可以看出，其强调的评估表格需要一式四份，其最后出具需要局领导的审核。对于调查评估的档案管理工作，该区域的做法是将在评估调查中的法院和监狱部门委托调查函、调查笔录、村（居）证明、派出所证明、调查报告等材料及时整理归档成册，按照一人一档的要求，整理归档，推进审前社会调查工作规范化、制度化。该名矫正中心负责人特别提到了严明纪律。在其具体的工作实践中要求调查评估小组成员必须依据客观事实，遵守法律规定，遵循公正原则，严守工作纪律。要求调查人与被告人有亲属关系的要回避，而且要做到不泄露调查人、被调查对象、被告人的相关信息，不伪造、变更调查材料，不做虚假报告，一经发现，另行指派调查人重新调查，并对不负责任者进行责任追究。

3."自我拔高"式的调查评估工作评价

对社区矫正适用前评估的工作的评价，可以从源头上纠正目前社区矫正工作中存在的一些宽软的现象，提高社区矫正工作的严肃性和执行力。对其地域内的调查评估情况的自我评价为"在此阶段，其已经初步形成了有地域特色的制度化评估体制，基本形成了较为完善的审前调查评估工作体系"。

安徽南部同样也存在"自我拔高"式区域性的社区矫正调查评估工作评价。一方面，其制定了区域内的与社区矫正工作有关的规范性文件。另一方面，坚持全面调查的原则。即使存在人员不足、时限过短、协调不畅等实践困境，评估意见的最终出具也未有对调查的内容的分析和评估做出逻辑的说明，强调的依然是对评估意见的签批程序，且该区域有司法所—社区矫正机构—局评估小组—分管领导四级签批手续。

案例一：在评估过程中，当有些案件与委托初衷不一致时，评估小组组织重复调查。如2012年9月罪犯程某，因丈夫外出多年，杳无音信，孩子年幼，其没有经济来源，家庭十分困难，靠打短工来维持生活，经济十分拮据。工作期间顺手偷窃别人财产，前后共十多次，总计盗窃金额3000余元（估价）。我们在收到法院社区影响评估委托书后，及时组织司法所开展调查，通过司法所走访调查发现其由于生活所迫才做出了违法犯罪的事情，遂建议判处缓刑并减轻经济处罚，接到司法所汇报后，司法局立即召开评估小组会议，派专人进一步调查核实，完成书面材料报送区法院，法院采信我局评估意见，最终判决程某拘役5个月缓刑10个月，原处罚金10,000元减到3000元,法院又将这3000元罚金以困难补助方式返还给本人,程某十分感动,在矫正期间积极改造,表现非常出色。

案例二:2013年3月,我局收到罪犯翟某社区影响评估委托函。2012年11月,翟某因聚众斗殴、故意伤害被刑事拘留,考虑到其是未成年人,法院进行评估委托,司法所按规定程序得出建议法院判处非监禁刑判决,愿意接受其为社区矫正对象的结论。局召开评估小组会议,发现其曾参与2012年6月一起聚众斗殴、故意伤害案件,虽然其在该案中不是主犯,交了罚金,免予刑事处罚,但其再次参与2012年11月聚众斗殴案件,并殴打办案警察。经评估小组讨论认为:翟某在一年内多次参与聚众斗殴,故意伤害,对他人的人身安全造成一定危害,虽然前期对其进行过经济处罚,但屡教不改,并参与殴打公安民警,不宜判处非监禁刑,若对其进行社区矫正不利于后期改造。我局遂通知翟某户籍地司法所及时更改结论,呈报法院。最后法院采纳我局的评估意见,判处翟某有期徒刑10个月。

(二)全面推广:多主体视角下社区矫正适用前调查评估阶段

1.人民法院视角下的调查评估实践情况

A市中级人民法院认为对社区矫正适用前评估工作是较为满意的,其主要为在评估的启动上对任何有可能适用社区矫正的案件都进行评估的委托。在具体的程序运行上进行了中院"订单式"的评估材料的完善,和派专人的对接评估工作,在最终的评估意见采信上,采信率也较高。

首先,在此时期,A市中级人民法院作为评估的启动机关,对所有拟适用社区矫正的对象,都进行了委托。2016年A市中级人民法院的做法是与司法行政机关积极配合,对于拟实行社区矫正的被告人和罪犯,均依照法律规定,做好审前调查评估,保证裁判的质量和有效执行,具体体现在中院的层面,对所有拟实行社区矫正的被告人和罪犯,依法全部进行审前调查评估。

其次,在评估的具体运行程序方面,对评估内容的完善与评估机关的协调上派专人进行对接,也有与司法机关共同进行评估的尝试。A 市法院根据法律规定和司法行政机关工作的要求,完善了各种审前调查评估材料,重点内容是拟进行社区矫正的理由、被告人和罪犯个人及家庭的准确信息、是否具备必要的监管条件,并安排专人或以函件的方式递交司法行政机关,为司法行政机关的调查评估提供了便利。必要时,根据案件需要及司法行政机关的建议和要求,协同其共同进行审前调查,适时解决实际工作中的相关问题。与司法行政机关相互尊重各自的意见,并适时予以调整。

最后,其未给出在中级人民法院层面的采信率,但其表述为“基本予以采纳”。对于司法行政机关同意进行社区矫正的评估意见,A 市法院基本上予以采纳。但对于其不同意的评估意见,A 市法院在认真了解其具体意见的基础上,对于理由充分,确实不宜进行社区矫正的,则予以采纳;对于理由不充分的,法院则进一步向司法行政机关阐明理由并坚持自己的意见。

2. 县级矫正中心视角下调查评估实践情况

首先,在此阶段,2018 年安徽省的评估办法已经进行修改。在对评估的称谓上,已经由“社区影响评估”变为“社区矫正适用前调查评估”,在 2019 年才有对评估的官方统计要求,之前获得的评估数据是由各个区域进行各自区域的统计,可见对评估工作的规范化也有更高的要求。2018 年度 ST 县司法局社区矫正中心共有社区矫正适用前评估委托 5 起,其中本县的调查评估委托书 2 份,其他区域的 3 份,占 2018 年入矫社区矫正对象(77 人)的 6.5%;2019 年 1 ~9 月,共接收调查评估委托 19 份,其中本县的调查评估委托书 11 份,其他区域的 8 份,占入矫社区矫正对象(48 人)的 39.5%,评估意见采信率 100%。从数据上可以看出 2019 年前三个季度的调查评估人数比 2018 年全年人数大幅度上升;社区矫正决定机关对社区矫正适用前调查评估工作越来越重视,委托评估比例明显提高。“社区矫正适用前调查评估是十分重要的社区矫正前置环节,通过调查评估,统筹分析非监禁刑罚是否符合公共利益、是否对社区安全产生不利影响、是否可以实现有效监管。”

其次，调查评估人员不足的问题，司法所人员不足且司法所的工作人员并不是专职进行社区矫正工作的，而作为专门进行社区矫正工作的矫正中心，也存在无法参与每一次具体的调查评估案件的困境，其提出了组成了“社区矫正适用前调查评估调查团”的概念。

ST 县社区矫正中心有工作人员 4 人，各司法所工作人员 21 人，社区矫正在矫人员 75 人，每个司法所只有 2 ~ 3 名工作人员，短期内出现过“一人所”的情况。司法所承担着人民调解、法律宣传、法律服务、扶贫、综合治理等工作，社区矫正只是司法所工作的一个重要部分。每一次调查评估工作，一般是由司法局参与指导，司法所进行具体调查，特殊情况下司法所自行成立评估小组进行调查评估。对于总人口基数较小的县（区），委托调查评估工作量不是很大，对于人口总数较大的县（区），社区矫正中心工作人员每一起案件都参与，工作量就可能太大，而顾及不过来。笔者设想，从县局机关、基层司法所、社区矫正志愿者中，选配政治素质过硬、业务能力强的一定人数的人员，组成社区矫正适用前评估调查团，定期开展业务培训并做好保密工作。这样可以使得调查评估资源得到有效整合和利用，提高调查评估工作效率和质量。

再次，规范性文件中确立的调查内容全面评估的原则在实践中难以完全落实。按照安徽省评估办法等相关要求，调查评估的内容包括居所情况、生活和家庭情况、违法犯罪记录、相关组织和个人的意见、矫正条件等，在实际工作运用中，要求项多，显得繁杂，不便操作。

最后，实践中存在应当回避而未回避的情况。有的学者指出，可以参照《刑事诉讼法》的相关规定，设立回避制度，明确规定相关利害关系人不得参加调查评估，以保证调查评估工作的中立性。2018 年《安徽评估办法》第 26 条，规定了调查工作人员应当回避的情形；在实际调查评估实践中，犯罪嫌疑人和（社区）村委会的主要领导是直系亲属关系应当回避。为了保证社区矫正适用前调查评估的客观公正，建立合理的回避制度是很有必要的。调查评估回避制度的根本问题是仅仅规定了应该回避的人员的范围,而未有像《刑事诉讼法》对回避制度规定具体的落实程序,例如,出现了应当回避的情况,谁有权申请回避,哪一主体进行指令回避,对于这些问题,都未有规范性文件进行具体的规定。

案例:犯罪嫌疑人舒某,男,27 岁,ST 县人,因涉嫌诈骗罪,某市某区检察院拟对其建议判处缓刑,委托我县司法局进行社区矫正适用前调查评估。在社区调查情况时,发现其父亲是社区书记,对社区主任、邻居等很顺利完成了调查笔录,对被告人的各方面反映自然是良好。在整个过程中,其父有回避的必要,但是又没有相关法规规定和要求。像舒某一类案例,按照法律的规定其父要作相应的回避,调查范围也应当进一步扩大,保证调查评估的可信度。虽然舒某被判缓刑,在此社区参加社区矫正一切正常,但程序上确实存在不规范的情况。

该区域对基本的法律常识的认识较为到位,在对评估的流转上强调做好案件的分级和以文书的方式进行评估的具体流转。也成立了评估小组,但能明确其无法进行具体评估工作,而是对评估的具体工作进行指导,对评估的时限,也作了工作日的区分。

对于社区矫正适用前调查评估的创新,其结合当地的实际,制定了操作方便有实效的菜单调查模式。县司法局在接到人民法院、检察院、公安机关的委托调查函后,先做好登记工作,发函指派到对应的乡镇司法所;2018 年以来社区矫正适用前调查评估数陡增,很多司法所的工作人员变动,不熟悉工作流程,县社区矫正中心牵头成立调查评估小组,指导配合司法所开展调查评估工作;司法所在 4 个工作日内按要求完成规定的调查项目后,对收集的资料统一整理,形成意见,上报县(区)司法局;司法局对上报的评估意见充分论证,两个工作日内形成《调查评估意见书》,回复到发函单位。具体工作模式和流程见图 1－1。

(1)制作《社区矫正适用前调查评估指派函》,县司法局以书面形式指派司法所,对犯罪嫌疑人(被告人、罪犯)进行社区矫正适用前调查评估,规范委托程序。

(2)适用前调查评估讯问笔录具体化,主要包括村(社区)委员会主要领导调查笔录、有监管能力的近亲属调查笔录、了解犯罪嫌疑人（被告人、罪犯）本人和家庭情况的邻居的调查笔录等；每一份笔录都既有规范的模式，又有可操作的弹性空间。

（3）签订承诺书，包括村（社区）领导代表单位的承诺、犯罪嫌疑人（被告人、罪犯）拟被判处非监禁刑的承诺、直系亲属的承诺；承诺书的条款，按照社区矫正的相关规定，统一格式和内容，清晰明了，便于操作。

（4）户籍（居住）地证明复印件，明确犯罪嫌疑人（被告人、罪犯）的具体户籍（居住）地。

（5）违法犯罪记录证明。由辖区派出所出具证明，准确掌握犯罪嫌疑人（被告人、罪犯）有无违法犯罪受处罚情况。

（6）相关会议记录，包括司法所会议记录、社区矫正中心会议记录；记录均为专项会议，内容规范，结论意见清楚不含糊。

（7）按司法厅的表格填写社区影响评估意见书和适用前调查评估意见呈批表。

（8）出具《调查评估意见》，按要求形成调查评估意见书，反馈给委托方。

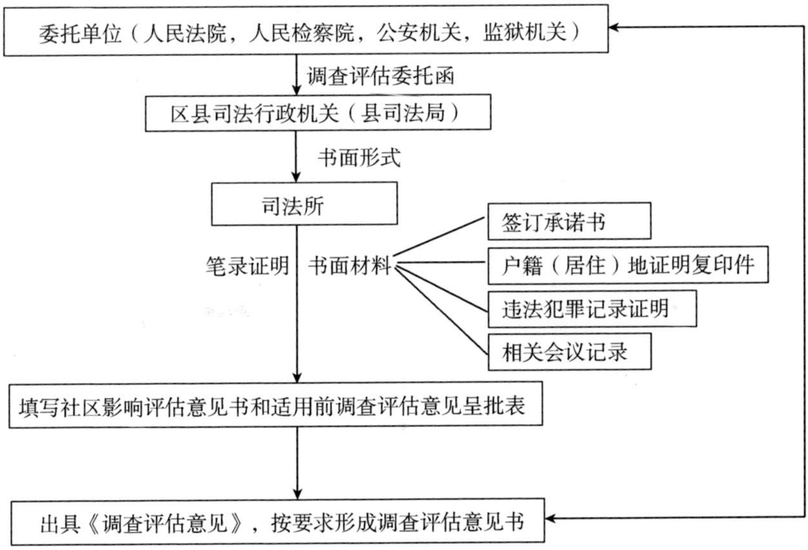

图 1－1　具体工作模式和流程

社区矫正调查评估在正式启动社区矫正工作前，在社区矫正工作中体现了司法行政机关之间的衔接和配合。一方面，与评估相关的各个机关会站在自己的工作本位来考虑评估工作的启动。与评估相关的检察院、法院、司法行政机关和司法行政机关内部，司法行政机关是社区矫正适用前评估的执行机关，具体承担评估业务的是司法所。另一方面，对评估的实践困境主要体现在评估内容质量和评估内容效力的矛盾。

第二章　社区矫正适用前调查评估程序模式

虽然我国对社区矫正调查评估的性质暂未明确，但作为一项涉及多主体多部门具有流程性的工作，需要对调查评估的运行模式进行分析。社区矫正适用前调查评估程序体现了量刑和刑罚执行方式适用上的公平正义，即为拟评估的对象充分论证其是否适合接受社区矫正。哈贝马斯认为真理是一种共识性的真理，即所有人在商谈的语境下达成的共识。对社区矫正适用前调查评估程序的模式来说亦是如此，如果想获得最终公平正义的结果，需要司法机关各方的参与，"可多方应用且广被接受的看法，它们用以支持或反对特定意见，并且指示通往真实的路径"。[1] 按照这样的商谈实践模式，程序的公正是保障全面有效的评估意见出具的前提。遗憾的是现有的研究对调查评估的程序没有系统性的论述，这不仅体现在对目前调查评估程序的法律依据未有系统性的分析，还体现在对目前实践中调查评估运行程序的应然模式也未有全面的总结提炼。按照法律的一般思维和逻辑，公平公正的程序是保证调查评估意见有

[1] [德]卡尔·拉伦茨:《法学方法论》，陈爱娥译，商务印书馆2013年版，第25页。

效的基础。调查评估这样有委托方、被委托方并且涉及多项调查主体的程序,更应当明确各方在各个阶段的职责和责任。与社区矫正的发展阶段相一致,社区矫正适用前评估程序随着法律法规变化也在发展变化中。

目前,关于社区矫正适用前调查评估的程序没有统一细化的规定,关于社区矫正适用前调查评估的一般性的程序规定散落在《社区矫正法》和《社区矫正法实施办法》中。除此之外,从调查评估运行的衔接程序上看,目前社区矫正适用前调查评估在法官裁判阶段仅仅具有参考价值,并不能形成对法官的强制约束力。[1] 各省社区矫正工作之间存在差异,各地方出台的关于适用前调查评估程序相关规定也是本研究的重点,但研究的样本集中在安徽省,因此以安徽省《社区矫正工作实施细则》、2012 年《安徽评估办法》、2018 年安徽省《关于社区矫正适用评估暂行办法》进行分析。按照安徽省的评估办法规定,社区矫正适用前调查评估程序是指调查评估工作机构和人员执行调查评估工作,形成评估结论所进行的系统性的工作步骤。具体来说,从法律程序规范性角度层面看,社区矫正适用前调查评估程序应包含调查评估的适格委托主体;规范委托主体与被委托主体之间的衔接程序;明晰作为被委托主体社区矫正机构具体调查评估地;规范调查评估的接受到出具评估意见的内部流转程序等。对于特定的案件,存在评估时限的冲突应当如何进行评估启动端口的前移以保障评估的有效性。调查评估委托流程要根据实践运行的要求实现规范化,程序是保证调查评估意见准确的必然要求和前提,程序公正会引导司法走向公平公正的道路。

一、社区矫正适用前调查评估程序的启动

根据《社区矫正法》、《社区矫正法实施办法》、安徽省《社区矫正工作实施细则》的规定,人民法院、人民检察院、公安机关、监狱对拟适用社

---

[1] 迟大奎:《论社区矫正中的"裁前风险评估"——实体与程序的双重展开》,载《河南警察学院学报》2019 年第 4 期。

区矫正的犯罪嫌疑人、被告人、罪犯，需要调查其对所居住社区的影响，可以或者应当委托县级社区矫正机构进行调查评估。相应的社区矫正机构作为“受托方”接收社区矫正适用前调查评估的委托，完成委托的事项，出具评估意见。根据对相应法律法规的梳理，调查评估的启动分为由社区矫正机构根据需要决定可以委托和应当委托。因此有必要对决定机关启动调查评估的偏向性进行研究，即社区矫正适用前的调查评估是不是为了拟矫正对象的权益，实现刑罚的特殊预防下预防刑因素的考量。对于“应当”进行的调查评估的委托，虽不需要考虑决定机关启动评估程序偏向性的问题，但应研究评估是否为刑罚个别化提供了依据。实践中“应当”进行的调查评估是针对已决犯，即暂予监外执行和假释案件中的罪犯，而关于暂予监外执行的“应当”进行评估，是安徽省在地域性的文件中对关于法院决定暂予监外执行规范性文件中提出的要求。

（一）社区矫正适用前调查评估的委托主体

《社区矫正法》第18条中对社区矫正调查评估的委托主体统一表述为“社区矫正决定机关”，对不同类型的矫正对象调查评估的委托机关进行了模糊处理。根据《刑事诉讼法》第269条的规定“非监禁罪犯的社区矫正包括判处管制、宣告缓刑、假释或者暂予监外执行的罪犯”。根据2016年8月30日《关于进一步加强社区矫正工作衔接配合管理的意见》对委托评估时委托机关材料的规范性要求也是通过不同的委托主体进行划分的。[1] 在2020年的《社区矫正法实施办法》中，将涉及社区矫正的职能部门的职责进行了列明，其中包含了社区矫正适用前调查评估的委托工作。与2012年的《社区矫正实施办法》将有委托权的部门逐一

---

〔1〕 委托调查评估时，委托机关应当发出调查评估委托函，并附下列材料：(1)人民法院委托时，应当附带起诉书或者自诉状；(2)人民检察院委托时，应当附带起诉意见书；(3)看守所、监狱委托时，应当附带判决书、裁定书、执行通知书、减刑裁定书复印件以及罪犯在服刑期间表现情况的材料。调查评估委托函、住址、联系方式、案由以及委托机关的联系人、联系方式等内容。

列举不同,[1]目前的社区矫正适用前调查评估委托主体有公安机关、检察院、法院、监狱机关。省域的评估办法采取的是“启动主体+拟矫正类型”的列举模式。其第4条规定,对于下列被告、犯罪嫌疑人或者罪犯,人民法院、人民检察院、公安机关、监狱可以委托居住地县级社区矫正机构开展调查评估:(1)人民检察院拟对犯罪嫌疑人提出适用社区矫正量刑建议;(2)人民法院拟对被告人判处管制、宣告缓刑或者决定暂予监外执行的,人民法院拟对被告人适用禁止令的,但是人民检察院已经委托司法行政机关开展调查评估的除外;(3)监狱、看守所拟对罪犯提请监外执行的。

实践中,对拟判处缓刑和管制的案件需要进行的评估主要由法院启动;检察院在认罪认罚案件中做出起诉意见时也会启动,看守所和监狱管理机关拟提请假释和暂予监外执行时,可以提起社区矫正调查评估的委托。这四类对象虽然分为未决犯和已决犯两大类,法院在多数情况下都是最终的决定机关,其特殊之处在于假释虽然由法院最终裁定,但是报请假释的机关是监狱管理机关。从广义逻辑范畴上,刑事司法程序的参与主体人民法院、公安机关、监狱管理机关都可以被称为社区矫正的决定机关。因为对于未决犯,虽然对认罪认罚的案件,给予了检察院的量刑建议权,但根据认罪认罚的司法解释,[2]检察院可以对认罪认罚案件的被告人进行社区矫正适用前调查评估的委托。

调查评估委托机关决定着调查评估程序的启动,人民法院、人民检察院、公安机关、监狱作为调查评估的委托机关,经过初步的审理或审查后,拟对被告人或罪犯适用社区矫正并决定开展调查评估的,应及时向被告人或罪犯居住地县级社区矫正机构发出《社区矫正适用前调查评估委托书》,委托书应当包括犯罪嫌疑人、被告人、罪犯及家属等有关人员的姓名、住址、联系方式、案由以及委托机关的联系方式。在本研究的样

---

[1] 依据2012年《社区矫正实施办法》第4条的规定,有权委托调查评估的机关是人民法院、人民检察院、公安机关和监狱。

[2] 参见《关于适用认罪认罚从宽制度的指导意见》。

本中,也对调查评估委托主体进行区分。以缓刑为例,调查评估案件的委托主体除去缺失 5 件,法院的委托占主导为 986 件,占比 88.4%。其次为检察院的委托 99 件,占比 8.9%。公安机关的委托仅为 25 件,占比 2.3%。实践中,同类型的矫正对象,委托机关对评估委托的内容有属于其刑事司法阶段的独特性。各省在社区矫正具体工作上有所差别,这种因素是否会对评估的结果以及评估结果的采信有影响也值得研究,省内决定机关的委托占大多数,为 913 件,占比 81.9%。省外为 197 件,占比 17.7%。可见评估的案件的流动性也不高,主要还是以同一省域为主。(见表 2-1)

表 2-1　缓刑评估案件委托主体和委托地域

		频数/件	百分比/%	有效百分比/%
委托主体	法院	986	88.4	88.8
	公安	25	2.3	2.3
	检察院	99	8.9	8.9
	缺失	5	0.4	0
	总计	1115	100.0	100.0
委托地域	省内	913	81.9	82.3
	省外	197	17.7	17.7
	缺失	5	0.4	0
	总计	1115	100.0	100.0

1. 公安机关

公安机关进行评估的委托源于我国刑罚执行的多主体体系。在交付执行前,剩余刑期 3 个月以下的罪犯,在看守所执行剩余的刑期,因此当关押的罪犯有符合暂予监外执行的法定条件时,公安机关会进行评估的委托。根据 2020 年《社区矫正法实施办法》第 7 条对公安机关履行职责的描述:对看守所留所服刑罪犯拟暂予监外执行的,可以委托开展评估。也就意味着公安机关对羁押看守所的罪犯拟决定暂予监外执行前,需要对其适用社区矫正适用前调查评估的，可以委托罪犯居住地县级司法行政机关进行。同时根据《关于适用认罪认罚从宽制度的指导意见》第 35 条："在侦查阶段，犯罪嫌疑人认罪认罚，可能判处管制、缓刑的，公安机关可以委托犯罪嫌疑人居住地的社区矫正机构进行评估。"实践中，在不同的历史时期各部门对于调查评估的委托机关，即启动主体的法律法规规定和实践做法也多有变化。通过实地调研分析，E 市接受的外地公安机关对刑事案件犯罪嫌疑人的委托情况也大量存在，其随着委托函移交给司法行政机关的材料一般是仅有起诉意见书，但在《社区矫正法》颁布之后，公安机关在侦查阶段基本不进行评估的委托。

2. 检察机关

在《社区矫正法》未颁布实施之前，依据 2012 年的《社区矫正实施办法》规定，人民检察院在提出对被告人适用社区矫正的量刑建议前，需要调查其对所居住社区影响的，可以进行调查评估委托的启动。但在《社区矫正法》第 18 条中，对委托主体的表述为"社区矫正决定机关"，检察院逻辑上不能够成为"社区矫正的决定机关"。同时在 2020 年《社区矫正法实施办法》第 6 条中，对检察院在社区矫正评估的职责，只表述为对社区矫正决定机关、社区矫正机构或者有关组织的调查评估活动实施监督，并未列举对社区矫正适用前调查评估的委托。如果按照《社区矫正法》和《社区矫正法实施办法》的规定，在 2020 年之后，检察院就不是调查评估适格的委托主体。但值得注意的是，在《关于认罪认罚从宽制度量刑指导意见》第 36 条中规定，"犯罪嫌疑人认罪认罚，人民检察院拟提出缓刑或者管制量刑建议的，可以及时委托犯罪嫌疑人居住地的社区矫正机构进行评估"，这又明确了在适用认罪认罚制度，实践中大部分情况是在适用刑事速裁程序中检察院可以启动调查评估的委托。2020 年安徽省《社区矫正工作实施细则》第 10 条："对认罪认罚的犯罪嫌疑人，拟建议人民法院判决缓刑或者管制的，检察院可以委托社区矫正机构或者有关社会组织开展调查评估。"在一定程度上明确了检察院在行使量刑建议即求刑权时，可以启动评估委托。在刑事司法程序中审查起诉机关检察院,由于认罪认罚制度的适用而被赋予了一定的求刑权,刑法规定是可以进行社区矫正影响评估的委托的启动程序的。

实践中,关于检察院委托评估主体资格的问题,不同的检察院认识差异很大。在笔者访谈的E市中,对于检察院进行评估委托的认识和做法,在《社区矫正法》颁布和实施前后,城区的庐阳检察院与县区的E县检察院做法差异很大。E县的检察院是在认罪认罚的司法解释出台前后进行过一段时间的社区矫正调查评估委托,在《社区矫正法》颁布与实施之后,由于其社区矫正决定机关的委托主体不能够包括检察院,于是E县检察院就统一不再进行评估的委托。而LY区检察院的情况则截然相反,在《社区矫正法》实施颁布之前都是不进行委托的评估,都是由法院进行委托评估,但是在《社区矫正法》颁布和实施之后,对于适用认罪认罚程序的制度的案件,会进行社区矫正适用前调查评估的委托。

我:有的检察院跟LY区检察院理解得不一样,直接就不再进行评估的委托了?

LYJCY210702:我们以前就没做过评估,也就是这两年,你看看认罪认罚,也就2018年3月《刑法》的修正案之后,有一段的"空窗期",因为也没有具体的实施办法。《社区矫正法》是2020年7月20日,中间有一个衔接阶段。现在《社区矫正法》也颁布了,《刑事诉讼法》修正版也出来了,对于检察院可以进行委托的也进行了规定。法院要求适用速裁程序的,就需要把委托搞好。适用速裁程序的,是法院想要了解犯罪的原因,我们会给一个起诉意见书,并且附上我们的联系方式,还有一个基本案情的情况,最起码写明我委托调查的这个人的名字、出生年月,被委托调查人的联系方式、户籍地、实际居住地址。往往一般判缓刑的,都是有实际经常居住地。最后也要附上我们的联系方式、邮寄地址。调查评估的内容就是按照《社区矫正法实施办法》第14条的内容进行评估,检察院委托的速裁程序的评估,5个工作日就要完成。虽然这只是一个评估,但是对法院来讲,这个是一个重要的参考。

SSFT210310:在我们法院审理案件中,到目前为止,没有看到检察院进行过一项评估的委托，鉴于刑事诉讼的流程规定 SH 区法院一审案件都是同一属地范围的检察院，也就是说 SH 区检察院在《社区矫正法》实施前都不曾进行过评估委托。以前他没有认罪认罚的程序，之前是检察院提量刑建议，按照量刑规范化建议要当庭发表，他也没必要做认罪认罚，就算当时在《社区矫正法》出台之后，他们认为检察院不做了，就这个片面的理解，《社区矫正法实施办法》出台之后仍然没有做评估。而且现在检察院每次进行量刑建议时，检察院总是会判处有期徒刑多少，可以适用缓刑，是可以而不是应当，然后讲法院认为可以你去矫正，如果法院不可以，你就不要进行缓刑的判决。

3. 人民法院

按照目前的法律法规，调查评估委托主要都由社区矫正的决定机关法院进行。[1] 对于执行机关报请假释的，要对执行机关移送的罪犯假释后对所居住社区的调查评估意见进行审查。同样作为刑事司法程序上的审判机关，拟适用缓刑、管制的罪犯，可以进行评估的委托，也可以不进行评估的委托，人民法院或者说具体的承办案件的法官决定着调查评估程序的启动。法官作为社会学中的法律与秩序的含义的解释者，就必须提供那些被忽略的因素，纠正不确定性，并通过自由决定的方法科学地自由寻找判决结果与正义的相互和谐。法院应当“从社会因素中寻求光明，这些因素就藏在法院处理的诸多事实的背后，是一些活跃的力量。”[2]

当前社区矫正审前调查评估制度在实际操作中常常流于形式，受制于各项条件，未能起到应有的作用。法院和司法机关在审前调查方面衔接不够紧密，导致在个案中未能够针对性地出具调查评估意见。具体表现在实际操作中，法院往往都在已经定好了开庭日期后才将相关材料寄送被调查人户籍所在县（区）司法行政机关，而当司法行政机关收到委

---

〔1〕 按照 2020 年《社区矫正法实施办法》第 5 条对法院在社区矫正中职责的表述：人民法院对拟判处管制、拟宣告缓刑、拟决定暂予监外执行的，可以委托社区矫正机构和有关社会组织对被告人或者罪犯的社会危险性和对所居住社区的影响进行调查评估。

〔2〕 [美]本杰明·卡多佐：《司法过程的性质》，苏力译，商务印书馆 2019 年版，第 41 页。

托调查函时,距离开庭时间已经所剩不多。此时,为了在开庭前能够及时提交相关调查报告,县(区)司法行政机关从接到委托函之日起,往往要求基层司法行政机关尽快调查形成报告,有时甚至要求在一天或一下午就要完成调查,并迅速形成报告。形成报告后,由于时间不够,调查函往往以封袋的形式让被调查人的亲属直接带去法院,交给开庭的法官。由于缺乏详细的规定,基层司法行政机关很难进行详细的全面的调查,容易导致调查意见内容偏差。并且,由于衔接不够,由当事人亲属携带调查函存在一定的法理上的风险。

从法院角度来说,委托调查有流于形式之嫌。法院在发出调查函之前,已经对被调查人有了全方位的认识,觉得符合条件,法院才会出具委托函。只是由于当前法律法规的规定,所以要求被调查人户籍所在地司法行政机关提供审前调查评估意见书。而从户籍地所在司法行政机关来说,行使的只是调查建议权,没有能力决定法院判决的走向。另外,在被调查人户籍所在地很难形成负面的意见。

4. 监狱管理机关

监狱作为拟假释罪犯的刑罚执行机关和报请假释的机关,可以进行社区矫正适用前调查评估的委托。[1] 最高人民法院《关于办理减刑、假释案件具体应用法律的规定》第22条规定:办理假释案件,判断“没有再犯罪危险”,除符合《刑法》第81条规定的情形外,还应根据犯罪的具体情节、原判刑罚情况,在刑罚执行中的一贯表现,罪犯的年龄、身体状况、性格特征,假释后生活的来源以及监管条件等因素综合考虑。2020年《社区矫正法实施办法》第8条对监狱管理机关的职责表述为对监狱关押罪犯拟提请假释的,应当委托社区调查评估。对监狱关押罪犯拟暂予监外执行的,需要进行社区影响评估的,可以进行委托的启动。

监狱机关启动的委托具有的特殊性在于其启动的被评估的对象都是已决犯。同时,虽然最终对假释的决定机关为人民法院,但由于假释

---

〔1〕《刑法》第81条第3款规定:“对犯罪分子决定假释时,应当考虑其假释后对社区的影响。”

犯的特殊性,拟提请假释的机关为监狱机关,其对罪犯的服刑情况最为了解,法院无法掌握除了监狱机关提交的除了书面卷宗以外的其他情况,同时监狱机关对罪犯在社区中的再犯风险的预判是缺乏基础的。由此,监狱机关在拟报请假释和拟自行决定暂予监外执行两种情形下,需要启动调查评估的委托。

(二)社区矫正适用前调查评估的对象

总的来说,社区矫正适用前调查评估的对象可归纳为由人民法院、人民检察院、公安机关、监狱对其拟依法实行社区矫正,需要或应当调查评估其对所居住社区影响的被告人或罪犯。具体来说,包括下列四类人员:(1)拟判处管制的被告人;(2)拟宣告缓刑的被告人;(3)拟决定暂予监外执行的罪犯;(4)拟裁定假释的罪犯。社区矫正调查评估的对象与适用社区矫正的对象从逻辑上应当是一致的。被剥夺政治权利的罪犯其监管主体由司法行政机关转移到公安机关。[1] 在2020年《社区矫正法》和2020年《社区矫正法实施办法》中,被剥夺政治权利的罪犯不再属于社区矫正对象,也就不属于调查评估的对象。目前的调查评估的适用对象根据研究的需要可以分为已决犯和未决犯,已决犯具体指被决定暂予监外执行的罪犯和被裁定假释的罪犯;未决犯是指需要法院决定是否适用非监禁的刑事执行措施的缓刑和管制,根据目前的实践数据可知,主要的拟评估的主体为适用缓刑的未决犯和裁定假释的已决犯。

不同类型的矫正对象的调查评估启动程序是截然不同的,其对应的社区矫正决定机关也不相同。按照笔者的梳理和分析,缓刑和管制属于在刑事诉讼程序中,对犯罪人所犯之罪的犯罪事实该如何进行量刑的阶

---

〔1〕 根据修改前的《刑事诉讼法》第359条的规定,对被判处剥夺政治权利的罪犯,由公安机关执行。2012年《社区矫正实施办法》第32条规定:"对于被判处剥夺政治权利在社会上服刑的罪犯,司法行政机关配合公安机关,监督其遵守刑法第五十四条的规定,并及时掌握有关信息。被剥夺政治权利的罪犯可以自愿参加司法行政机关组织的心理辅导、职业培训和就业指导活动。"

段，性质上属于未决犯。对于该种类型的对象的调查评估启动，从理论上说，作为侦查机关的公安机关，作为审查起诉的检察机关，和作为判决的主体的审判机关，在最终量刑未作出前都可作为调查评估委托的主体启动调查评估，但最终对调查评估意见作出采纳的只有作为社区矫正决定机关的法院。因此，对于未决犯可能出现，启动主体和最终社区矫正决定机关不一致，即调查评估的委托机关并不一定是社区矫正的决定机关。

假释和暂予监外执行的罪犯，首次量刑的结果是监禁刑，两者的共同点是都已经过法院的裁判，是已决犯。两者适用社区矫正的法理是不同的，假释罪犯是指监禁刑改造较好，剩余的刑期在社会中完成，适用社区矫正的。而暂予监外执行的要件为有特殊的身体原因不适宜在狱内服刑，其存在取消收监执行的可能。对于假释罪犯的调查评估委托主体，根据其刑罚执行的特点，主要为监狱管理机关，社区矫正的决定机关为法院，因作为决定机关的法院无法主动了解到服刑罪犯的详细情况，对于假释犯的调查评估启动主体一般仅为监狱管理机关。对于暂予监外执行的罪犯，决定对其启动调查评估的可以有作为执行主体的公安机关（看守所）和监狱管理机关和已判决未交付执行时候的决定机关即法院。对于已决犯，存在着启动主体与采纳评估意见的社区矫正决定机关的不一致性。

（三）预防刑视域下调查评估的“可以”和“应当”委托模式

根据上文的分析，社区矫正适用前调查评估是在启动主体与社区矫正机构之间建立的一种“委托”，调查评估的启动目前可以分为“可以委托”和“应当委托”两种模式，对这两种模式的划分标准可以结合“委托主体＋评估对象”作为二维的综合划分标准，并且在不同位阶的规范性文件中，还存在一些冲突性的规定。实践中大量的委托评估的启动存在于认罪认罚案件，检察院建议适用缓刑、法院判决中拟适用缓刑的案件，是否要进行评估的委托有一些规范化的启动标准。

1."可以委托"社区矫正适用前调查评估模式

"可以委托"的评估,是指决定机关根据需要决定是否进行调查评估的启动,这类调查评估并不是适用社区矫正的必要前置程序。在此种情况下,是否进行调查评估的委托,由社区矫正的决定机关根据案件的具体情况进行选择。主要适用于判处管制、宣告缓刑的案件,拟评估的对象的称谓是犯罪嫌疑人、被告人,属性上是未进行最终判决的未决犯,属于一种"委托"关系,对应的是拟适用缓刑、管制的矫正对象类型,调查评估的意见是决定机关裁量预防刑的参考因素。对于监狱、看守所拟决定的暂予监外执行案件适用社区矫正,社区矫正适用前的调查评估也不是必备程序,属于"可以委托"的范畴。根据本研究访谈对实践运行情况的调查,法院在启动评估程序上有各自的标准,存在不同区域启动调查评估的标准差异性较大的情况。具体来说,有的法院是按照审理案件的程序来划分,如简易程序的就不进行评估的委托,只对普通程序进行委托;有的法院有内部的统一性要求,所有拟判缓刑的都会进行评估;有的法院基本不进行调查评估的委托。

2."应当委托"的社区矫正适用前调查评估模式

在此种情况下,如果要启动社区矫正的适用程序,就必须同时启动适用前的调查评估程序。报请假释的监狱机关必须进行适用前调查评估的委托,进行适用前调查评估是其最终能接受社区矫正的必经程序,其适用于拟决定假释的案件。2012 年《社区矫正实施办法》对于人民法院的职责表述有:要审查报请假释机关提交的社区矫正评估意见。法院作为假释案件的最终裁定机关,在决定是否适用假释时需要有社区矫正的适用前调查评估意见作为判断的依据。在 2016 年《关于进一步加强社区矫正工作衔接配合管理意见》中,更加明确了对罪犯提请假释的"应当"委托居住地县级司法行政机关调查评估。省域内的规范性文件安徽省《社区矫正适用前调查评估试行办法》第 5 条规定:监狱、看守所拟对罪犯提请假释的,应当委托居住地社区矫正机构开展调查评估。此类情况下评估的对象是被刑事司法判决的已决犯，在监狱或者看守所[1]中服刑，其委托的机关为其关押地的监狱管理机关或者公安机关。

暂予监外执行的社区矫正对象的评估委托属于最特殊的一种情况。按照2014年全国《暂予监外执行规定》可以对罪犯适用暂予监外执行的机关有人民法院、监狱管理机关、看守所所在地的公安机关。[2] 在第8条中规定："监狱、看守所对拟提请暂予监外执行的罪犯，应当核实其居住地。需要调查其对所居住地的影响，可以委托居住地县级司法行政机关进行调查。"而在人民法院决定的暂予监外执行程序中，没有评估的要求。也就是说按照《暂予监外执行规定》，监狱、看守所拟提请的暂予监外执行是属于"可以"进行评估的委托，对法院拟决定的暂予监外执行都没有评估的要求。而根据2018年安徽省《暂予监外执行工作办法》第15条规定："人民法院在做出暂予监外执行决定前，应当委托其居住地县级司法行政机关进行社区影响调查评估，调查评估意见是决定是否暂予监外执行的重要参考。"而对监狱、看守所决定的暂予监外执行，未对社区影响评估做"应当委托"的规定，只是在该规定第21条最后一款中写道："已委托县级司法行政机关进行核实、调查的，应当将调查评估意见书一并报送。"即按照安徽省规范性文件的规定，人民法院决定的暂予监外执行案件是属于"应当"委托评估类型，对于监狱、看守所的则属于"可以"委托评估的范畴。

3."部分类型应当委托"调查评估模式探索

"部分类型应当委托"主要针对大量的缓刑适用前的调查评估，按照预防刑启动模式是指对符合一定条件的对象必须启动社区矫正适用

---

〔1〕 我国《刑事诉讼法》第264条规定："对被判处有期徒刑的罪犯，在被交付执行刑罚前，剩余刑期在三个月以下的，由看守所代为执行。"

〔2〕 《暂予监外执行规定》第2条规定："对罪犯适用暂予监外执行，分别由下列机关决定或者批准：（一）在交付执行前，由人民法院决定；（二）在监狱服刑的，由监狱审查同意后提请省级以上监狱管理机关批准；（三）在看守所服刑的，由看守所审查同意后提请设区的市一级以上公安机关批准。"

前调查评估程序，该模式与目前《社区矫正法》规定的“可以委托”模式并不冲突，对于量刑中需考虑预防刑因素适用，细化了哪些类型的犯罪人需要进行社区矫正适用前的调查评估，为法院正确地适用预防刑，判定犯罪人的再犯风险和社会影响提供了依据。同时也节约了司法资源，减轻目前社区矫正队伍较薄弱的基层社区矫正机构和司法所负担。目前的调查评估制度规定过粗，在实践中经常出现审前社会调查报告滞后于法院判决结果的情况，使得审前调查评估存在“走过场”的嫌疑。[1]

按照预防刑因素的要求，我国《刑法修正案（八）》规定，“对所居住社区的影响”是宣告缓刑的必要条件之一，不进行社区矫正适用前评估的话，法院在审判的过程中，难以判定该名罪犯对接受社区矫正对象所居住的社区没有负面影响，并且法官的裁量也不能代替社区居住的居民或者社区委员会和村委会对该名拟矫正对象的看法。进行类型化的“部分类型应当委托”的探索能避免实践中大量的调查评估流于形式，使得该项制度真正发挥符合刑罚特殊预防目的的作用，辅助法官做出符合预防刑的裁判。

4. 域外判决前调查评估启动模式的借鉴

对于判决前调查评估是否为量刑前的必备前置程序，英国和美国都未将评估设置为量刑前的必经程序。在美国各州对判决前报告的是否为判处缓刑的必备前置性程序的要求有所不同，有 22 个州要求对所有犯罪人或者大多数重罪罪犯出具量刑前报告；有 9 个州对考虑执行缓刑的重罪罪犯要求缓刑官给出量刑前报告；还有 15 个州对是否需要量刑前报告完全由法官自由裁量决定；另外还有 4 个州法律对于量刑前报告没有做出任何要求。但在美国的司法实践中，即使在没有要求量刑前报告的州，评估报告也是准备好的，尤其是在可能被判监禁刑的案件中。在一项调查中显示在全美国州和地方的 3868 个缓刑和假释机构中，有 77% 的机构表示它们进行了量刑前调查，并且 45% 的机构声称它们有

---

[1] 宋立宵：《审前调查评估时限与案件审限冲突的原因及解决——兼谈《社区矫正法》第 18 条》，载《河南司法警官职业学院学报》2020 年第 3 期。

25%的时间用于了此项调查。美国亚拉巴马州《社区矫正法》规定:矫正局工作人员有权对适用本项目的特定罪犯进行调查,提出建议和其他有助于帮助矫正局官员执行本节规定的项目的信息,但在罪犯加入计划前,主审法官和主控检察官应提前10天获取书面通知。被害人已经因为罪犯的犯罪行为受到身心伤害的,地方检察官或其助手可以向矫正局局长提交被害人的反对意见。[1] 亚拉巴马州注重对罪犯危险性进行全面调查,如考察罪犯的家庭条件、工作状况、犯罪记录、人际关系等。

根据此规定,判决前报告虽然不是强制令,但在法院判决社区矫正时仍然起到至关重要的作用。实践中,英国缓刑局根据社会调查资料提出的司法建议,60%能够被采纳。[2] 量刑前报告通常有两个作用:一是帮助法庭作出适当的判决;二是帮助矫正人员处理犯罪人的有关问题。通过描述犯罪人的特征和所处的环境以及犯罪的性质,这类报告为法官应该选择何种适当的判决提供了翔实的信息。量刑前报告还为矫正人员对犯罪人进行分类和制定合理的治疗和监督方案提供实施基础。因此,这项调查有时被称为诊断。沃尔特·蕾克里斯评估这一活动,一项恰当的量刑调查不仅指明了该被告是否应当被判处缓刑,同时也为探究犯罪行为的起因提供了线索,还能推测犯罪人接受改造和回归社会可能达到的程度以及他们在缓刑计划中可能产生的需求。[3] 量刑前调查能够探寻犯罪的原因,然后对预防措施的方案提出建议,其依据的是这样的知识:"少年法庭程序的主要作用,是揭示那些影响所指控的少年犯罪行为的文化因素和心理动力因素。审前报告应该做出客观整体且深刻的评价,以供法庭能够就此做出针对个人情况的、有利于少年改过自新的裁决。"典型的量刑前报告还应包括官方对于犯罪情况的意见、犯罪人

---

〔1〕 刘强:《各国(地区)社区矫正法规选编及评价》,中国人民公安大学出版社2004年版,第100页。

〔2〕 英国2003年《刑事司法法案》规定:"法庭在判处监禁刑、社区刑时必须获得判刑前报告,法庭有责任获得并考虑判刑前报告,如果法庭认为没有必要,也可以在没有报告的情况下量刑。"

〔3〕 [美]埃得温·萨瑟兰:《犯罪学原理》,吴宗宪译注,中国人民公安大学出版社2009年版,第523–534页。

自己对犯罪情况的看法以及对犯罪造成的危害结果的说明。

这样的报告还要求进行广泛调查，在进行这样的调查中，调查评估的人员要与犯罪人、犯罪人的家庭成员社会工作者进行详细的面谈。在调查人员的配备上，偶尔也由大的缓刑部门的特定官员完成。然而，受制于条件有限，在一些小的部门中量刑前调查很可能只限于例行的对犯罪人的评价和对已有法院文件的核查。此外，允许被告人和律师提前了解量刑前调查报告的内容也是美国判决前调查报告所要强调的，虽然有反对者认为这种做法对量刑前调查的顺利进行构成了阻碍，报告的内容对被告人可能会有伤害，以及报告内涉及的机密信息有泄露之虞，但现实的考量更侧重于被告人知情权的保护以及信息准确性的保证。1978 年美国《联邦刑事诉讼规则》在排除诊断建议、信息来源保密等情况下，有保留地赋予了被告人及其律师阅读量刑前调查报告的权利。

二、社区矫正适用前调查评估程序的运行

《社区矫正法》第 18 条规定，县级社区矫正机构或者有关的社会组织是接受社区矫正评估委托的主体。《社区矫正法实施办法》第 9 条中社区矫正机构职责表述有“接受委托进行调查评估和提出评估意见……”同时依据《社区矫正法实施办法》第 10 条的规定，结合目前社区矫正专门机构力量薄弱的实践困境，具体承担社区矫正相关工作的为接受社区矫正机构委托的基层司法所。司法实践中其运行模式分为司法所单独完成、县级社区矫正机构单独完成、县级社区矫正机构和司法所共同完成这三种模式。同时，在最终评估意见的出具上还存在司法行政机关内部的不同的内部流转程序。社区矫正适用前调查评估的具体运行程序包括对评估委托的接受、社区矫正内部流转程序、社区矫正执行机构程序理想化模式以及实践中呈现较为突出的程序问题，调查评估的时限冲突与调查评估地的确认。（见图 2－1）

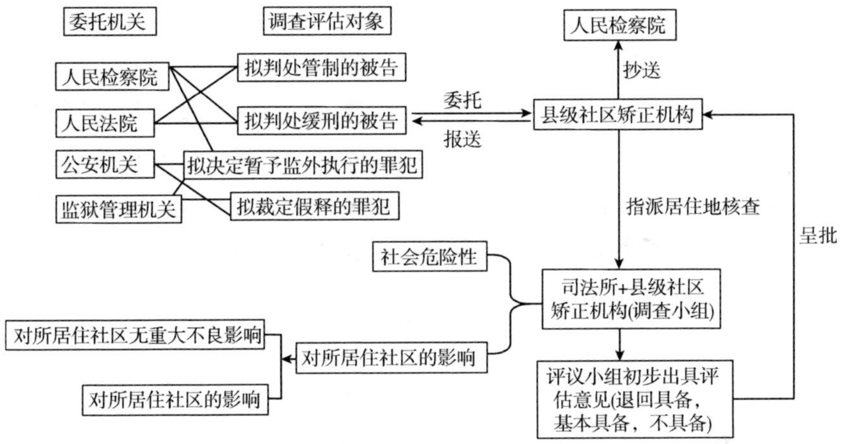

图 2－1　社区矫正适用前调查评估流程

(一)社区矫正适用前调查评估被委托主体

按照我国的调查评估制度的设计,负责调查评估的基层社区矫正机构无法启动调查评估程序,需要有相关机关的委托。因此在调查评估的程序运行过程中,需要探讨和研究对于调查评估执行主体即被委托主体对调查评估委托的接受问题。随着我国关于社区矫正工作的立法的不断完善,调查评估的委托接受主体也呈现出了一些变化。实践中的运行情况与法律文本的规定是否有差距,结合对相关内部资料的文本分析和对法官、检察官的访谈进行了专门的梳理。

1. 被委托主体在不同时期的变化

由于社区矫正适用前调查评估在不同历史时期也存在发展变化的过程,结合上文所述,社区矫正制度本身也在不断的发展完善之中,社区矫正适用前调查评估的主体在不同的发展阶段也有法律法规上和实践运行中的变化。

(1)兼具司法和行政双重属性的县级司法行政机关

依据 2012 年《社区矫正实施办法》和《安徽省评估办法》的规定,调查评估工作的被委托主体是县级司法行政机关。县级司法行政机关是司法行政工作多项职能工作的具体承担者，作为被委托机关的县级司法行政机关全面负责指导并组织实施调查评估工作。从权力性质上分析，司法行政权属于行政权的范畴，具有行政权集中统一、命令与强制的核心特征，但司法行政权又不同于一般的行政权，与司法活动相关行政事务的职权具有综合性特征，兼具“司法”和“行政”双重性质。我国司法行政机关作为国家的重要行政部门，在中国特色社会主义法治建设进程中担负着法制宣传、刑罚执行、社会管理、法律服务等重要任务。在2012年的《社区矫正实施办法》中，司法所是关于调查评估工作的具体执行机关，其表述是，“司法所接受县（市、区）司法行政机关指派，对拟适用社区矫正的被告人、罪犯开展社区影响调查评估”，司法所是司法行政机关最基层的组织机构是县级司法行政机关在乡镇（街道）的派出机构，直接面向广大人民群众负责具体组织实施和开展基层司法行政各项业务工作。县级司法行政机关与司法所之间是指派与被指派的关系，县级司法行政机构接到《社区影响评估委托书》和相关材料后，应及时将评估任务进行下一步的流转，流转的依据和原则是指派给拟评估对象（被告人或罪犯）居住地司法所。如果拟评估对象有多个居住地的，指派司法所执行调查评估工作适用的是“居住地”评估原则，[1]即由被告人或罪犯居住地的司法所具体承担调查评估工作，这也是《社区矫正法实施办法》贯彻始终的工作原则。但《社区矫正法实施办法》未对属于社区矫正制度的居住地概念进行明确的界定，安徽省《社区矫正实施细则》对居住地进行了自有房产、剩余租期不少于6个月合法居住地、监护人提供居住的住所地、亲属或保证人书面同意接纳并提供合法的住所地的细化规定。对居住地进行确定是调查评估顺利开展的基础，便于与公安部门、综治部门、居委会、村委会对流动人口的管理原则相配套，也保

---

〔1〕 2012年安徽省《社区矫正实施细则》第16条规定，本细则所称居住地是指被告人或罪犯在适用社区矫正后固定、合法的住所所在地。以下住所所在地可以认定为居住地：(1)拥有自主产权的住房所在地；(2)能提供房屋租赁合同，由社区矫正人员合法租赁且剩余租期不少于六个月的合法住所地；(3)监护人提供居住的住所地；(4)亲属或保证人书面同意接纳并提供合法的住所地。

证了后期社区矫正人员管理的有效衔接。

(2)检察机关、人民法院自行调查评估

由于社区矫正制度尚在不断完善过程中,调查评估的被委托主体也存在理解上的差异,在对相关规范性文件的梳理中,关于调查评估主体的规定散落在不同规范性文件中且存在冲突之处。具体体现在除了社区矫正机构作为被委托主体之外,在《认罪认罚从宽指导意见》中规定,检察院建议量刑为缓刑的,可以委托评估,也可以检察院为主体进行社会影响评估。在各地的探索实践中,2016 年 A 市的评估文件中规定:人民法院也可召集相关人员,通过听证会的方式进行评估。[1] 人民法院对审前评估进行业务指导,充分考虑评估意见,结合犯罪的事实、性质、情节和社会危害程度,作出有利被评估对象教育改造的判决或裁定。司法行政机关作为社区矫正工作主体,应主动协调、周密做好审前评估。市司法局负责全市审前评估的管理、指导和协调;县(区)司法局负责汇总,并提交社区矫正审前调查评估表;司法所承担具体调查、评估工作。也就是说在检察院、某些地域的法院,某些情况下也可以自行进行社区矫正适用前调查评估,既可以是评估的委托机关,也可以是评估的具体执行机关。

(3)目前受托开展调查评估的法定主体为执行地社区矫正机构或者有关社会组织

社区矫正机构是指司法行政部门设立的具体负责社区矫正工作的机构。2012 年《刑事诉讼法》的修改中,首次提出了"社区矫正机构"的概念,将原来由公安机关管理改为由社区矫正机构负责执行,但是未对社区矫正机构的职能和职权作出规定。在《社区矫正法》颁布和实施之后,由于对社区矫正工作专业化的需求,社区矫正调查评估的被委托机构为县级社区矫正机构和社会组织。根据《刑事诉讼法》和《社区矫正法》的规定,社区矫正机构是社区矫正工作的主体,由司法行政部门依法

---

[1] 2016 年 A 市评估文件规定:由人民法院委托的审前评估可由人民法院委托县(区)社区矫正机构进行,也可由人民法院直接召集相关人员具体包括被评估对象近亲属,工作单位或就读学校代表,经常居住地公安派出所、司法所人员,户籍所在地公安派出所、司法所人员等,召开听证会进行集中调查评估。

设立的具体负责社区矫正工作的实施机构,其应当与看守所一样,是独立的执法主体,对外要独立地与公安、检察院、法院等相关部门在调查评估工作上进行业务上的衔接。目前的《社区矫正法实施办法》和2021年被修改的《安徽评估办法》都顺应修改成了“社区矫正机构”,实践中名称有社区矫正中心、社区矫正支队等。根据《社区矫正法》第9条的规定,社区矫正机构是由县级以上地方人民政府根据需要而设置的,负责社区矫正工作的具体实施。[1] 按照《社区矫正法》的立法原意,最终使得社区矫正工作走上专业化的道路,剥离于司法行政工作的其他业务,去掉其行政的属性,专注于非监禁的刑事执行工作。但在司法实践中具体业务主管单位上,社区矫正机构仍然接受县级以上地方人民政府司法行政部门的主管。《社区矫正法》规定了社区矫正机构执法主体责任,不仅需要承担监管、教育、帮扶社区矫正对象的各项任务,同时还需要担负起与社区矫正工作相关的各个部门之间沟通、联络、协调、联动的职责,还要动员组织各类社会力量参与社区矫正工作。司法行政部门主管本行政区域内的社区矫正工作,社区矫正机构负责社区矫正工作的具体实施,立法意旨非常清楚,社区矫正机构不是指在司法行政机构内部增设一个处或科,而是一个以自己的名义行使社区矫正的各项职责,承担社区矫正执法义务和相应责任的独立法人地位的机构。

2019年机构改革后,安徽省司法厅设社区矫正管理处,为正处级内设机构。安徽省全省16个市司法局均设置社区矫正机构,设置形式是市司法局内设机构,机构级别为科级。全省105个县(市、区)中,设置社区矫正机构的有85个,没有设置社区矫正机构的有20个。已设置社区矫正机构的均是县(市、区)司法局内设机构。但是目前社区矫正机构设置存在以下问题。首先,机构设置不规范,设置社区矫正机构都是市、县司法局内设机构,不是严格意义上的执法实体,不具有承担社区矫正

---

〔1〕《社区矫正法》第9条规定:县级以上地方人民政府根据需要设置社区矫正机构,负责社区矫正工作的具体实施。社区矫正机构的设置和撤销,由县级以上地方人民政府司法行政部门提出意见,按照规定的权限和程序审批。

执法能力和对外协调的独立性，这与实际工作需要和《社区矫正法》规定都是不相符的。已设置社区矫正机构的名称也不统一，如社区矫正局、社区矫正支队（大队）、社区矫正科（股、办）。其次，相当数量的市辖区司法局没有设置社区矫正机构，一般市辖区位属城市城区，社区矫正对象人数较多，没有社区矫正机构给社区矫正工作开展带来了极大的困难。再次，开发区、风景区等社区矫正管理体制不顺。社区矫正工作由开发区相关部门代管，社区矫正工作主体资格不符合法律规定。最后，社区矫正机构力量配备明显不足。厅社区矫正机构编制6人。县（市、区）司法局社区矫正机构人员配备平均不足3人，安徽省在全国范围内属于社区矫正对象数量较多的省份，社区矫正机构人员配备相比较少。目前在司法实践中，不论是在《社区矫正法》颁布实施之前还是之后，《社区矫正法实施办法》、安徽省《社区矫正工作实施细则》和《安徽评估办法》均规定，调查评估工作的具体实施机构是被告人或罪犯经常居住地的司法所。[1]《社区矫正法》颁布之后，接受评估的委托的主体转变为县级社区矫正机构，与司法所之间关系是“委托”与“被委托”。

2. 社会组织开展调查评估实践运行情况

社区矫正决定机关可以对县级社区矫正机构和社会组织进行委托，也就是说能接受评估委托的除了新设置的专业化的社区矫正机构，还可以有专门性的社会组织，但目前在安徽省内未有社会组织进行评估的探索和实践。在笔者的结构化访谈中，作了对基层法院的法官就是否愿意向除了县级社区矫正机构之外的其他社会组织进行评估委托的意向调查。大部分的法官对社会组织作为评估的被委托主体的态度是比较消极的。基本上所有的法官对目前可以向除了县级司法行政机关（县级社区矫正机构）外还可以向社会组织进行评估的委托都不是很了解。在笔者进行了说明之后，法官的态度基本上分为三种。第一种态度是：由可

[1] 2020年安徽省《社区矫正工作实施细则》第5条：“司法所根据县（市、区）社区矫正机构的委托，承担下列社区矫正工作：参与社区矫正调查评估，收集相关材料，提出调查评估初步意见。”

以接受司法行政机关监督管理的社会组织进行评估。

YHFG210319:对应该是的,因为国家法律规定的《刑事诉讼法》,他执行机关社区矫正就是一个司法行政机关来做,对吧?那就是司法局作为监管,你要对他作业务指导和监管。社区矫正中心来承担法律责任。对吧?我们认的我们发给司法部门的,我们不可能发到一个第三方。就像未成年人那种评估,他也是团委委托的,他可能就算是一个机构,我们也是希望有司法行政机构监管的社会组织。

第二种态度是:即便笔者解释了以后社会组织的评估会更专业,也会在相关部门的监督管理之下,但是法官仍然表明已经与当地的司法行政机关磨合已久,不想轻易改变目前的模式。此地的法院案件中本地犯罪案件占主要部分,人口流动较小,开庭的法官年龄都在50岁左右。

CF2CF 210325:我估计还是按照常规的社会结构评估这块。这样一个第三方怎么写?然后做公益性组织吗?

我:社会组织可能有监管单位,比如说可能司法局是他的监管单位。因为现在写了《社区矫正法》有个社会组织,如果说以后有这种法院可以选择的情况下,是倾向于发给司法所(县级社区矫正机构),在你可以选择的情况下,还是发社会组织。

CF2CF 210325:估计一般情况下还是司法所。下一个阶段前期这块你刚刚出来。具体怎么一个运作,还有一个按照现在的模式,一般比较畅通。跟司法局磨合了这么多年程序其实也够了。

第三种态度是:如果说社会组织是有资质的,是可以接受对社会组织进行评估的委托的,并且对有些案件可以同时委托,如果当事人对评估结果有异议的话,也可以通过变更评估机构的方式进行,并且表示需要至少从省级自上而下推动社会组织参与评估的规范化建设。法官列举了目前公安机关主导的鉴定机构对当事人可能产生的待遇,认为在今后社区矫正日益规范化的情形下,对社会组织进行委托是有必要的。对评估的看法重要性不一样,LY区的法官认为对判缓刑需要谨慎,一定需要评估机构的意见。

BHFG210701：第三方就是我们也更信任啊，当然第三方机构它相当于应该类似于像鉴定评估机构一样，要有相关的部门要进行审批，要有资质，现在如果将来有的话，我们肯定也愿意委托这种有资质的部门去专门做这个评估，因为我相信专业的人做专业的事情，拿出来的专业报告对我们更具有参考意义，委托就是一个三方机构的。我说司法所可能没有时间，因为司法所他要做很多的工作，比如说现在好多叫鉴定轻伤等级，鉴定伤残等级它都是公安局下设的，很多被告人是不服的，对不对？但其实社会上有很多这种鉴定机构可以去做，但是公安机关他就不委托就有被告人提出来了，作为我们法院的处理，只能申请鉴定人出庭作证，鉴定人穿着一身警服，这上面站着公安机关也穿身衣服，他都这样子你能不认吗？对吧？你不是讲出血量什么东西，专业问题人家有专业的人给你回答，你法官反正坐在上面，但是从法律程序上面来看，鉴定人出庭作证那就没有问题了，对吧？但是作为老百姓来讲多了这么一个第三方的评估机构，对我们来说有个什么好处？打个比方，就算按照老法官讲的，我们有可能那个时候就多了一条路，我们再委托第三方评估机构，如果第三方评估机构做出来的还是不好，这个人没什么参考价值的，我们可以直接收监了，我觉得以后多条路也挺好。我觉得甚至我们以后可以同时发，就是说还是有盖章的比较保险，专业的机构也要有盖章，你至少给我的是一份报告了，就像现在的审计报告一样，对他肯定就跟今天合约接受某某机关的委托，然后经过怎么样的一个调查得出一个什么样的结论，盖上章后面附上走访人的资格资质证书材料，后面再附上你们专业机构的相关的，比如说省司法厅批准审批的，一个资质证书完全可以啊。

我宁愿谨慎，也不是说非要判缓刑，比如这个人我肯定很慎重，当然这个结合案情了，结合这个人的状况，包括我自己观察他的状况，都可能在我内心判断里面，因为你们判断不出来，我只能自己判断，但是绝对是慎重，不是说一句话简单很简单地做出一个判断，就是说这个人没问题，我们不会的。

在我国，目前社区矫正调查的评估的实践运行中，在安徽省域内并未有社会组织的参与,作为最主要的委托主体,对此规定了解较少,并且大部分的委托机关对此持否定的态度,但从长远的对于社区矫正工作专业化的角度,进行对专业化的社会组织的评估委托应当是可行的趋势,当调查评估的专业化委托在我国最大的阻力不在于社区矫正机构的反对意见,而是客观上目前国内的专业化组织的专业程度较低,委托机关对专业社会组织出具的结果不信任,认为其缺乏法律规则上背书的效力。

(二)社区矫正适用前调查评估的开展

与刑事诉讼的管辖程序类似,作为调查评估的具体执行机关,社区矫正机构对调查评估的委托有接收和退回两种可能。在社区矫正机构接收了评估委托之后,社区矫正机构将进行内部调查评估程序的流转,并细化运行程序的规制。

1. 执行地社区矫正机构对调查评估委托的接受与退回

在社区矫正决定机关启动了评估的委托之后,作为被委托机构是否有权利拒绝委托或进行评估。实践中存在对调查评估委托存在接收和退回两种情况。这两者都是需要经过对评估委托材料的初步审查,评估委托的接收意味着评估的内部流转程序的开始,而评估的退回则意味着决定机关如果确需评估的,要另行委托评估,本次的委托调查评估流程没有真正启动。

(1)执行地县级社区矫正机构对调查评估委托的接受

调查评估的接收是县级司法行政机关最终对调查委托接受的必经前置环节,与居住地核查这个其实带有评估内容性质的实质性核查不同,县级社区矫正机构在最终接受评估的委托之前,需要对评估委托机关的材料进行接收,进行形式上的核查,符合条件的调查委托才能接受。

一是对邮寄送达和当面送达的调查评估委托材料查验。具体来说需要查验委托函是否由社区矫正决定机关发出,由于相关法律法规规定委托函不得通过案件当事人、法定代理人、诉讼代理人或者其他利害关系人转交。需要查验送达程序是否合法、查验委托函及委托事项是否清楚，委托函应当包括被告人、罪犯及其家属等有关人员的姓名、住址、联系方式、案由以及委托机关的联系人、联系方式等内容。在对调查评估委托的所附材料的要求上，人民法院的委托函应当附带起诉书或者自诉状，公安机关、监狱管理机关的委托函应当附带判决书、裁定书、执行通知书、减刑裁定书复印件以及罪犯在服刑期间表现情况材料。二是对调查评估接受的回执和材料的补齐程序。经查验邮政送达材料齐全的，有的地区对评估委托的接受已有规范性地接受回执程序，即社区矫正机构应当自签收之日起两个工作日内寄出回执；材料不全的应当在两个工作日内告知委托机关补全材料。经查验当面送达材料齐全的，社区矫正机构应当立即向送达人出具回执；材料不全的，应当告知送达人在两个工作日内补全材料。[1]

(2)社区矫正机构对调查评估委托的退回

对调查评估材料的退回其实分两种情况，一种是经过形式审查，社区矫正机构发现委托函并非社区矫正决定机关发出或者送达程序不合法的，社区矫正机构可以通过邮政、当面或电子送达的方式将委托函退还委托机关并附情况说明。另一种退回情况较为复杂，也是实践中发生较多的情况，涉及了调查评估对象的居住地的确定问题，实践中经常称为“居住地核查”[2]。县级社区矫正机构发现被告人或罪犯居住地不在本辖区的，应及时与委托机关联系说明理由，并将相关材料退回。[3] 社区矫正评估的实践中出现了调查评估对象户籍地与居住地不一致问题，县级社区矫正机构收到委托函，因为被评估对象常年不在户籍地生活，

〔1〕 C省社区矫正工作指引。

〔2〕 安徽省司法厅发了关于转发最高人民法院、最高人员检察院、公安部、司法部《关于进一步加强社区矫正工作衔接意见》的通知中，第一部分是加强适用前的衔接配合“县级司法行政机关收到调查评估委托后，发现被告人、犯罪嫌疑人、罪犯居住地不在本辖区的。应及时将调查评估委托函退回，并说明理由。由委托的人民法院、人民检察院、公安机关、监狱重新合适居住地，委托核实居住地的县级司法行政机关进行评估”。

〔3〕 安徽省《社区矫正适用前调查评估暂行办法》第18条规定：“居住地县级社区矫正机构收到评估委托函后，发现被告人、犯罪嫌疑人或者罪犯居住地不属于本县(市、区)辖区的，应在2个工作日将调查评估材料退回，说明理由并附相关证明材料。委托机关应当重新核实后居住地县级社区矫正机构进行的调查评估。”

另有经常居住地的情况，是否一定需要接受评估机关的委托并进行评估。在笔者的调研中，安徽省 CZ 市 ST 县司法局在 2019 年的前三个季度，收到 23 起调查评估的委托函，其中针对 4 起调查评估的委托，社区矫正机构对其下设司法所进行了评估任务的指派，成立了调查评估小组并进行了走访调查，但由于犯罪嫌疑人户籍地和居住地不一致等原因而无法出具评估意见。

案例一：犯罪嫌疑人陈某某，男，38 岁，汉族，中专文化，ST 县 JT 乡人，租住 NG 县某小区，因涉嫌诈骗 2019 年 1 月 23 日，被 CZ 市公安局贵池分局刑事拘留，2019 年 2 月 1 日执行逮捕。2019 年 6 月 20 日，ST 县司法局接到 CZ 市 GC 区人民法院调查评估委托函，委托司法局对被告人的居所情况、家庭和社会关系、被告人一贯表现、犯罪行为的后果和影响、居民委员会意见等进行调查。司法局收悉后于 6 月 26 日成立了调查评估小组，对相关情况进行调查核实。经了解，陈某某 2003 年因赌博离家，被原工作单位 JT 乡中心小学除名，16 年期间在外务工，基本不回家，其父 2013 年去世，都未回家治丧，离婚后留有一女，现上小学五年级，由其母抚养，陈某某与亲属断绝了联系，也一直未尽相关抚养和赡养义务。陈某某的母亲、户籍地村委会干部、周边邻居对其在外的情况均一无所知。故司法局无法出具具体评估意见，只将相关信息反馈给 CZ 市 GC 区人民法院，建议由居住地司法行政机关进行调查评估。

案例二：犯罪嫌疑人徐某某，男，41 岁，ST 县横渡镇人，因涉嫌赌博罪，被 SX 市某分局取保候审，发函要求我县司法局对徐某某进行调查评估。县司法局成立评估小组后，了解到徐某某自 2004 年起，就一直在 SX 市务工，妻儿均随其在 SX 市居住、上学和生活，并且办理了居住证，也提供了房屋租赁协议，在当地缴纳社保，十余年来不在户籍地居住，很少回家。县司法局也无法出具评估意见，将相关信息形成回复函，发给 SX 市公安局某分局，建议由居住地司法行政机关进行调查评估。

案例一和案例二都是实践中比较突出的因为拟评估对象的户籍地与经常居住地不一致，而无法做出评估的情况。但是在接到决定机关的委托之后,都进行了相关情况调查,在案例中描述得也较为清晰。从具体的地域情况看,案例一中,被评估对象的亲属其实是可以联系上且在被委托评估的县级社区矫正机构的区域内,但是因为被评估对象与亲属已经多年未联系,对近况无法出具意见。对于案例一,其存在一个事实上就很难确定被评估对象的经常居住地的情况,因为由于涉嫌诈骗罪,且多年与家庭脱离关系,很难对其经常居住地进行认定,最终在户籍地接受矫正的可能性也较大。而针对案例二的情况,社区矫正调查评估委托机关不掌握被评估对象的经常居住地情况就值得深思,这种情况下的经常居住地是较为清晰的、可确认的,在户籍地都没有可以作为调查评估的社会关系和亲属了,其背后可能是不同的省域内对特定罪名的需要"赶回"户籍地。从执行的程序上看,这样的评估委托函在被签收后,都需要进行一定的核查,县级社区矫正机构发现被告人或罪犯居住地不在本辖区居住的,及时与委托机关联系,并将相关材料退回。而作为委托主体的社区矫正决定机关,应当了解被评估对象的实际居住地情况和生活情况,至少需要让被评估对象主动提供相关证明,社区矫正的决定机关要进行核实,然后再进行社区矫正适用前调查评估的委托,调查评估可以对确实无法确定居住地的情况进行核实和修正,但是委托机关不能将评估作为对居住地情况了解的手段,这样与调查评估的目的背离,也可以避免对基层司法行政资源的浪费。[1] 而在实践中,社区矫正的决定机关似乎未能全面进行居住地的核实情况并将评估委托的接受与否与被告人的配合程度相关联,并未有依据更有利于社区矫正对象接收矫正,以更好的融入社会的原则来确认居住地为评估地和执行地。

SSFT210310:其实在实践中,我们是把评估落实在居住地,我们认为矫正单位你把材料退回我们,希望你有相关的证明材料,而不是拿一张纸就给我们了,那么到目前大部分都是没有任何理由附任何的证明材

---

〔1〕 2020 年《社区矫正法实施办法》第 12 条规定,对居住地进行了由社区矫正决定机关进行居住地的核实,如果有多个居住地的,以经常居住地为执行地,也对没有居住地,居住地和经常居住地无法确定或者不适宜进行社区矫正的,由决定机关根据有利于社区矫正对象接受矫正、更好地融入社会的原则,确定执行地。

料,直接就给退回给我们。通常这种情况我们收到退件以后,会跟被告人再核实他到底是哪里,但是你也知道是缓刑和不判缓刑对被告人的影响还是挺大的,被告人一般都会比较配合。然后我就明确跟他讲你现在居住的地方被退件,那么现在实在不行只能回你的户籍地。一般来说他不配合,那就是两种情况,一种是退回户籍地,另一种情况是被告人确实是在这边,提供单位的工作证明和租房租赁合同,再进行一次委托。

作为社区矫正决定机关的法院在进行第一次评估委托的时候,就应该进行居住地的核实,在能掌握被告人居住地实际情况的审查优势上要优于评估机构,应在前段就落实好工作证明和租赁合同的核实的情况,也应客观地考量评估机构出具证明被评估对象不在居住地的证明能力和难度。我国评估机关也是未来的矫正机构,对于实践中无法确定评估地的时候,可以以对执行地的确认为依据,因为评估机构所在地一般就是社区矫正的执行地,除非该评估对象最终被裁判机关决定社区矫正。结合我国《社区矫正法》对执行地的规定,对于评估地有意义的也可按照此标准,从积极的方面,若居住地过多无法确定,以经常居住地为评估地;从消极的方面,如果没有居住地,居住地和经常居住地无法确定或者不适宜进行社区矫正的,由决定机关根据有利于社区矫正对象接受矫正、更好地融入社会的原则,确定评估地。这里在评估地的确定上,在假释、和部分暂予监外执行的评估委托中,委托的主体与决定机关不是同一主体,但是从整体把握社区矫正法的立法原意和立法精神上,即使存在此种情况,也应该考虑后续对矫正对象更好地融入社会为原则确定评估地。无法确定居住地的情况也意味着如若要接受社区矫正,矫正对象以居住地为基础的社会纽带并不牢固,需要通过其亲属或者其他的社会关系予以辅助来确定评估所在地。

我国社区矫正对象的分配制度较为单一。根据不同国家或地区的规定,居住地决定缓刑在何处接受社区矫正适用的最为广泛,并且逐渐发展到结合社会危险性的不同和缓刑犯的特定问题适用,其实这也符合我国对社区矫正对象分类化管理的指导思想，也是我国社区矫正对象今后确定接受社区矫正执行地的可参考标准。

2. 调查评估程序的应然与实然对比

基于文本的角度，安徽省《社区矫正工作实施细则》第 5 条规定，司法所接受社区矫正机构的委托，参与社区矫正调查评估，收集相关资料，提出调查评估初步意见。县级社区矫正机构收到《社区调查评估委托书》和相关材料后，可以将调查评估任务委托给被告人或罪犯居住地司法所，在进行初步的调查之后，除发现居住地不符合规定难以调查评估而需要退回的情形外，在调查评估的运行上，县级社区矫正机构需要进行调查评估委托案件的流转。实践运行的调查评估程序与文本与现实的差距主要体现在调查评估小组的组成和调查评估意见内部的流转程序上。

(1)调查评估小组成员的差异

调查评估小组是在评估个案中具体运行评估程序的最小“单元”，对其组成相关规范性文件有程序上的规定，但只对调查评估的小组人数和人员性质进行了规定。由于调查评估制度的发展经历了不同的阶段，在不同的阶段不同的时期，表述多有不同。在社区影响评估的阶段，[1]没有将调查程序和评估程序区分开，其对调查评估小组人员进行了一揽子的规定，即不少于两人。安徽省《社区矫正适用前调查评估办法》第 16 条对调查评估小组人数、性质和禁止性行为都进行了规定。程序上应当安排不少于 2 名工作人员开展调查工作，组成具体评估个案的调查小组，其中至少有 1 位在编的工作人员。[2] 在调查评估工作中，调查人员应遵守保密纪律，不得随意泄露与案件有关的材料和调查评估意见，

---

〔1〕 2012 年安徽省《适用社区矫正社区影响评估暂行办法》第 14 条规定：司法所接到社区影响评估任务后，应当安排不少于 2 名工作人员开展调查评估工作。调查评估人员不足 2 名时，县级司法行政机关应当派员或指派其他司法所工作人员参加调查评估。

〔2〕 安徽省《社区矫正适用前调查评估办法》第 16 条规定：“居住地县级社区矫正机构接到评估委托函后，应指派本机构工作人员及有关司法所工作人员组成调查小组，或指定居住地司法所组成调查小组，开展评估工作。调查小组人员不得少于 2 人，其中至少有 1 人是具有公务员身份的执法人员。”

注意保护调查中知悉的当事人隐私。调查人员在开展调查评估工作中弄虚作假、徇私舞弊的，由司法行政主管部门给予行政处分；构成犯罪的，移送司法机关依法查处。

调查评估制度在程序上应当分为调查程序和评估程序两个步骤，对此安徽省的评估文件对于评估人员却没有进行相应的细化，调查人员在实践中一般是与评估意见最终作出的人员相同。在调查小组进行调查之后，给出初步的评估结果适用意见，对最终的调查评估意见如何确定省域内的做法是要求进行相关会议集体决定。这样做无疑是规避了评估意见作出可能面临的法律风险，但是对于整体的调查评估的程序是否有必要，在实践中操作是否可行，答案显然是否定的。评估意见出具的程序实际上同样重要，但在具体实践中是通过层层的审批、签批程序作为化解法律风险的手段，其本质在于我国目前的调查评估工作中在调查结果和评估意见出具上的逻辑脱节，即调查小组在根据调查的结果得出评估意见的过程中，是否进行了一定的逻辑推理，形成了相应的模式，作为今后可复制的准则。

《社区矫正法》规定，司法所接受县级社区矫正机构的委托进行具体的调查评估工作。调查小组成员的组成一般由司法所单独组成、县级社区矫正机构与司法所工作人员共同组成、社区矫正机构单独组成三种模式。实践中较多的模式是由司法所负责具体案件的调查和对评估意见初步出具。拟评估对象的居住地司法所接受县级社区矫正机构指派后，组成调查工作小组开展调查工作。鉴于目前普遍存在司法所人员缺乏的问题，实践中当调查人员不足 2 名时，县级社区矫正机构会派员或指派其他司法所工作人员或者县级社区矫正机构的工作人员参加调查，至少满足一个调查评估的委托是由两名工作人员完成，这也就在调查评估的实际运作上产生了司法所单独完成的评估和司法所和涉社区矫正机构共同完成的评估模式。最后一种是县级社区矫正机构组织的“听证会式”的调查评估模式，属于实践中进行调查评估的变通做法，虽然在最终出具的评估材料上具体进行初步调查评估的主体是拟评估对象居住地的司法所,但在实际的操作中却是社区矫正机构将司法所工作人员、村委会主任、调查评估对象的家属等人会集在社区矫正中心,进行座谈并完成调查笔录的出具。这种模式的优点在于可以比较高效地完成调查评估,但是缺点在于实践中并没有去实地走访和了解,如果选择的对象不能切实了解被评估对象的情况或者收到了评估对象及亲属提前“打招呼”情况,作出非真实的评价时无法被发现。

(2)调查评估意见出具流程的差异

基层司法所工作人员和县级社区矫正机构工作人员排列组合构成的“三种模式”的调查小组完成调查工作并出具了初步的评估意见之后,调查评估的意见并不能最终反馈到委托机关的手中,调查评估程序并未结束。

在安徽省适用《社区影响评估意见书》的阶段,其对于调查的内容和评估的意见在一份文件当中,调查的内容分为被评估对象基本信息、家庭情况、社会评价、矫正条件四个部分,后续的评估意见分两级审批制度。为司法所评估意见、县级司法局综合评估意见两级,此阶段的两级模式是较为符合社区矫正工作实践的。司法所评估意见需要有调查评估人签名和司法所负责人签名;县级司法局综合评估意见由县级司法局负责人签名。具体的工作流程为司法所接到调查评估任务后,县级司法行政机关应当派员或指派其他司法所工作人员参加调查评估。调查形成的笔录等文字材料须经被调查人签名、盖章,如被调查人不签名盖章,参加调查的工作人员应当注明。调查工作结束后调查人员要对调查材料进行认真分析研究,制作《社区调查评估意见书》,经调查人员签字、司法所负责人审核同意后,连同调查材料一并报县级司法行政机关。县级司法行政机关须对调查材料进行认真审核。《社区影响评估意见书》经县级司法行政机关签署意见后,提交委托机关。

在社区矫正适用前调查评估阶段,按照 2018 年《安徽评估办法》的规定,“自我加压”式的评估意见出具的流转程序较为烦琐,实践中基本难以执行到位。在调查工作结束之后,调查小组经过对调查材料的分析和研判，提出调查评估初步意见，制作《适用前调查评估意见呈批表》，经调查人员签字、司法所负责人审核签字后，连同调查材料一并报县级社区矫正机构。评估办法的格式化呈批表格中，出现了评估小组的意见。在呈批后程序尚未结束，还需要法制审核的意见，最后要经过县级司法局意见由负责人签批，评估意见才能最终出具。在对省厅社区矫正工作原负责人的访谈中，其指出，最初对法制审核的意见设置是考虑县级社区矫正机构作为县级司法局的内设机构，在对评估意见的出具这样类似执法工作上，需要由内设的法制部门进行审核，目前县级社区矫正机构作为独立的承担社区矫正工作的职能部门，法制审核意见的必要性就值得商榷了。

《社区矫正法》颁布之后，2021 年新修改的省域评估办法对于呈批表的规定，仅仅将最后的司法局意见改为了县级社区矫正机构的意见。前序的复杂的调查小组→司法所→评估小组→法制审核→县级社区矫正机构五级审批模式没有改变。在具体的评估意见书的表现上是需要司法所的盖章、社区矫正中心的盖章、法制审核部门的盖章。按照《社区矫正法》和《社区矫正法实施办法》相关规定，应然状态下的社区矫正评估意见的出具应当只需要司法所、社区矫正机构两级组织。司法部下发的规范性文书中仅有评估意见书，其中没有分级流转呈批的机制，但呈批的做法在各个省份应都是通行的做法，但与安徽省目前五级审批模式不同，C 省类似的规范性文书规定中，其评估意见呈批表仅有调查小组意见、社区矫正机构意见两级审批模式。

按照相关规定，县级社区矫正机构应将有关调查评估的材料复印备案，县级司法行政机关在向社区矫正决定机关提交《社区调查评估意见书》时，应同时抄送同级人民检察院。由此可见，规范化的调查评估的档案管理不仅约束着调查评估的执行机关，同时也应当约束着调查评估的委托机关，虽然实践中大部分拟适用缓刑的调查评估的调查评估意见对决定机关只是参考，但对具体个案的评估意见采纳与否应当记录在审判卷宗中，这也是《社区矫正法》立法的要求，“明知应当”重视，但大部分机构不能做到规范化的管理调查评估档案。

对调查评估的执行机关来说，是否应当将全套的调查评估材料对评估的委托机关进行移送没有明确规定。本研究的定性的访谈表明大部分的法官都希望能看到全面的调查结果和评估意见材料，而不仅仅是社区调查评估的意见。但实践中，往往县级社区矫正机构反馈给决定机关的评估材料十分有限，仅有一张评估意见呈批表，这样从实质上不利于调查评估制度目的的实现。虽然目前此项制度在部分程序上随意的态度更会导致决定机关认为调查评估的意见没有参考价值。同时，社区矫正机构几乎不会主动将调查评估意见抄送检察院，也没有与检察院对接此项业务的部门，此举之意原本应是检察院在社区矫正适用前评估的监督职能，实践中检察院对评估的监督也十分有限，并未成为检察院常态化的工作，即便是开展了专项的评估监督活动，也只能对评估的卷宗进行形式上的审查。在调查评估的执行机关内部，也未有明确是司法所还是县级社区矫正机构作为调查评估卷宗的保管主体，并且各个地区对卷宗保存的时限、保存卷宗的完整程度完全根据其负责人个人对于社区矫正适用前调查评估工作的重视程度来确定，笔者实践调研中发现大量的评估档案被随意摆放在档案室未有存档备案，显得规范性极差。

三、社区矫正适用前调查评估程序中的冲突

社区矫正适用前调查评估在评估的委托机关和执行机关之间的冲突集中在适格的评估地的标准，即评估的管辖问题；对调查评估的时限的设置合理性和是否应存在特殊情况的延长机制问题；执行主体认为“评估无意义”和委托主体认为“评估无意义”伪装下实然需要评估意见作为其判决的背书作用的矛盾。

（一）量刑权与评估建议权：域外调查评估的冲突

在西方的研究中，也存在着大量围绕选择适合当事人的最佳判决的

冲突。根据量刑前报告的调查结论,通常能对如何适当处理犯罪人提出好的建议。此种建议权与法院量刑权存在冲突,虽然量刑是法院的职责,但是在预防刑的考量上,需要对被告人在社会中进行缓刑考验期的再犯罪可能性进行预判,尽可能全面地进行调查之后,作为评估机关应当给出评估的意见,此种建议不涉及对法院量刑权的侵蚀,而是帮助法官在监禁刑和非监禁刑之间更好地作出选择。西方的学者在评估意见与法官量刑权的一致性调研中多采用实证的研究方法,但由于地域和研究范围和方法的局限,所得出的研究结果也不尽相同。具体来说,艾伦等人发现相似的信息并不一定会产生相似的建议,但是缓刑官在作出建议时总会一致地认为,他所依据的某类信息是重要的信息。缓刑官员们一致地认为犯罪的性质和犯罪人的犯罪史这两条信息是很重要的。[1]多数的观点是,重要的信息包括犯罪人的态度、精神分析情况、年龄、性别、受教育程度、工作经历以及社会经历,而不仅仅是只有犯罪特点和犯罪人的特征会影响到缓刑官的建议。缓刑官的工作环境也会对他们提出建议产生影响,如缓刑部门对某类犯罪的内部政策和部门例行的评估报告都会影响所提出的建议。还有研究显示,法官一般会听从量刑前报告中提出的建议。通过分析联邦法院和加利福尼亚州法院的数据,卡特和威尔金斯发现缓刑建议和法院作出的单纯型缓刑之间有密切的联系,平均95%的缓刑建议会被法官接受,但是,在监禁建议与法院作出的监禁判决之间的关联关系是比较弱的[2]。在对圣地亚哥的判例的研究中,埃布森和科奈克尼发现,在超80%的案件中法官和缓刑官在处理意见上能达成一致,当他们意见不一致时,法官显得比缓刑官更宽容。[3]但另一项研究结果恰恰相反,法官接受了83%的缓刑建议,而接受的监

〔1〕 Allen Harry E., Eric W. Carlson & Evalyn C. Parks, *Critical Lssues in Adult Probatioon: Summary*, Department of Justice. 1979.

〔2〕 Carter Robert M. & Leslie T. Wilkius, *Some Factors in Sentencing Policy*, Journal of Criminal Law, Criminology and Police Sinence 58 1967, p. 503 – 14.

〔3〕 Ebbesen Ebbe B. & Vladimir J. Konecni, *The Process of Sentencing Adult Felons: A Causal Analysis of Judicial Decisions*, in B. sales ed, The Trial Process, B. Sales. Plenum Press, 1981, p. 413.

禁建议的比例是 87%。因此在建议和最终判决之间存在明显的一致性,但是这类关系却不是完全一样的。在一些地方,被采纳的缓刑建议比监禁建议多,而在另一些地方却恰恰相反。仍有一些法官不等作出量刑前报告就下判决,哪怕报告是必须具备的也是如此。与依据量刑前报告作出的判决不同,他们判决的依据是被告的供述、外貌、以前的记录、犯罪的性质以及缓刑部门以外的人的建议。以这样的标准作为判决的依据,无疑是不充分的,缓刑在很大程度上是由于这样的行为而声名受损。这种态度存在于某些司法领域,在有些案件中,特别是那些有希望被判处缓刑的却坚持他们是无罪的案件中,调查就被蒙上了一层再审的色彩。在这样的调查之后,监督也是异常有难度的工作,特别是在调查和监督都是由同一官员负责的一些部门。此种说法的监督应该是调查评估的内部监督,在我国评估目前有两级的流转程序,即由司法所出具初步的调查评估意见,上报县级社区矫正机构,进行最终评估意见的出具。这里的县级社区矫正机构从某种意义上起到的是内部监督的作用。我国的调查评估还有外部监督程序,即检察机关会对评估进行监督,但目前检察院的监督主要针对评估的结果,对评估的程序难以进行监督。

(二)居住地与户籍地:调查评估的管辖冲突

由于适格的评估地与社区矫正执行地存在逻辑上的一致性,同时依据 2020 年《社区矫正法实施办法》第 13 条规定:“社区矫正决定机关对拟适用社区矫正的被告人、罪犯,需要调查其社会危险性和对所居住社区影响的,可以委托拟确定为执行地的社区矫正机构或者有关社会组织进行调查评估。”该法条从实际的工作角度为社区矫正调查评估确立了“管辖”的范畴,也是通过对“执行地”的确认,反过来确立了具体执行调查评估的委托地县级社区矫正机构。但可以分析的是,在《社区矫正法》颁布和实施之前,是没有“执行地”概念的,2012 年的《社区矫正实施办法》规定了相关的机关应进行居住地的核实工作,[1]相应地,2012年安徽省《社区矫正实施细则》具体地作了以“居住地为主,户籍地为辅”的规定。[2]这一规定是在应对人口流动性变化中,社区矫正的决定机关(社区矫正评估的委托机关)在居住地和户籍地之间的一种选择,但在实践中会影响具体个案的顺利入矫,这一冲突主要体现在属于不同省域的矫正对象执行地的确定上,容易引发对社区矫正调查评估的作用的误解。

以实证的视角进行委托机关和评估机关是否属于同一行政区域的探究,实践中,缓刑的调查评估绝大部分在同一基层(区、县)行政区域中完成,并且大部分调查评估委托是在评估对象的户籍地完成的。具体来说,从评估单位与委托单位来看,除去缺失的53例。一致的占主导,为453例,占比为40.6%。不一致的为609例,占比为54.6%,在假释与暂予监外执行的调查评估中,因监狱机关实行的是垂直管理,因此无法讨论委托地与评估地的一致性问题,只对评估地与户籍地进行实证分析。关于调查评估地是否应是户籍地的问题,缓刑和暂予监外执行的评估都以户籍地评估为主,缓刑的评估中,除去缺失的163例,一致的占主导,为640例,占比为57.4%。不一致的为311例,占比为27.9%。缺失为164例,占比为14.7%;暂予监外执行的评估中,户籍地一致占比最高为32例,超过了缓刑评估,占比为68.1%。(见表2-2、表2-3)

---

[1] 2012年《社区矫正实施办法》第5条规定:“对于适用社区矫正的罪犯,人民法院、公安机关、监狱应当核实其居住地……”

[2] 2012年安徽省《社区矫正实施细则》第15条规定:“社区矫正人员应当在居住地接受社区矫正。不能确定居住地的,在户籍地接受社区矫正……对于适用社区矫正的罪犯,人民法院、公安机关、监狱应当核实其居住地。”

表 2－2 缓刑评估案件地域一致性

		频数/例	百分比/%	有效百分比/%
评估单位与委托单位	不一致	609	54.6	57.3
	一致	453	40.6	42.7
	缺失	53	4.8	0
	总计	1115	100.0	100.0
居住地与户籍地	不一致	311	27.9	32.7
	一致	640	57.4	67.3
	缺失	164	14.7	0
	总计	1115	100.0	100.0

表 2－3 已决犯评估地与户籍地是否一致

		频数/例	百分比/%	有效百分比/%	累积百分比/%
暂予监外执行	缺失	5	10.6	10.6	10.6
	不一致	10	21.3	21.3	31.9
	一致	32	68.1	68.1	100.0
	总计	47	100.0	100.0	—
假释	不一致	49	52.1	53.3	53.3
	一致	43	45.7	46.7	100.0
	总计	92	97.9	100.0	—
	缺失	2	2.1	—	—
	总计	94	100.0	—	—

假释的评估对象因评估时尚在监狱服刑，对评估地的选择依据为拟居住地，实践中与缓刑的调查评估的实际评估地有很大的不同，假释的评估地一半以上都不是调查评估对象的户籍地，为 49 例，占比为 52.1%。

有学者认为在无法确定执行地的情况下才需要通过适用前调查评估的委托进行执行地的确认。人民法院遇到无法确定罪犯居住地的情况时，一般会向罪犯户籍地县级司法行政机关发社区矫正调查评估函，[1]调查评估的基础是有一个较为固定的居住地才可以对被评估的对象的情况进行了解，评估的委托绝对不可能是人民法院进行执行地委托确认的手段，根据上文的分析，虽然拟评估地等于拟执行地，但是执行地的确认与否从逻辑上是不能通过评估来确认的。如果按照委托机关这样的评估逻辑，进行调查委托的评估委托户籍地，如果被调查的对象长期没有在户籍地生活居住，如何评估出其社会危险性和对所在社区的影响？户籍地社区矫正机构作出不适宜社区矫正的决定也是完全符合法律规定的。但是从委托评估机关的本位主义的角度，会认为评估机关的结果导致了交付执行难，户籍地兜底条款没有发挥应有作用。按照目前的《社区矫正法》，社区矫正执行确定地为决定机关，通过评估来确定执行地从逻辑上是说不通的，其背后是否存在在某些特殊的案件上法院需要评估机关评估意见进行背书和可能存在的经常居住地不愿意接受的问题。

对于此类在实践中发生的交付执行的冲突，首先可以确定在法院或者在此案件中的与法院同一行政区域的县级社区矫正机构将社区矫正调查评估作为确定执行地的依据，从决定机关的角度，委托评估的目的和意义仅仅在于其是否愿意接受矫正对象。结合本案例中的矫正对象的情况比较特殊；暂予监外执行的案件是社区矫正对象中占比较少的类型，作为已决犯，未有诸如缓刑、管制的对象有刑期的限制，作为社会危害性和人身危险性在责任刑上的判断，也与假释对象不同，未有在监狱中服刑表现作为出狱后的社会危害性和人身危险性的判断基础。其仅仅是因为发生了法定需要在监狱外执行的情况，而需暂予监外执行，对于评估主体，也就是未来的执行主体，监管压力是比较大的。结合本案件的分析，其身体的特殊情况未有影响其再犯罪的能力，在矫正解除后，短短的一年之内又再犯罪，从社区矫正评估的目的和意义上看，其社会危险性显而易见。笔者身为浙江的行政机关工作人员从地域主义的角

---

[1] 顾晓浪：《关于〈中华人民共和国社区矫正法〉第17条的案例解读》，载《中国监狱学刊》2020年第4期。

度出发能够理解，因为这样的矫正对象是不具备监管条件的，但是由于我国法律的规定又需要进行社区矫正。其次，针对其引用的安徽省的社区矫正工作细则中的所谓“户籍地兜底的条款”，在《社区矫正法》颁布之后，执行地都由决定机关确定，对安徽省的不按照自己制定的细则进行兜底的情况也就不存在了。最后，在这起案例中还反映了一个问题，可能在执行地上有冲突的，往往调查评估会将这一矛盾提前。这在暂予监外执行的案件上，其实是法律规定中的一个冲突，即已经有足够的不需要评估的证据证明其不符合“社会危险性”和“对所在社区的影响”，决定机关因为法定的符合暂予监外执行的条件需要暂予监外执行，其背后是法律规定之间的不衔接和冲突。而其实按照《刑事诉讼法》第265条对于监外执行的规定的条件论述模式是“可以暂予监外的情形＋否定轻情形的限制”。针对上述案例虽然属于条件模块一中有严重疾病需要保外就医的情形，但是其在解除矫正后一年内又犯罪的行为显然符合模块二中“对适用保外就医可能有社会危险性的罪犯，不得保外就医的情形”。这个案例的症结在于法院的收监难和对此矫正对象的社会危险性的判断，基于这个逻辑决定机关对所谓执行的居住地的核实是对首次暂予监外执行对该名对象社会危险性的错误判断，希望通过以“居住地”核实为表象下对其做出暂予监外执行有可能不符合法律规定风险的背书，而并不是居住地与户籍地之间的冲突。

（三）审判时限与评估时限：调查评估时限延长机制冲突

调查评估的程序中需要讨论的重要的一部分是时限的规定，目前的《社区矫正法》的规定中将评查评估的时限与法院审理的程序相关联，按照不同的诉讼程序进行了调查评估时限的规定。调查评估的时限的特殊性在于，如果调查评估由法院启动，那么调查评估的时限是与审判时限相重叠的，并且是被包含于审判时限中的，但是按照刑罚个别化，了解被评对象的再犯危险性因素涉及多部门之间的衔接沟通和对多主体的走访和访谈，并且还涉及评估意见在其内部多层级的流转，因此，调查评估的时限与审判实现存在一定程度的冲突，其冲突表现在新作为调查评估的执行主体会“自我加压”地将时限缩短和在未能将调查评估启动端口前移的情况下，同一地域的审判机关和县级司法机关会形成几种模式化的处理方式。

1. 县级司法行政机关“自我加压”调查评估时限缩短

《社区矫正法》并未对社区适用前评估的具体时限进行规定。2020年《社区矫正法实施办法》中根据审判的程序不同对时限作出规定，普通程序和简易程序的案件的调查评估委托都需要在10工作日内完成，速裁程序为5工作日。[1]关于时限的延长机制，“需要延长调查评估时限的，社区矫正机构、有关社会组织应当与委托机关协商，并在协商确定的期限内完成调查评估”。与文本规定不同的是，实践中基本没有延长的机制做法，且对评估时限的延长与否取决于审判机关的判决是否依赖于评估结果，延长的主动权往往掌握在审判机关（社区矫正决定机关）的手中，如果说时限的延长是有评估机构提出的，且审判机关对评估的结果不是很看重的话，往往不会等到评估结果的做出，通过访谈的结果基本上法官给出的解释是，因为审限的要求，[2]没有办法等那么多天，只能直接进行判决。其实延长机制形同虚设的背后，是对评估的法律地位并未强制性的规定。法院90%以上判处非监禁刑案件都是适用简易程序、速裁程序。检察机关也会对可能判处缓刑、管制等非监禁刑案件建议适用简易程序。[3] 简易程序案件一般20日内审结、速裁程序一般10日内审结。然而，审前居住地核实及调查评估工作通常需要一定的时间。法院基于案件效率的考核，给司法行政部门实施调查的时间一般

---

〔1〕 2020年《社区矫正法实施办法》规定：“社区矫正机构、有关社会组织应当自收到调查评估委托函及所附材料之日起十个工作日内完成评估报告，提交评估意见。对于适用刑事案件速裁程序的，应当在五个工作日内完成调查评估，提交评估意见。”

〔2〕 《刑事诉讼法》规定，“适用简易程序审理案件，人民法院应当在受理后二十日以内审结；对可能判处有期徒刑三年以上的，可以延长至一个半月。适用普通程序审理案件，人民法院应当在受理后二个月以内宣判，至迟不得超过三个月”。

〔3〕 肖乾利、薛宁夫：《社区矫正审前调查评估制度研究》，载《宜宾学院学报》2019年第7期。

比较仓促。不少案件因时间限制,调查评估还在开展,但法院已作出判决,此类案件在一些省份达到40%。[1] 如此境况不利于评估保质保量地完成,也有损刑事诉讼的严肃性,容易让评估的执行机关没有进行评估的责任意识。

笔者的定性研究显示,对于在同一个行政区划中的社区矫正影响评估程序基本上都可以在规定的时限内完成社区矫正适用评估程序。如果超出同一区(县),存在评估时限上的冲突概率大大提升。虽然按照相关法律规定,县级司法行政机关自接到《社区影响评估委托书》之日起到完成社区影响评估工作的时限最长为10个工作日。如遇特殊情况需要延长的,应及时与委托机关协商,经同意后,方可延长。实践中未有调查评估时限的协商延长机制,拟判处缓刑的案件大多数适用简易程序和速裁程序的案件,《刑事诉讼法》对于案件的审限有规定而调查评估的特殊情况不属于审理程序变更的法定理由。所以即使是基于与委托的机关的协商,最终也无法对评估期限进行延长。评估时限不仅得不到延长,更有甚者有些区域将评估的时间定成了5个工作日。

LAYAZFG:我们区开协调会定的是5天时间。有个L市里面的内部的规定,对。

当被问到如果按照相关的法律法规进行全面的评估,5天应当是来不及的情况,Z法官给出的解释应当能够完成,其认为对评估意见出具的阻碍是基层司法所工作人员力量薄弱和在评估意见层层审批建议上。

LAYAZFG:时间的操作上可能不是很规范,由于我们国家轻刑犯罪率比较高,评估的任务比较重,再加上司法行政机关在这方面人力可能也不是很多,很多司法所真的就是所长一个人。在评估的意见出具过程中,可能他们牵扯到司法所签,也还要到社区矫正大队签,到司法局签,我们司法局一把手他对这个事情还亲自抓亲自管,但是一直不在家,结果又签不出来。所以要在时间上,实际按照规定的就是5个工作日。

---

〔1〕 陈贤东、张学文:《浅析人民法院视角下的审前社会调查制度适用于完善》,载《南方论刊》2018年第6期。

2. 委托机关视角下调查评估时限冲突的处理模式

在调查评估时限和审判机关的时限冲突成为实然常态，而评估的实现延长机制几乎失灵的情况下，如果确需调查评估的意见作为刑罚预防刑的裁量依据，作为委托机关的法院与调查评估机关之间，有以下几种处理模式。

(1)委托机关将简易程序改为普通审理程序

关于评估时限的问题，其实不属于委托机关和执行机关的衔接问题，在实践中大量存在有法官为了等评估意见书的出具，而将简易程序改成了普通程序来进行审理——此问题也可见在实践中对于审理程序的转化有一定的随意性。按照《刑事诉讼法》的规定，人民法院在审理过程中发现不适用简易程序的可以变更为普通程序。[1] 社区矫正适用前评估意见书的未送达作为变更审判程序的条件，明显不符合刑事诉讼及其解释的相关规定。但在实践过程中，已经成为法院为了等一些其必须作为依据的社区矫正评估意见书而在时限上适用的一些通用做法。这也许不是审判人员的本意，因其也在访谈中抱怨，员额法院的人员不足的问题，组成合议庭进行普通程序的审理，需要至少两名的员额制审判员。在对其他的法官的访谈中，当直接问到会不会通过改变审理程序来配合评估的审限时，他们给予了我否定的回答。

LAYAZFG：对你像我们简易程序独任审理的，本身给我们就20天时间，拿到案件那一天过了，速裁就更短了，所以速裁我们很少使用。速裁怎么搞的，他一个还比较麻烦，他还征求被告人的意见，我有这个时间了，我真不如独任审理，我不如判了。速裁程序的优点就是法律文书简单一些，但程序上复杂，就是影响法官的精力。无形中影响我们结案，你看我今个明天开庭，刚才书记员讲，一个是危险驾驶罪，一个是非法采矿罪，它两个可能当时立案就是20天独任审理。但是有个社区矫正评估

---

[1] 依据相关的司法解释，有被告人的行为可能不构成犯罪、被告人可能不负刑事责任、被告人当庭对起诉指控的犯罪事实予以否认；案件事实不清、证据不足的；不应当或者不宜适用简易程序的其他情形，转为普通程序后，审理期限应当从决定转为普通程序之日起计算。

来不了,我就要改成普通,改成合议庭的简易程序。

(2)委托机关与调查评估机关沟通协调

因地域性的特征,A 市城区的法院呈现出人口流动性较大,案件涉及的被告人也流动大,委托的社区矫正机构不仅局限于本地的情况,虽然适用简易的案件一般来说它都是三年以下的刑期,实践中存在简易程序、速裁程序不进行调查评估委托的问题,给出的理由即是时限上根本来不及。市区蜀山法院有与其他法院不太一样的做法,通常在庭前就会发,案件流转到法院,如果确定被告人在外面(取保候审)就直接发了。那么对于简易程序、速裁程序一般不进行社区矫正评估委托,普通程序的时限对于评估的时限来说,存在时限的冲突可能就很少,提前沟通让评估机关将评估意见书传真。其对评估时限的处理认为只要在途就行,即在判决作出前能拿到纸质的调查评估意见即可。

SSFT210310:一般来说就是扣除在途时间,说他 10 日内都会给我们回复的。但是你要知道本地的还好,外地的你把在途时间要充分的估算好,要给到他时间,要不然的话你想正好卡着点那不大可能,但是通常我们也会遇到这个案件,审限都快到了,比较着急,然后我们会电话沟通,如果他们那边已经出来了,可以先通过传真把它给我们,然后再快递纸质的评估意见,反正在这方面对接一般都还好。

(3)委托机关直接进行裁判

法院因为曾经对简易、速裁程序的评估进行过委托,或者从时间上就判定来不及,所以就直接不进行评估的委托。流动犯罪较多的在 SH 区法院一般只对普通程序进行评估的委托。固定人口、本地人口犯罪较多的 E 县法院也会基于时限问题不进行评查评估的委托。

SSFT210310:对评估的程序的规范化规定程序太细太复杂了,操作中有很多是根本就没办法操作,速裁程序就 10 天时间,到法院之后,如果检察院提前不做评估了。可能到我们法院两三天就下判决了,时间根本就来不及。

SSFT210310:有的时候评估,也不是必须要的。还有一个你有时候你催他根本就来不了。实际上时间上也不现实的。打比方讲，速裁程序的，他就是从检察院他就发了评估的委托。他司法行政机关他也有时间，他不能讲你发去，我天天就按照你这个时间做，我一个星期出来就算快了，对吧？但是我有的案子我等不了一个星期，对不对？就会直接判。

3."难以破局"的速裁程序时限与调查评估时限的冲突

依据《刑事诉讼法》的规定，[1]适用速裁程序的条件体现在一审法院的级别、案件的事实与证据、刑期的范围上，加上被告人的认罪认罚且同意。认罪认罚程序适用的速裁程序其在适用条件上有与拟判处缓刑的条件一致的地方，其一体现在其在可能适用的刑期上都是"拟判处三年以下有期徒刑"，其二认罪认罚与缓刑的适用条件"具有悔罪表现"也具备一致性。因此可能存在大量可能使用缓刑的案件都适用的认罪认罚而采取的速裁程序。轻刑化的犯罪为目前主导的大环境下，不可避免地在探讨社区矫正适用前调查评估的时限问题时需要关注速裁程序的审判期限。[2] 由于我国对于刑事案件的量刑规范化有详细的标准，基于被告人签订的认罪认罚而适用速裁程序的案件，刑期变化的可能性极小，因此速裁程序在实践中给法官可以操作的时限空间几乎为零。相应的适用速裁程序的社区矫正适用前调查评估的时限为5日，除了评估的被委托的社区矫正机构与审判机构属于同一行政区划，在5工作日内是无法完成评估程序的。

有的法院在探索对于认罪认罚适用速裁程序的案件中适用社区矫正影响评估由检察院提起进行评估的委托，以便能在审判阶段完成评估，但由于《社区矫正法》和2020年《社区矫正法实施办法》中并未明确检察院是社区矫正影响评估的委托机关，检察院的委托主体资格见于安徽省的社区矫正工作细则和认罪认罚的司法解释中。总的来说，就本研

---

[1] 《刑事诉讼法》第222条规定：基层人民法院管辖的可能判处3年有期徒刑刑罚以下的案件，案件事实清楚，证据确实、充分，被告人认罪认罚并同意适用速裁程序的，可以适用速裁程序，由审判员一人独任审判。

[2] 关于适用速裁程序案件的审判期限，人民法院应当在受理后10日以内审结；对可能判处有期徒刑超过1年的，可以延长至15日。

究进行访谈的多家检察机构,对认罪认罚制度而适用的速裁程序中,检察院进行调查评估委托的态度迥异,大部分地区的检察院不再进行评估的委托,而仅有的进行评估委托的检察院也并不是能进行评估的案件都委托了评估,并且仅有的检察院进行委托的地区,还是因为在政法委的牵头下进行了公检法三家的协商,基于会议纪要对检察院提前进行评估委托进行落实。但即便如此,实施效果并不如预期理想,法院的法官表示,他们时常需要通过改变检察院建议的速裁程序为简易程序,来对检察院进行委托的倒逼。因为我国的检察系统有多项的考核指标,速裁程序的适用率也是其考核的指标之一。而在大部分的检察院,可能在2018年进行大力推广速裁程序的时候进行过一些评估的委托,目前不再进行评估的委托。究其原因,可能有检察院反贪职能的剥离,其内部职能划分不合理,公诉科承担了大量的工作,在《社区矫正法》实施之后,在检察院端口启动调查评估程序的委托程序难度较大。

SSFT210310:在SH区法院到目前为止没有看到检察院发过一个委托评估,在《社区矫正法》颁布前都没有,因为以前他没有进行认罪认罚制度的推进,按照量刑规范化当庭发表量刑建议,他也没必要做认罪认罚,推行以后没做过,当时《社区矫正法》出台了以后,他们认为检察院做不了,就这种片面地理解。然后这种办法出来了以后,他们现在仍然没做。

为了优化社区矫正的适用,体现刑罚个别化的原则,在认罪认罚的速裁程序中推动解决时限的冲突,对落到实处具有重要的意义。究竟是否应该因为时限的限制而对评估的启动与否进行限制值得深思。因为简易程序和速裁程序的时限较短,就不进行评估的委托了,评估的意见对法院来说只是一种参考,这种法律的逻辑显然与刑罚的公平正义和个别化相违背。是否适用简易程序和速裁程序的案件就不需要对拟适用社区矫正对象进行评估,笔者认为答案是否定的,随着我国刑事犯罪圈的扩大,大量的适用缓刑的对象将会在社区内服刑,作为裁判机关应当了解被告人除了案卷当中看到的作为社会人的属性,仅仅因为时限的问题而对评估的程序启动进行限制,显然是有失公平正义的。评估委托的地域性特征,评估委托的区域跨度与当地的经济发展水平,人口流动情况是密切相关的,因为这些会影响到一个行政区划的案件情况,其罪犯的实际居住地与户籍情况,各个地区的机关对于制度的适用和规定有不同的理解。关于社区矫正适用前调查评估的程序,不同的省规定不完全相同,对法律法规的解读有差异。

在笔者田野调查中,A 市 LY 区法院就遇到 E 市某区的法院,将拟判处暂予监外执行的委托评估发到检察院,《社区矫正法》已经实施了一周年,实践中对调查评估的被委托主体的认识与法律规定有差距,一定程度上也体现了相关审判机关对评估的不重视。也有一层原因是依据《认罪认罚量刑指导意见》,检察院对认罪认罚拟适用缓刑的当事人可以委托给司法行政机关评估,也可以自行评估。在前面探讨社区矫正适用前评估时限冲突时,对于评估的时限冲突,其原因还有一个是同一行政区域的委托主体。评估时限和评估启动主体之间的矛盾,启动调查评估的起始程序,根据不同矫正对象的分类,针对缓刑的评估依据目前的司法实践,始于公安机关的侦查程序中,在检察院主导的审查起诉程序中,最多的应当发生在法院的审判中。但结合缓刑的基本条件,案件审判程序大部分为适用认罪认罚制度的简易程序、速裁程序。其审判时限本身就较短,速裁程序给法院的时间为 15 天。对于评估执行机关,根据田野观察和结构化访谈,工作人员抱怨最多的问题就是评估时限太短,无法完成相应的评估,一般速裁程序的评估时间为 5 个工作日,工作人员很难完成相应的走访,核实各项任务。在关于时限问题中,还存在司法行政机关无执法权,其对评估对象的情况需要通过公安机关进行协查的问题。因未有明确的法律规定,或者在《社区矫正法》实施后,虽然有明确的法律规定但根据我国条块管理的设置,公安机关的配合度不高,也对评估工作的时限造成了一定影响。

法院也关注到了调查评估时限的问题,其一般有以下几种解决方法:对大量认罪认罚的案件,倒逼检察院先行进行评估的委托,以便评估机关能顺利完成评估。会在判决之前与司法行政机关进行提前沟通，先行判决，后期等纸质的评估意见书送达。也会采取变更审理程序的方式，争取更多的时间。但在本研究的整个E市的不同的辖区，对于调查评估的时限和由谁调查评估意见分歧较大，法院基本能保障在辖区的行政区划内，对评估的意见一致，E市内不同的检察院对评估的意见差别巨大，在《社区矫正法》实施之后，有的检察院，如E县的检察院以矫正法无规定为由，不再委托任何的矫正适用前评估。而L区检察院是因为其所在辖区在政法委的协调下形成了对认罪认罚案件、适用速裁程序案件的会议纪要。有的检察官会对此类案件进行评估委托的发放，但是有的检察官则依然不执行此项工作。对于是否所有拟判处缓刑的案件都要进行评估的问题，不同法院差别也较大。Y区法院就直接不发或者是很少进行委托评估，E县的法院是在“两可之间”的案件会进行委托评估，L区和YA区法院则是所有的拟判缓刑的案件都委托评估。其背后的心理有几种，有的法官明确说，因为之前有判处缓刑的不符合规定的受到相应的处分，其认为评估意见书是其判处缓刑的背书条件，有的法官说每个案件必评估是其开庭开会进行的统一的口径，认为评估是必要的认为拿不准的案件才会委托评估，在表面上看是倚重评估的结果，其实可能也存在需要评估意见作为自己判决案件的背书，因为法官目前在中国对所判案件要终身负责。

四、社区矫正适用前调查评估程序的应然模式构建

安徽省结合省域的工作实际制定了专门性规范性文件，体现出省域对社区矫正适用前评估工作的重视程度。2021年《安徽评估办法》第3条规定：“开展社区矫正适用前调查评估工作，应当以事实为依据，以法律为准绳，依法、公开、公正地进行。”依法、公开、公正可以理解为对评估工作构建的应然模式的框架。调查评估程序在运行的过程中，应当遵循评估程序始终的原则性的模式和禁止性的事项，结合本研究的田野调查，调查评估程序涉及委托机关、执行机关多主体，应然模式下需进行多

主体的规制。对实践运行中评估时限的冲突,需结合不同案件类型进行评估时限与审判时限冲突的调整;综观社区矫正适用前调查评估制度的发展历程,其最初创设的程序意义在于切实落实多家司法机关在社区矫正工作中的衔接制度。从这个角度上说,对于调查评估工作的重视更侧重其程序规制,进一步来说要切实落实好调查评估的工作,需要在公、检、法、司之间对程序的分工和职责进行统一,即需要对调查模式的应然模式进行构建。

(一)明确调查评估中各主体责任

公、检、法、司各机关之间的分工协作机制是开展调查评估工作的核心机制,必须不断加以巩固和完善。司法行政机关作为社区矫正工作的主体,应主动协调、周密做好调查评估工作,人民检察院对调查评估工作进行法律监督、必要时可以提前进行调查评估的委托,公安机关应积极配合司法行政机关开展调查评估工作。公检法司各部门应建立信息沟通和反馈机制,人民法院在委托评估时应对拟评估对象的居住地进行尽职核实,同时将被告人的犯罪事实和认罪态度等情节同时告知,提高调查评估的针对性以节省调查评估的时间,人民法院在作出判决后,对评估意见是否采纳应由调查评估机关决定,以利于对调查评估工作的考核及社区矫正工作的衔接。

为了能切实落实分工配合的原则,避免调查评估随意,需要对部分类型应当启动调查评估的委托进行规定,对调查评估的执行机关,要明确不按时提交评估材料的法律后果。在笔者的访谈中,司法所的工作人员质疑法院在开庭之后再进行委托,而法院的解释是有的案件经过开庭发现了新的情况,认为当事人可能被判处缓刑。可见作为评估的程序的委托方和实际执行的司法所工作人员有从各自的视角对调查评估工作的不同理解。但针对司法实践中大量的冲突,各项问题的源头确实是对评估的委托启动主体的约束较少。对部分案件应当通过省域范围内的探索,将是否进行评估的委托进行固定,而对委托主体的任意性进行一定的限制。被告人或罪犯为未成年人时,调查人员要严格执行《未成年人保护法》的有关规定,注意调查方式方法。

公安机关应积极配合司法行政机关开展调查评估工作,对违反调查评估,拒不配合、虚假陈述或对调查人员吵闹、威胁的,及时以妨碍公务、妨碍司法予以查处。人民检察院对适用社区矫正前的调查评估工作进行法律监督,以保证调查评估依法、公正进行。县级社区矫正机构在向人民法院提交《社区矫正适用前评估意见书》时,应同时抄送同级人民检察院。人民检察院对《社区矫正适用前评估意见书》有异议的,应当及时向委托机关和负责调查评估的县级社区矫正机构提出书面意见,委托机关、县级社区矫正机构应当及时给予答复。检察机关对各机构的法律监督要落到实处,对社区矫正适用前调查评估中的违法违纪以及故意出具虚假报告行为,影响司法公正的需要及时采取相应措施。

理想的调查评估的委托启动程序需要明确委托机关的责任,细化责任追究机制。委托机关在源头上对相关内容进行核实,在评估的最开始就要依法合规,以保障社区矫正适用前评估的顺利开展。在评估的运行中会出现启动滞后的情况,影响调查评估的开展。目前相关法律法规未对评估材料的送达时间或期限进行明确和规定不按时限送达的责任。作为评估的委托机关,在评估时限固定的情况下可以简化有关文书传递和审批程序,及时发出通知,社区矫正机构也需要积极探索信息化文书的流转流程,减少相关材料在各级主体之间流转的时间,最终通过地方规范性文件的制定,对调查评估的送达时限和责任体系进行规范化的探索。各项基础性规定也应完善,例如,调查评估的执行主体应当简化调查评估的程序和出具的流程,而不是以避免承担责任或者是掌握更多的权力的指导思想,将评估意见的出具的程序设计得较烦琐。应当按照国家的法律法规,完善制度建设,使得调查评估所有程序都要按“公开、公正、公平”的原则进行,才能避免“人情”、“领导”和“腐败”,堵住滋生腐败的条件,实现调查评估制度的意义。

(二)规范调查评估的时限

在调查评估程序中普遍存在的问题是调查时限短,无法保证做好调查评估工作。若要及时规范地完成社区矫正适用前调查评估,需要明确以调查评估委托机关作为启动主体的责任为前提。对于时限的冲突也并非发生在所有类型的评估案件中,主要存在于适用缓刑的拟评估对象并且案件情节较轻,审判程序为简易程序或速裁程序的案件中。因为此类案件中拟评估对象为未决犯,涉及刑事诉讼程序的流程,存在多机关可以启动委托的可能性,但最终确定采信评估的结果是由法院作出。由哪个机构启动调查评估存在着理想和现实之间的矛盾。理想的状态看,这类评估启动得越早越能够将合适的案件从刑事诉讼的程序中分流出来,越有利于节省诉讼资源,但实践中存在着公安、检察院、法院对评估工作的认识不同,确实较难统一。

首先,在本研究统计的缓刑评估的样本中,由法院的启动的委托还是占绝大多数,为 982 例,由公安机关启动委托的占 25 例,由检察院启动委托的占 99 例,可见普通主体的缓刑适用前调查评估的委托启动的前置程序还任重道远。除了有特殊情况的案件,可以依据《刑事诉讼法》的相关规定,需要进行调查评估的委托的被告人,通过检察院审查起诉和法院根据案卷预判为刑期三年以下的简单刑事案件,对于评估的委托启动时间和委托的主体也应该有一定的限制。最初规范化的探索必然是缓慢和痛苦的,但基于司法实践中大量的对评估的时限的冲突导致评估达不到其应有的效果的现状,对作为评估主体的委托启动时限进行必要的限制是很有实践意义的。对于评估的执行机关,法律法规的时限限制较为明确,但其中的问题在于评估的时限是依据案件审理的时限来的,[1]虽然相关的法律法规也规定了特殊情况下情况可以延长,但是

---

〔1〕 根据《刑事诉讼法》的规定,适用简易程序审理案件,人民法院应当在受理后 20 日以内审结;对可能判处有期徒刑 3 年以上的,可以延长至 1 个半月。适用普通程序审理案件,人民法院应当在受理后 2 个月以内宣判,至迟不得超过 3 个月。

何为“特殊原因”未有进行相关的列举和说明，更没有规定对材料不能按时提交时应如何延长时限，相应的申请制度也未有明确，此外退回重新调查的时限要如何进行计算也未明确。如果社区矫正适用前调查评估正在进行，则可以在开庭前移交。这样延长了评估时限，给予调查机关较为充裕的了解被告人情况的时间。[1] 实践中，如上文所述要跟委托机关进行时限延长的衔接，而委托机关有相应的案件审理时限，其是否愿意进行延长，在于评估机关是否需要这份评估意见作为其案件判决的依据，这也是实践亟待规范化的地方。但对于特殊主体的评估对象来说，可以进行规范化的开创性尝试，在未成年人犯罪案件中有利于减轻正式的刑事司法活动对少年犯罪嫌疑人的“贴标签”效应，对于此类案件，公安机关查明基本犯罪事实后开始这类调查是最理想的。

其次，作为委托主体启动评估委托应规范化。委托的启动机关在进行调查评估的委托之前应当认真核对相关信息，例如，实践中经常出现的被评估对象居住地与户籍地是否一致，选择户籍地还是居住地更能实现社区矫正适用前调查评估的目的，最终实现社区矫正的效果。如果评估的委托机关未充分核实清楚被评估对象经常居住地的情况，就对评估进行委托，当社区矫正机构和其下一级接受评估委托的司法所了解发现信息错误无法评估时将材料进行退回，客观上对原本就较为紧张的评估时限进行了非必要延误。司法部社区矫正管理局认为，检察机关在提出对被告人是否适用社区矫正的量刑建议前，可以委托进行社区矫正适用前调查评估。[2]

最后，在调查评估程序后续发展中，需利用智慧矫正的信息化的推广，实现对评估时限的充分利用。应当转变最受制于评估时限约束的基层社区矫正机构的工作人员对于信息化的流转的保守的观念。在本研究的样本 A 市域内，E 县、BH 区是智慧矫正线上案件信息流转 206 系统

---

〔1〕 范少恒：《社区矫正社会调查的实践困惑与制度完善》，载《湖南科技学院学报》2014 年第 4 期。

〔2〕 司法部法制司、社区矫正局：《社区矫正实施办法解读》，法律出版社 2012 年版，第 12 页。

的试点地区,但是适用效果不佳。原因之一是"自我加压"和"自我回避式"的县级司法行政机关对于网络电子材料的效力认同存疑。

CF2FG210325:还有好多从网上也可以进行评估的委托。

我:206 办案辅助系统,会节省时间对吧?

CF2FG210325:其实也没有,还是现在这样子。现在按照原来讲,网上走就可以了。要把所有材料,包括社区矫正,后期评估过以后可以进行矫正的时候。这些材料从网上传过去以后。司法行政机关自动自己打印就可以了,但是他还要求我们提供纸质的,他应该是电子章。

(三)应区分调查程序和评估程序

调查工作和评估意见的出具不能由同一机构作出,调查和评估的指向性也不同,调查可以根据被评估对象的特性、依据调查人员的专业性进行个性化的调查。调查和评估应该进行区分,应当在调查之后进行综合分析,提供分析的过程和标准,调查内容和评估意见之间的逻辑关系应当明晰,而不是如现在这般薄弱,得出的评估意见与调查结果之间逻辑不紧密,说理不充分。在评估的分析方法上,要改变通常采用的以定性为主的单纯文字叙述形式,应当采用定性评估与定量评估相结合的方法,规定一个科学合理的被评估对象的社会危险性和对所居住地的影响进行量化标准的探究。调查评估的调查和评估应该分开,调查小组经过调查之后,应根据调查了解的信息,通过科学评估之后,撰写调查评估报告,并连同基础调查资料一并提交评估。[1]

《社区矫正法》对评估的主体也进行了前瞻式的探索和创新,将能够执行评估的机关扩大到了县级社区矫正机构和其他组织。社区矫正机构不再作为报告的出具单位,而作为指导机关和主管机关,不再直接实施具体的调查评估工作。在本研究的评估调研中,适用缓刑的调查评估案件 1115 份案例中,法院最终判决书中能提到社区矫正评估的数量极少,仅为 38 例,占比为 3.4%。

---

〔1〕 杨刚:《社区矫正调查评估科学化研究》,载《中国司法》2020 年 10 期。

(四)完善被评估对象的维权机制

基于保证社区矫正适用前调查评估的程序严肃性和调查结果的准确性的需要,调查评估程序中也有必要建立相关的维权机制,使得案件的当事人的合法权益能得到有效的保护。目前对于评估对象再调查评估制度的维权机制主要体现在回避制度和被评估对象的知情权两方面。社区矫正适用前调查评估缺乏完善的程序制度保证,实施过程中可能会滋生司法腐败。各级司法行政机关应完善和落实相关工作制度,如回避制度、错案追究制度等,运作规范,杜绝违法、违纪、违规现象的发生。

在调查评估的回避的程序设计中,缺少被评估对象及其代理人可以提起的回避启动机制。《安徽评估办法》第五章对回避制度作出了专门规定,[1]如被调查的被告人或罪犯与调查人员有应当回避的关系的,调查人员应主动提出回避,司法所应及时变更调查人员;未主动提出或不能确定是否回避的,由县级司法行政机关决定。2016 年 A 市评估办法也作出了相应的规定。[2] 省域内的评估办法中只是提出了应当回避的人员;A 市域的评估办法中提出了主动回避并提出评估中回避的决定权在县级司法局。但是实践调研中,确实存在应当回避且没有回避的情况,与调查评估程序中回避制度设计得不健全有一定关系。实践中大部分拟评估对象都不了解调查评估制度,应然的评估程序模式应当维护被评估对象的权利,完善知情机制,让当事人了解社区矫正适用前调查评估机制的相关信息机制;如果有错误的信息需要纠正时应设置合理复议复核渠道。

调查评估工作是一项严肃而规范的执法活动,关系到被告人或罪犯

---

[1] 2012 年《安徽评估办法》第 26 条规定:调查人员有下列情形之一的,应当回避:(1)是本案当事人或者当事人的近亲属的;(2)本人或者他的近亲属和本案有利害关系的;(3)与本案当事人有其他关系,可能影响公正处理结果的。

[2] 2012 年《安徽评估办法》第 26 条规定:调查人员有下列情形之一的,应当回避:(1)是本案当事人或者当事人的近亲属的;(2)本人或者他的近亲属和本案有利害关系的;(3)与本案当事人有其他关系,可能影响公正处理结果的。

的切身利益。因此,委托机关应对评估意见书当作刑事案件机密文件保存,相关内容不得泄露。同时,委托机关要提高对调查评估相应成果的运用,把调查评估意见作为对被告人或罪犯能否适用社区矫正的法律依据。委托机关对评估意见有异议的,可向负责调查评估工作的县级司法行政机关提出,县级司法行政机关认为有必要的,可进行复核。委托机关也可直接派员进行调查。委托机关采信评估意见,在对符合社区矫正适用条件的被告人或罪犯依法作出判决、裁定或决定后,应按照《社区矫正法》的有关规定责令其到居住地社区矫正机构接受社区矫正,并及时将相关法律文书及回执送达社区矫正机构;社区矫正机构在办理人员和档案接收手续后,向判决、裁定、决定机关送达回执。委托机关未采信评估意见的,应及时告知司法行政机关,以利于对调查评估工作的考核评估以及社区矫正工作的衔接。当前客观上存在着司法所人员数量、素质不能适应社区矫正工作发展需要的现实,整个社会对社区矫正工作的支持和配合意识也还有待进一步加强,这些都会制约调查评估工作的有效开展。司法行政部门需加强司法所工作人员的业务培训,提高纪律要求,要让广大司法所工作人员深知调查评估工作的重要性,结合社会主义核心价值观引导基层司法行政干警树立“忠诚、公正、为民、廉洁”的正确价值观,不断提高职业道德修养和执法水平。

第三章　社区矫正适用前调查评估内容的维度

与调查评估的程序复杂性相对应，社区矫正适用前调查评估的内容由于评估对象的不同也应有所区别。从时间线的角度看，社区矫正适用前调查评估的内容随着法律法规变化而变化，同时启动评估程序时评估的对象由于案件类型的不同，可以分为未决犯（拟判处缓刑、管制的被告人）和已决犯（拟裁定假释和决定暂予监外执行的罪犯）。在评估的内容上，未决犯是在量刑的过程中，考虑刑罚的预防刑问题，其在评估的内容中难以避免的要结合罪犯的责任刑，即目前的犯罪情况所反映出的犯罪人的属性进行分析，而已决犯已有确定的宣告刑，是在对刑罚执行的变更中考虑预防刑的问题，对原本责任刑的犯罪人属性问题则无须过多考虑，二者讨论的基础是有一定差异的。

目前我国关于社区矫正适用前调查评估的内容并未对两种类型的评估对象进行区分。对于未决犯的评估，是对行为人的罪行从法定刑到宣告刑的量刑过程中法官进行裁量的重要参考依据。裁判机关依据刑罚的相关理论应结合责任刑与预防刑，对是否应当适用缓刑和管制进行评估的委托。对未决犯中缓刑的适用还应当结合适用条件，使实地调查评估的内容更具有针对性。而对于已决犯,更侧重刑罚个别化理念,调查评估内容应当侧重于接受社区矫正的家庭的支持情况,以及与社区是否能形成良好的互动关系。社区矫正适用前调查评估的内容需要在纵向的时间维度和横向的类型维度交织中进行分析,梳理出符合责任刑与预防刑理念的应然的调查评估内容的维度。

一、社区矫正适用前调查评估内容维度的法律依据变化

我国的整体的社区矫正工作属于"先试点、后立法"的模式,社区矫正适用前评估的规定也在一个不断完善的过程中,社区矫正适用前调查评估的内容随着法律发展呈现出阶段性的变化。由于社区矫正制度运行的历史性问题,不同省域的调查评估的内容随着法律法规出台的时间和不同层级会有维度的变化。

《社区矫正法》未出台之前,社区矫正评估工作全国性的法律依据为2012年的《社区矫正实施办法》,其第4条对社区矫正适用前调查评估的内容作出了规定,[1]调查评估的内容包括居所情况、家庭和社会关系、一贯表现、犯罪行为的后果和影响、居住地村(居)民委员会和被害人意见、拟禁止的事项等。2020年《社区矫正法》颁布和实施之后,其第18条规定"社区矫正决定机关根据需要,可以委托社区矫正机构或者有关社会组织对被告人或者罪犯的社会危险性和对所居住社区的影响,进行调查评估,提出意见,供决定社区矫正时参考"。这是关于社区矫正适用前调查评估首次明确的法律依据,但其对具体内容规定较为原则,分为拟评估对象的"社会危险性"和"对所居住社区的影响"两维度。同

[1] 2012年《社区矫正实施办法》第4条第2款规定:"受委托的司法行政机关应当根据委托机关的要求,对被告人或者罪犯的居所情况、家庭和社会关系、一贯表现、犯罪行为的后果和影响、居住地村(居)民委员会和被害人意见、拟禁止的事项等进行调查了解,形成评估意见,及时提交委托机关。"

时2020年的《社区矫正法实施办法》第14条[1]中的内容与2012年《社区矫正实施办法》第4条相比删除了“一贯表现”的表述，根据《社区矫正法》的修改增加了“社会危险性、对所居住社区的影响”。有学者认为调查评估是围绕着被调查人的人身危险性以及对居住社区的影响来展开的，其逻辑起点是社区矫正一般只适用于人身危险性较低的犯罪人并认为人身危险性可以称为“社会危险性”或者是“再犯可能性”，具体是指再次实施违法犯罪行为的可能性，主要可以指其是否可能实施新的犯罪，是否有危害国家安全、公共安全和社会秩序的风险，是否可能自杀或者逃跑。[2] “对所居住社区的影响”是指被告人罪犯适用社区矫正是否对其所居住的社区的安全、秩序和稳定带来重大、现实的不良影响。[3]

从研究样本省域内的规范性文件分析，2012年《安徽评估办法》第8条规定：“社区影响评估内容包括被告人或罪犯的家庭情况、社会评价以及矫正条件等方面的情况。”从名称上看这个阶段对评估的了解较为片面，表现为对评估的名称仅仅局限在“社区影响评估”，其次其对评估的内容划分仅为家庭情况[4]、社会评价[5]和矫正条件[6]三个维度。2016年《H市评估办法》第10条规定，审前评估的内容应包

[1] 2020年《社区矫正法实施办法》第14条第1款规定：“社区矫正机构、有关社会组织接受委托后，应当对被告人或者罪犯的居所情况、家庭和社会关系、犯罪行为的后果和影响、居住地村（居）民委员会和被害人意见、拟禁止的事项、社会危险性、对所居住社区的影响等情况进行调查了解，形成调查评估意见，与相关材料一起提交委托机关。……”

[2] 吴宗宪：《社区矫正导论》，中国人民大学出版社2010年版，第115页。

[3] 王爱立、姜爱东主编：《中华人民共和国社区矫正法释义》，中国民主法制出版社2020年版，第104页。

[4] 2012年《安徽评估办法》中规定被告人或罪犯的家庭情况包括：(1)家庭主要成员的基本情况；(2)居所及家庭经济情况；(3)家庭是否发生重大变故；(4)与被告人或罪犯相处融洽程度等。

[5] 2012年《安徽评估办法》中规定的社会评价包括：(1)居住社区群众对被告人或罪犯的评价和反映；(2)所在单位、就读学校对被告人或罪犯的评价和反映等。

[6] 2012年《安徽评估办法》中规定的矫正条件包括：(1)有监管能力的近亲属是否愿意签订矫正责任书；(2)生活状况和生活环境是否适合社区矫正；(3)相关社区、学校、单位对实行社区矫正的态度等。

括：被评估对象的家庭背景、[1]个人情况、[2]受处罚史、[3]犯罪前后表现、[4]矫治条件、[5]评估意见[6]六个部分。2018年的《安徽评估办法》较之前的版本，对评估名称已经有了规范化规制，称为“社区矫正适用前评估”。按照社区矫正的立法精神，调查评估的内容除了包括对所居住地的影响，还应包含其社会危险性。《安徽评估办法》第二章专门对评估的范围和内容进行规定，具体来说该办法第8条中规定，对社区矫正适用前评估的范围主要包括，应了解的拟适用社区矫正评估对象的基本信息，其居住地村(居)民委员会、所在单位、就读学校、家庭成员。通过法条的逻辑分析应该可以理解所指的调查评估的范围是调查评估的可以了解情况的对象(人员)的范围，应该从拟评估对象周围的人做好最终的调查评估各项内容的落实。如若从严谨的逻辑表述角度，此处的范围就应该包含于调查评估的内容之中，对评估内容的了解必定要通过第8条论述的这个对象来进行。同时该办法第9条中规定了评估的内容，其评估内容的维度已经增加到五个维度，包括拟矫正对象的居所情况、[7]生活及家

---

[1] 《H市评估办法》第11条家庭背景包括：(1)家庭成员情况(年龄、文化程度、政治面貌、职业、经济状况等)、与被评估对象相处融洽程度(关爱、紧张等)；(2)家庭经济状况(住房、债务、负担等)；(3)家庭对被评估对象有无重大影响的事情发生(共同生活的家庭成员身患重病或去世、失业、婚姻变故、近亲属有犯罪记录等)；(4)未成年被评估对象对家人的态度(尊重、服从、叛逆等)、父母是否离异、父母监护情况(严厉、溺爱、失管失教等)。

[2] 《H市评估办法》第12条“个人情况”：(1)生理情况(健康状况)；(2)心理情况(暴躁、易冲动等)；(3)社会交往(平时与哪些人交往)。

[3] 《H市评估办法》第13条“受处罚史”：公安部门的处罚记录，未成年被评估对象在学校受记过以上的处理记录等。

[4] 《H市评估办法》第14条“犯罪前后表现”：(1)犯罪前表现(是否偶尔、经常、一贯有迷恋网吧、夜不归宿、打架斗殴、吸烟酗酒等不良行为)；(2)犯罪后表现(是否有赔偿等)。

[5] 《H市评估办法》第15条“矫治条件”：(1)家庭成员对犯罪危害性的认识，配合社区矫正的态度，是否愿意签订承担监管责任的书面保证书。(2)被评估对象是否服从家庭监督人的监管；(3)被评估对象的生活状况(固定住所、稳定生活来源等)；(4)相关社区、学校、单位、被害人、派出所对被评估对象的矫治态度。

[6] 《H市评估办法》第16条“评估意见”：司法所在充分调查的基础上，提出初步评估意见。

[7] 2018年《安徽评估办法》第10条规定：居所情况包括：(1)居所是否在接受委托调查评估的司法行机关所在县(市、区)；(2)居所住房性质：家庭自有住房、租住房屋、单位宿舍或其他合法居住场所；(3)居所固定且能够连续居住6个月以上情况等。

庭情况、[1]违法违规表现、犯罪或涉嫌犯罪情况、[2]有关组织和个人的意见。[3]为适应《社区矫正法》的颁布和实施,2021年《安徽评估办法》进行了修改,其中第2条修改为"社区矫正适用前调查评估是指人民法院、人民检察院、公安机关、监狱对拟适用社区矫正的被告人、犯罪嫌疑人或者罪犯,需要调查其社会危险性和对所居住社区影响的,委托居住地社区矫正机构或者有关社会组织开展调查评估的活动"。但是对具体的评估内容条款并未进行修改。

通过上述分析,可以看出各级的法律法规在不同时期对评估的内容都没有依据评估对象的类型不同进行区分。假释案件中法院需要考虑的因素包括犯罪的具体情节,原判刑罚的情况,在刑罚执行中的一贯表现,罪犯的年龄、身体状况、性格特征,假释后的生活来源以及监管条件等。[4]最初对评估的内容有较为局限性的认识,认为调查评估的内容仅限于对社区影响,后期才对评估的内容有较为全面地认识。全国的规范性文件中对评估的内容规定得较为原则,容易让基层具体运行评估时有认识上的偏差。

安徽省域内有专门性的关于调查评估的文件,结合本研究的定量数据和不同时期新旧版本的文件并以时序化的角度进行调查评估内容维

---

[1] 2018年《安徽评估办法》第11条中规定的生活及家庭情况包括:(1)从事职业、收入来源、生活稳定性等情况;(2)家庭成员及主要社会关系的姓名、年龄、称谓、文化程度、职业等情况;(3)与家庭成员、邻里、社区及相关机关单位之间关系,有无重大矛盾或纠纷等。

[2] 2018年《安徽评估办法》第12条"违法违规表现和犯罪、涉嫌犯罪情况"包括:(1)近五年内违法犯罪及受到刑事、治安处罚等情况;(2)有无其他道德失范、参加非法组织情况;(3)有无重大疾病以及酒精、毒品成瘾等情况。

[3] 2018年《安徽评估办法》第13条"相关组织和个人意见"包括:(1)居住社区群众对被告人、犯罪嫌疑人或罪犯适用社区矫正意见;(2)居住地村(居)民委员会、所在单位、就读学校等对被告人、犯罪嫌疑人或罪犯适用社区矫正意见,是否具备对其实施帮教的条件;(3)有条件的可以了解被害人对被告人、犯罪嫌疑人或罪犯犯罪、涉嫌犯罪的谅解情况;(4)有监管能力的近亲属是否愿意签订矫正责任书等。

[4] 2012年最高人民法院《关于办理减刑假释案件具体应用法律若干问题的规定》第15条规定:"办理假释案件判断没有再犯罪的危险,除符合刑法第八十一条规定的情形外还应根据犯罪的具体情节原判刑罚情况,在刑罚执行中的一贯表现,罪犯的年龄、身体状况性格特征,假释生活来源以及监管条件等因素综合考虑。"第24条第2款规定"提请假释的,应当附有社区矫正机构关于罪犯假释后对所居住社区影响的调查评估报告。"

度的分析。以时序为轴看社区矫正评估的内容维度的变化中最重要事件是《社区矫正法》的颁布和实施，以法律的形式最终确定了调查评估的内容维度。在此之后，原本的《社区矫正实施办法》也就失去了全国统一规范性文件的功能。在《社区矫正法》出台之前，也是社区矫正适用前评估迅速发展的时期，进行过一次修改，评估内容的维度有所变化；在《社区矫正法》实施之后的修改中，则仅对评估的被委托机关名称进行了修改，对调查评估内容的维度未做实质性的变动。2020 年安徽省《社区矫正工作实施细则》第 9 条规定调查评估被告人或者罪犯适用社区矫正社会危险性和对所居住社区的影响的，应当按照社区矫正调查评估的相关规定决定。安徽省域内对调查评估内容维度的认定是对标《社区矫正法》的二维度的，但是其还规定了在实践的运作中按照实施办法和省评估办法所确定的维度进行。因此在本研究样本中以安徽省域内的维度探究，以安徽省的专门性评估办法为依据，具体来说以 2012 年的安徽省《社区矫正社区影响评估暂行办法》和 2018 年的安徽省《社区矫正适用前调查评估试行办法》所确立的内容维度进行分析。（见图 3－1）

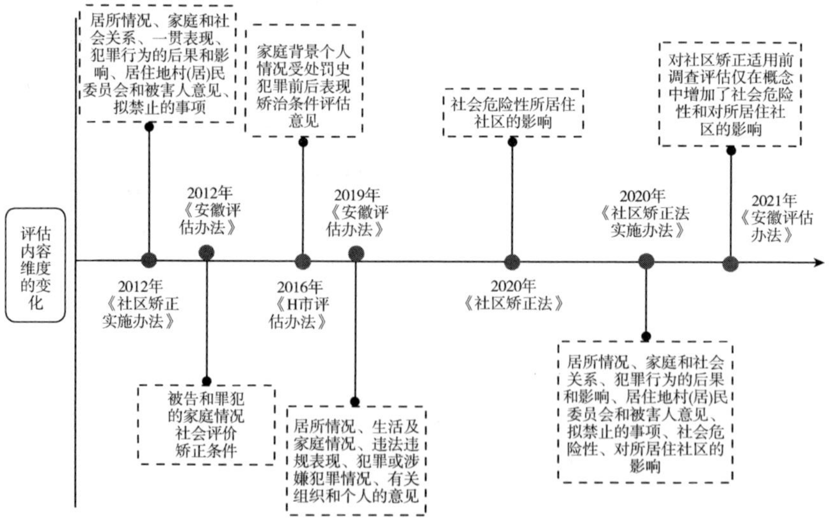

图 3－1　调查评估内容变化

(一)《社区矫正法》确立的二维度模式

《社区矫正法》对调查评估内容进行确定须考虑调查评估内容与《刑法》《刑事诉讼法》对适用缓刑和假释等不同矫正类型的具体条件的衔接,最终确定的调查评估内容维度与2012年《社区矫正实施办法》不同,其较为原则地规定了"社会危险性"和"对所居住社区的影响"两个维度。

1."社会危险性"与"人身危险性"的逻辑关系

"社会危险性"是《社区矫正法》新确定的维度,在此之前各级有关社区矫正的规范性文件中没有出现"社会危险性"的概念,从法条的衔接上理解其应当是与《刑法》中对缓刑和假释适用条件之一的"没有再犯危险性"在内容上的延续。缓刑和假释作为社区矫正适用前调查评估的主要类型,其适用条件中"没有再犯危险性"是对"人身危险性"的判断。刑事实体法中,人身危险性具有定罪量刑的功能;刑事程序法中,人身危险性也是适用强制措施的基本依据;在监狱学中,人身危险性是行刑的重要依据。[1] "人身危险性"贯穿刑事司法程序的各个阶段。在不同的诉讼阶段,人身危险性的功能不同,审判前、审判中和行刑过程中对人身危险性评估的侧重也不同。

审判前的人身危险性评估适用的术语为社会危险性,属于刑事诉讼程序中适用于侦查机关对羁押必要性的判断。《刑事诉讼法》第81条在对逮捕的条件中表述为"对有证据证明有犯罪事实,可能判处徒刑以上的刑罚的犯罪嫌疑人、被告人,采取取保候审尚不足以防止发生下列社会危险性的……"具体来说犯罪嫌疑人、被告人的人身危险性和妨碍诉讼顺利进行可能性是逮捕社会危险性审查的重点。[2] 社会危险性主要包括两个方面,一是罪行危险性,即犯罪嫌疑人涉嫌的犯罪事实已有证

〔1〕 宋伟卫:《刑事一体化视野下的人身危险性研究》,法律出版社2019年版,第5页。

〔2〕 高通:《轻罪案件中的逮捕社会危险性条件研究——以故意伤害罪为例》,载《政法论坛》2021年第3期。

据证明，且该犯罪事实本身说明该名犯罪嫌疑人可能给社会带来的危险性。二是人身危险性，包含了可能再次犯罪的危险性。[1] 审判中的人身危险性评估是为了解决定罪量刑的问题，为了给予行为人适当的处罚，国内对人身危险性的评估实质是基于审判阶段的人身危险性评估。人身危险性是行为人对社会的一种危险状态，其评估的因素应当是客观的，可以被把握的因素。行刑阶段的人身危险性评估分为监禁刑执行评估和非监禁刑执行评估。监禁刑执行的人身危险性评估主要依据的是罪犯的服刑情况，应当与罪犯的改造情况相关，非监禁刑执行的评估主要涉及社区矫正的危险控制问题。

在调查评估的实际运用中，社会危险性区分的考量应该对已决犯和未决犯的矫正对象类型加以区分。结合我国社区矫正适用前调查评估的实际情况，缓刑适用前的调查评估涉及审判前和审判中的阶段，但审判前的社会危险性评估的主体，主要为侦查机关，不可否认的是，侦查机关的前序基于社会危险性做出的羁押措施的判断会影响社区矫正调查评估对社会危险性的判断；"社会危险性"概念包含了再犯的可能，因法条表述为有"可能实施新的犯罪的""再犯风险"，二者都是对未来行为的一个判断，必须要有科学的判断依据，否则执法部门都倾向于判定具有"社会危险性"。从我国总体"构罪即羁押"的数据可以窥见，"对羁押必要性"判断依据的"社会危险性"在侦查阶段有着较为明晰的界限，在公安机关办案实践中也有一些经验性标准。但作为在社区矫正适用前调查评估内容的维度，其"社会危险性"已经被公安机关、检察机关进行过一次判断，对于拟判处缓刑的被告人，其"社会危险性"本身已经在较低的范畴内。从法律逻辑上说，在侦查阶段如果没有一定的社会危险性，就无须采用羁押措施，可以尽可能多地适用取保候审，减少逮捕的适用率。

审判中的人身危险性评估是公平正义的量刑选择做出判断的基准，

---

[1] 杨秀莉、关振海：《逮捕条件中社会危险性评估模式之构建》，载《中国刑事法杂志》2014 年第 1 期。

是在狱内服刑还是在监狱外接受矫正的选择,即对行为人采取何种处罚的选择。采用“社会危险性”一词有一定的合理性,但需要注意的是,社区矫正适用前调查评估维度中的社会危险性程度与前序诉讼程序中对羁押必要性措施的判断的程度应当有所区别,因在缓刑的法定适用条件上,拟适用缓刑的被告人的刑期需在三年以下,结合我国法律对轻罪与重罪的区分,可将羁押必要措施判断的“社会危险性”评估限定为可能判处三年有期徒刑以上刑罚,即只允许判处三年有期徒刑以上刑罚会对逮捕的社会危险性条件产生影响。在此基础上,还可进一步细化犯罪性质、犯罪严重程度、犯罪次数等具体情形对逮捕的社会危险性的影响。按照这样的分析逻辑,拟评估对象目前的罪行情况不应当对其社会危险性产生影响,或者说应当对被告人拟判处的刑期进行更细致科学的划分。也有学者认为应当以行为人的人身危险性、危害性为着眼点,结合其他的影响因素,如成长环境、罪行严重程度、主观恶性大小等因素,并以此为依据制定审查羁押必要性的评估表,从而以量化的方式实现审查的公正。[1] 有研究指出,前期的羁押政策,在一定程度上会影响后续审判机关对非监禁刑的适用,实践中应当坚持社会危险性的核心评价地位。[2] 在此基础上,对于社会危险性也应该建立量化的评估机制,其中主要包含了综合各种因素的对犯罪嫌疑人的人身和能力的考虑,以及对诉讼顺利进行的考量。[3]

假释的评估属于从监禁执行到非监禁执行的刑罚执行变更评估,行刑中的罪犯的人身危险性的判断主要基于罪犯在狱内的表现,对于假释的评估的社会危险性主要涉及的是社区矫正的危险控制问题。我国社区矫正适用种类复杂,对于拟报请假释的罪犯和拟决定暂予监外执行的罪犯属于已决犯的调查评估,其社会危险性的判定与其原判的犯罪属性不应当关联较大,秉持监禁有效论,经过监禁刑的改造其社会危险性已

---

〔1〕 蓝向东:《我国审前羁押制度问题研究》,人民法院出版社2015年版,第263页。

〔2〕 孙谦:《司法改革背景下逮捕的若干问题研究》,载《中国检察官》2017年第13期。

〔3〕 王贞会:《审前逮捕社会危险性评估量化模型的原理与建构》,载《政法论坛》2016年第2期。

大大降低，且其长期处于与社会隔离的状态，社会危险性的判定应采用与适用缓刑不同视角来进行。对拟暂予监外执行的罪犯，因其发生了特定需要予以监外执行的情况，且在逻辑上，其社会危险性也很难成为否定暂予监外执行的理由，因此对暂予监外执行的罪犯的社会危险性的判定标准应当与缓刑、假释有所区分，应更加注意暂予监外执行过程中，对社会危险性变化的评估，因暂予监外执行的对象的身体原因消失的话，应当收监继续服刑。

因此调查评估内容规定的“社会危险性”一词的逻辑范畴要大于“人身危险性”的概念。以社区矫正后期监管的实践对社会危险性进行风险评估的模型预警，目前的社会危险性的研究逻辑都是以当事人的情形实现对其后期行为的评判，传统的观点认为对社会危险性有影响的因素大多基于其犯罪人属性本身，而对其社会人属性关注很少，因为社区矫正适用前调查评估是为了判定是否适合在社区中进行矫正。在整个的刑事执行体系的运行一体化视野下，以在矫正中犯罪或者监管中出现监管问题或者重新犯罪现象进行反推，对前序的评估风险因素进行有针对性的提示。因可适用社区矫正的对象大部分都不属于社会危险性较大的情况，究竟是何种情况影响了其顺利度过了矫正期，可能与其社会人属性特征有关。

2.“对所居住社区的影响”的内涵

一方面，对不同的评估对象类型，对社区影响需要调查评估的了解程度是有所区别的。《刑法》和《刑事诉讼法》对社区矫正适用前调查评估的关于居住地社区影响的表述有不同之处，对拟适用缓刑的评估对象表述为“对所居住社区没有重大影响”，对拟假释的评估对象表述为“对所居住社区的影响”。在影响的程度要求上两者是有明显区别的。缓刑的适用条件只要是“没有重大影响”即可，而对于拟假释的对象，则需要了解对所居住的社区的影响要更为全面细致。同时根据笔者对全省社区矫正工作者问卷调查中显示，大部分的矫正工作者认为其所监管的矫正对象（包括缓刑和假释的对象）对所居住的社区是没有重大影响的。

另一方面,用什么样的标准评估对社区的影响,那么“重大”的程度如何测算,不同的主体理解不同,需要执行层面的规范性文件进行细化。目前社会人员流动性较大,以往的“熟人社会”受到了一定的挑战,如何科学客观地判断评估对象对居住的社区是否有重大影响,实践中各个部门的认识也有所差异。在笔者进行的访谈中,有的法官认为如果社区矫正机构因为无法确定调查评估对象“对社区是否有重大影响”即等于“对社区没有重大影响”。由于此处的影响限于“对所居住的社区”的影响,而“居住地”这个程序中的认定问题又影响了调查评估内容的确定。

结合目前司法实践,拟判处缓刑的矫正对象都为罪行较轻、认罪悔罪态度较好的被告人,本研究认为在缓刑的评估上,对社区的影响不宜花费过多的精力。而对于已决犯的评估,因其可能原判刑期都较长,罪名较重,其与社会脱节的时间也过长,因此《刑事诉讼法》的表述为“对所居住社区的影响”这个逻辑是需要在评估中充分了解对所居住社区有可能的影响。虽然从犯罪学角度来说,违法行为与再次犯罪风险间存在正相关,但实证研究亦发现,早期违法行为模式越强其重新犯罪风险越高。[1] 较低程度的违法行为对于预测再犯风险的作用非常有限。所以,将行政违法记录作为逮捕社会危险性审查的依据有违比例原则,应将其排除出逮捕的社会危险性因素的审查。将所有犯罪史均作为社会危险性条件审查内容的做法是缺乏正当性的,犯罪前科对逮捕的影响应存在一定限度。因为有犯罪史的被告人的人身危险性,也会因犯罪严重程度、犯后罪的性质等存在显著不同。[2] 美国审前风险评估模型中仅将重罪犯罪史作为审前风险评估的依据,影响到保释的概率。因此能预测逮捕的社会危险性的犯罪史应当是严重犯罪的犯罪史。

(二)《社区矫正法实施办法》确立的八维度模式

与《社区矫正法》《刑法》《刑事诉讼法》的较为原则化的规定不同,

---

〔1〕 曾赟:《服刑人员刑满释放前重新犯罪风险预测研究》,载《法学评论》2011 年第 6 期。
〔2〕 劳家琦:《累犯从严量刑适用实证研究》,载《中国法学》2016 年第 1 期。

《社区矫正法实施办法》对评估内容的规定较为细致。《社区矫正法实施办法》确立的维度模式未实现与《社区矫正法》二维度的衔接，而是基于《社区矫正实施办法》进行了微调。2012 年的《社区矫正实施办法》规定的内容维度有“居所情况、家庭和社会关系、一贯表现、犯罪行为的后果和影响、居住地村(居)民委员会和被害人意见、拟禁止的事项”的七因素模型。2020 年的《社区矫正法实施办法》针对修改后的《社区矫正法》的规则进行了修改，最终确定的评估内容维度为“居所情况、家庭和社会关系、犯罪行为的后果和影响、居住地村(居)民委员会和被害人意见、拟禁止的事项、社会危险性、对所居住社区的影响”的八因素模型。两个版本的实施办法进行比较，删除了“一贯表现”，直接在调查评估内容中增加了“社会危险性”和“对所在社区的影响”这两个由《社区矫正法》确立的维度，与之前的调查评估内容维度并列。按照社区矫正适用调查前评估的实践，对拟评估对象的“一贯表现”进行了解从实际有效操作的角度来说难度较大，且这个词未经过严谨的学术定义。

《社区矫正法实施办法》生硬地直接将“社会危险性”和“对所居住社区的影响”直接并入原有的调查评估内容之中，没有很好领会《社区矫正法》对调查评估的内容确定的立法原意和立法精神。类似司法解释的操作性规范应当与上位法良性衔接，为实践工作提供更细化的工作指引。目前的《社区矫正法实施办法》所确定八因素模型在逻辑上是存在一定问题的，将居所情况、家庭社会关系、犯罪行为的后果和影响、居住地村(居)委会和被害人意见与社会危险性和对所在社区的影响进行并列式的列举显然忽略了各个因素之间存在的逻辑关系。

1.“犯罪行为的后果和影响”“被害人的意见”“拟禁止的事项”可作为犯罪人的属性特征被“社会危险性”包含

从犯罪学角度对拟评估对象的社会危险性进行调查评估，其犯罪的情况是应当考虑在内的，即犯罪行为和后果及影响是可以包含在社会危险的范畴中。但正如前文的论述，目前在我国能对未决犯进行社区矫正适用评估的，其犯罪情节基本属于较轻的，拟判处的罪行都需在三年以下，人身危险性较小。拟禁止的事项主要是基于缓刑适用中禁止令的规定，也与犯罪行为有关，属于降低其人身危险性再犯风险的前置性措施，可以为“社会危险性”包含。对于已决犯，属于从监禁刑向非监禁行刑的刑罚执行变更，其人身危险性的评价主要基于在监狱中的改造和表现来进行判定，在适用前调查评估中难以完成。因此在整体的调查评估内容中，不应当过分强调犯罪的行为和后果对结果的影响，用被告人的犯罪史来推定未来可能实施犯罪本质上属于有罪推定，违反无罪推定原则的要求。[1] 犯罪是在社区发生的，以恢复性司法的理念看，犯罪又是侵害社区中的个人或集体的行为，所以恢复犯罪人与被害人、社区的和谐关系，显得尤为重要，“被害人的意见”是其“社会危险性”的表现因素之一。

2.“居所情况”、“家庭和社会关系”、居住地村（居）委员会意见可作为犯罪人的社会人属性被“所居住社区的影响”包含

“居所情况”是对“所居住地社区的影响”调查评估的基础，评估的社区必须是所居住地的社区，是对上位法的生硬的理解。家庭是社会的基本细胞，家庭环境对个体人格的发展有原发性影响，要调查了解拟适用社区矫正人员的基本情况，以其家庭情况为基础是十分必要的。对于拟评估对象的社会关系的了解，其实也是可以作为评估犯罪人的社会人属性的因素的。同理居住地村（居）委会意见也可以属于犯罪人的社会人属性之中，并且从逻辑上分析居住地村（居）委会意见可以作为社会关系的一个衡量标准，相比于家庭关系的微观层面的调查评估，对拟评估对象的社会关系的调查属于微观的层面，仅仅依靠为期 10 天左右的调查评估似乎很难有指向地完成有意义的评估。

（三）安徽省评估办法确立的五维度模式

2012 年安徽省评估办法中其内容仅包含被告和罪犯的家庭情况、社会评价和矫正条件三个确定的维度。省域内的评估办法对调查评估

---

〔1〕 林钰雄：《刑事诉讼法》（上册总论编），中国人民大学出版社 2005 年版，第 272 页。

的维度的规定也经历了一次变化,但不同的是其内容的修改的时间线却不是以《社区矫正法》的颁布和实施为分界点的,而是在2018年《安徽评估办法》中对调查评估的维度进行了革新的修改,根据2012年《社区矫正实施办法》对调查评估的内容进行了细化。在2021年《安徽评估办法》中,仅对调查评估的概念进行修改,加入了"社会危险性"和"对所居住地的影响"维度,对于具体调查评估的内容是沿用2018年的安徽评估办法确定的内容。安徽省评估办法最终确立的是"居所情况、生活及家庭情况、违法违规表现、犯罪或涉嫌犯罪情况、有关组织和个人的意见"五维度的模式。值得注意的是虽然在2021年《安徽评估办法》的修改中,将社区矫正适用前调查评估的概念按照《社区矫正法》的规定加入了"社会危险性"和"对所居住社区的影响"。但在对具体评估的内容维度规定中,却未进行修改。相比于实施办法生硬地对评估内容的领会,省域的评估办法似乎意识到,目前法律确定的评估维度与其规范性文件确定的在逻辑上不能简单并列,但也没有正确地厘清法律确定的维度与现有的评估办法确定维度的逻辑关系。这在一定程度上反映了实践中对《社区矫正法》确立的维度的领会和落实情况,因2012年《社区矫正实施办法》在很长的时间内是全国范围内社区矫正的规范性文件,《社区矫正法》没能在新旧两版的实施办法中起到一个衔接过渡的作用,其立法精神没有被实施办法正确地包含。

1."对所居住地影响"的犯罪人的社会人属性情节

首先,与实施办法确立的维度不同之处,对"家庭和社会关系",省域内的表述为"生活和家庭情况",显得更为具体,"生活和家庭情况"是拟评估对象的社会人属性的体现,其背后的深意在于评估对象若能顺利在社区内接受矫正,家庭是否能实现监管的作用,其生活状况是否稳定也是对今后矫正效果的一种预判。在犯罪学的理论中,有诸多理论探讨了家庭情况对犯罪的影响。根据社会纽带理论,人们与家庭、学校和宗教等传统社会制度之间的纽带,可以保证人们不去实施越轨行为,当纽带弱化时,更容易出现越轨和犯罪。

其次,对于"两委的意见",省域扩大为"有关组织和个人的意见",其实最初意义是了解拟接受社区矫正的对象,如果在社区进行矫正需为当地的社区和个人了解并进一步需要愿意提供帮助监督管理的意愿。因为罪犯与社会纽带的紧密程度一定程度上决定了其再犯罪的可能性大小。如果拟评估的对象不为其所在的社区和家人所接纳,那么其再犯罪的风险就较高。实践中"两委的意见"是最初出台评估意见时较为粗犷的规定,"有关组织和个人的意见"可以包括"两委的意见",如果两委对拟评估对象充分了解,那可以出具意见,但是在人口流动较大的社区,也需要考虑两委实际上对评估对象了解的能力,有关组织和个人的意见就显得更为全面和有更大的空间,让评估机关去找到对评估对象有所了解的组织和个人进行询问和了解情况。基于预防刑是对未来的预判,决定机关也希望通过多方面的资料的了解来判定拟评估的对象是否可以适用缓刑。

最后,"居所情况"是与《社区矫正法实施办法》唯一相同的表述,可见对其认同度的一致。"居所"严格意义上来说不是一个法定的概念,"居所情况"应该是包括居住所在地的情况,在实践的操作中可能还包括住所的情况。从法律的逻辑分析,可以以居所的情况为基础判断出拟评估对象的居住情况,也可以判断其与社会纽带的连接程度。但目前实践中,对"居所情况"的确定是判定被评估对象对所在社区有无影响的基础,即具体的有无影响的是哪个社区,也可以是判断其人身危险性的一个依据。根据已有的研究,"居住地的情况"对人身危险性的预测在未决犯和已决犯中都有一定的意义。对于未决犯,美国印第安纳州社区矫正成年服刑人员危险评估工具中,"在最近 12 个月迁居情况"是判断危险程度的因素,迁居频率越高危险程度越高。[1] 美国宾夕法尼亚州的危险评估工具将"最近 12 个月内家庭地址变迁次数"纳入了考量,同

---

〔1〕 翟中东:《中国社区矫正制度的建构与立法问题》,中国人民公安大学出版社 2017 年版,第 149 – 151 页。

危险程度正相关。[1]

作为调查评估的程序和调查评估的内容中都被关注的因素,连接了具体实施评估地的县级社区矫正机构的程序性问题和评估内容的实质性维度。从逻辑上来说,评估的确定应当与最终社区矫正的执行地一致。进一步对执行地的概念进行探究,《社区矫正法》第17条对社区矫正执行地的确定原则、方法进行了明确,并大量引用了“居住地”的概念,确定了以“居住地为主”的社区矫正管辖原则,但对“居住地”的界定方式却没有明确。在《刑事诉讼法》中对“居住地”的规定存在于对地域管辖的规定中,如果被告人居住地人民法院审判更为适宜的,可以由被告人居住地的人民法院管辖。[2] 相应的司法解释中规定:“被告人的户籍地为居住地,经常居住地与户籍地不一致的,以经常居住地为户籍地。”经常居住地为被告人被追诉前已连续居住一年以上的地方。[3]

我国目前对居住地的重视源于两个方面原因,一方面是完成评估内容中对社会危险性和对所在社区的影响,如果不确定拟评估对象的经常居住地,难以完成我国《社区矫正法》规定的评估的内容。另一方面是评估地在一般情况下即是未来矫正的执行地,在实践中,很多审判机关可能将评估作为对某地是否愿意接受矫正对象的试探。而由于矫正类别的限制,对于已决犯的居住地没有办法进行落实,在此情况下就转而使用户籍地也不是很妥当,可以是罪犯假释出狱之后未来将会居住地方。但这就使对所在社区有无重大不良影响失去了判断的基础,如果是罪犯曾经生活过的社区,也许能访谈到对社区的真实影响,在一个假释犯将来将要居住的社区,如何判断对所在的社区有无影响存疑。英格兰与威尔士所使用的犯罪人危险评估工具即“犯罪人危险评估系统”,既在监狱系统适用,也在社区矫正系统适用,将“住宿”作为评估的一部分,具体包含“罪犯住的哪类房屋”“释放后是否有确定的住所”“住宿的

---

〔1〕 翟中东:《中国社区矫正制度的建构与立法问题》,中国人民公安大学出版社2017年版,第157-161页。

〔2〕《刑事诉讼法》第25条:“刑事案件由犯罪地的人民法院管辖……”

〔3〕 2013年最高人民法院《关于适用〈中华人民共和国刑事诉讼法〉的解释》第3条。

适宜性”“是否经常迁移”“释放后所使用的住宿是否与犯罪活动或者被害人比较接近”等因素。[1]

2.“社会危险性”的犯罪人属性情节

首先,“违法违规”情况其实可以看作对社会危险性的一种评估维度,因为如前论述,在我国缓刑的适用有严格的刑期限制,其原判的犯罪行为和后果不会严重,都是属于轻罪范畴的犯罪,而三年以下的罪行对社会危险性的预测效力较低。因此在实践的过程中,评估机关一般都采用对评估对象的行政违法行为进行调查,以对其社会危险性有一定的判断。实践中会存在对拟评估对象时隔已久的罪行,即关于前科劣迹的对评估结果的影响,实务中前科劣迹适用的不规范,究其根源在于前科劣迹影响刑罚轻重的理论根据不明。总体而言,刑罚是刑事责任最主要的实现方式,负有刑事责任是适用刑罚的前提,其大小决定了刑罚轻重,前科劣迹影响刑事责任而作用于刑罚。[2] 一般认为,“刑罚的正当化根据一方面是满足恶有恶报、善有善报的正义要求,同时也必须是防止犯罪所必需且有效的,应当在报应刑的范围内实现一般预防和特殊预防的目的”。[3] 如何规范性适用前科劣迹的影响,实现刑罚之公平正义,从最广义角度而言,法官决定了罪名以后,进一步要决定应该判处被告接受多重的刑罚的时候,理论上必须考量全部和犯罪预防目的以及衡平原则有关的因素。[4]

其次,将“犯罪行为的后果及影响”扩大为“犯罪或者涉嫌犯罪的情况”,其调查评估的指向性更为明确。在量刑的过程中,有些具体的犯罪行为需要犯罪后果才能构罪;有些罪是行为犯,一实施即既遂。犯罪后果还分为直接后果和间接后果,在此处未明晰是直接的后果,还是间接

---

〔1〕林岚虹:《社区矫正人员执行地确定问题研究》,厦门大学2019年硕士学位论文,第32页。

〔2〕杜宣:《行为人前科劣迹规范适用的法教义学分析》,载《首都师范大学学报(社会科学版)》2017年第4期。

〔3〕张明楷:《刑法学》(第5版),法律出版社2016年版,第506页。

〔4〕黄荣坚:《基础刑法学》(下),中国人民大学出版社2009年版,第392页。

的后果。如果是作为责任刑的犯罪的后果,已经在法官具体量刑时被考量过一次了,那么在进一步考量刑罚的执行方式时,不论调查评估的机关是否有能力对拟评估对象的犯罪行为后果有正确的评估意见,对属于被告人、罪犯的同一个犯罪人属性在具体量刑和刑罚手段适用时进行两次的适用是否合适,而且评估机关没有执法权,只能通过委托机关提供的材料进行文字上的犯罪行为后果的评价,这种方式显然与评估的初衷相违背。犯罪行为的影响,结合评估的意义主要表现为对社会的影响,因考虑到预防刑的需要,合理有效的量刑对普通大众的行为有规制作用。当前司法实践中,对社会影响的论述的可区分度并不细致,只有对社会有重大影响的案件会成为刑事案件级别管辖的影响因素,在很多的判决书的论述中,法官会对社会影响极其恶劣进行论述。而社会影响确实可以作为对于责任刑和预防刑连接的因素,但是在实践的评估中缺乏科学化的手段,而且对于实践中拟评估的缓刑案件的对象,总体来说其罪行较轻,社会危险性总体都不大。要进行区分的话,应当结合具体的罪名进行分析,而省域的文件中规定的"犯罪和涉嫌犯罪的情况"则是在实践中更具有操作性的角度来定义的,并且对犯罪和涉嫌犯罪是如何界定的,委托机关和评估机关的角度是不同的。我国《刑事诉讼法》明确规定不经过法院的裁判,任何人不得确定为有罪,此处的犯罪情况应当理解为在本次涉嫌犯罪的之前所犯之罪的情况,这就存在关于拟被评估对象的过往犯罪和违法记录是否对本次缓刑的适用有影响的问题。

最后,对于违法违规情况,审判实践中会用劣迹来概括;而对于超出了累犯规定之年限的犯罪,则被称为前科。这两个因素在刑事审判内部的量刑指导意见中,是影响量刑的因素之一,同样也是调查评估规定的调查内容,但对于前科劣迹在何种程度上影响评估的结果,不同的机关意见是不相同的。前科劣迹情况的委托评估,在整体的样本也有所体现,结合本研究的定量数据,在缓刑评估的 1115 例样本中,共有 61 例存在犯罪前科或行政违法劣迹的评估委托。从委托的时间上看,2017 年的有 10 例,2018 年有 30 例,2019 年有 14 例,2020 年有 6 例,2021 年有 1

例。从委托单位来看,安徽省外的委托有3例,分别是B省XI市人民法院、C省CS市人民检察院、NB区HS区人民法院。安徽省域内的大部分都来自A市内的委托,其中LY区人民法院委托最多为20例,其次为YH区人民法院为11例,E县人民法院为9例,CE市人民法院为5例,SH区人民法院为3例。BH区人民法院为2例。检察院的委托情况与定性的研究一致,只有LY区检察院、CE市检察院、E县检察院这些会进行评估委托的检察院。从评估执行机关的评估结果来看,不适用有8例,基本适用有3例,适用有36例,退回有5例。可以看出,总体上评估机关对前科劣迹的委托还是比较宽容的,69%的评估结果都为适用,但与总体样本中评估机关作出适用意见的比率相比较小。

二、社区矫正适用前调查评估内容维度的实践运行

在调查评估活动中,司法行政机关自身确立的两项原则:一是全面调查原则。凡是同案件形成和案犯处遇有关的各种事实因素,都纳入调查的范围,以此查明引起被调查对象走上违法犯罪道路的真实原因。二是直接调查原则,必须做到直接接触、实地考察,以保障调查结论的准确性和可靠性。例如,通过会见刑事案件被告人、走访其亲属、邻居、老师、同学、同事等,以取得第一手的调查材料。被指派的司法所应当鉴别归类所搜集信息中的积极因素和消极因素,通过集体讨论,慎重做出能否对被告人、罪犯适用社区矫正措施及适用禁止令的建议,并形成调查评估意见书提交县级司法行政机关。

全面调查是规范性文件中对于调查评估内容的要求。司法所工作人员应当进行全面调查即调查被告人或罪犯具体犯罪的主客观原因、犯罪后表现、家庭情况等,具体来说需要联系被告人或罪犯家庭成员、居住地村(居)委员会、所在单位(学校)以及被害人等相关单位、人员。在调查过程中需要诸如被评估对象的居住地村(居)民委员会等有关单位、社会团体和个人的积极协助配合。被访谈的基层司法所所长和社区矫正机构工作人员都会谈到需要进行“全面调查”,但实际上无法做到,

“全面评估”的工作一定要在程序上或者形式上“留痕”，即使调查的内容匮乏但是各种形式的要求一定要符合相关的规定，即对调查形成的笔录等文字材料须经被调查人签名、盖章，如被调查人不签名、不盖章，参加调查的工作人员应当注明，以便在充分调查和了解情况的基础上审慎地形成是否符合社区矫正条件的初步判断。上述调查内容多以讯问笔录、调查问卷等形式体现，缺乏必要的数字与技术分析，为使调查评估结论更具客观性和公正性，如何运用“精算方法”作为被告人或罪犯的评估模型，是本研究需要进一步探索的问题。

（一）域外调查评估实践运行概况

在美国想要对可能被判处缓刑的被告人进行令人满意的调查，其实践中也存在着诸多困难。首先，针对基层社区矫正机构人员配备严重不足的情况，西方的评估实践的困境之一是缓刑部门没有充足的资金以支付足够多数量的雇员的工资，所以每个案件都进行充分的调查是不现实的。其次，从人权和隐私保护的角度，犯罪人和其他被询问的人都认为，在某种程度上调查人员跟侦探一样，这样的看法会让调查受阻。最后，针对基层社区矫正机构无执法权需要公安机关协助调取关于被调查人的违法记录问题，美国存在有些地方缓刑调查员无法取得一些官方机构的记录的情况。另外在成年人的缓刑调查报告中，往往不允许引用少年法庭的文件，虽然在大城市中社会服务记录已经被集中保存起来，但是受教育情况和社会服务记录通常分散在社会上的各个机构。例如，洛杉矶的缓刑机构有一个由县执法部门负责的少年信息登记中心，但是当少年年满 18 周岁时，该登记中心所有的登记信息都将被删除。在全州范围内对缓刑工作进行管理的地方，通常将缓刑的相关记录保存在州档案中心里。这些被集中保存的记录，为个人案件的调查和对某些种类或阶层的犯罪人进行数据比较提供了帮助。

缓刑主要用于取代不受监督的释放和监禁。是否用缓刑取代不受监督的释放的原则是：犯罪人在适应社区条件方面是否需要监管和帮助？犯罪人是否能从监督和帮助中受益？决定是否需要用缓刑取代监禁的原则，在本质上与前面的原则一样，但是还应该考虑犯罪的严重性。通过对过去犯罪人违反缓刑要求的比率进行分析，就能为深入的个案研究提供补充资料，进而对前面两组的问题作出最好的回答。

假释前调查与量刑前调查的调查内容较为相似，但实践中调查的范围和报告的内容要难于量刑前调查，除了调查罪犯的个人背景、社会关系、社区意见等几大板块外，还需要考虑三个方面的因素：一是犯罪的严重性；二是重新犯罪的可能性；三是在狱中的表现。[1] 美国等国家极为重视对罪犯的假释前调查，以期在保护社会的基础上实现罪犯的社会化的改造。[2] 相关法律明确规定假释委员会的目的是考察假释对象回归社会的可行性。根据加拿大国家假释委员会的要求，如果释放犯人，假释委员会成员应系统地审查该犯人可能对社会造成的风险。假释委员会成员审查所有可得到的关于犯人的相关信息，做出风险的初次评估。初次评估的内容包括犯罪情况、犯罪历史、社会问题、心智状态、较早释放方面的表现、关于犯人关系和就业的信息、心理或精神治疗报告、专业人士和其他人的意见、受害人的意见以及如果释放是否会构成对社会不当风险的任何其他信息。[3] 西方国家进行的假释前调查旨在保护社会的安全，同时为罪犯重返社会提供便利，其批准假释的条件主要包括假释适合性、假释计划、被害人后果陈述等，这也当然成为假释前调查内容的重中之重，即假释适用的条件也需要包含在假释适用前评估的内容中，但与判决前量刑报告对缓刑的评估不同，假释调查评估意见中通常不涉及做出是否适合假释的建议。适应恢复性司法的理念，被害人后果陈述则使被害人参与做出假释决定的过程，被害人可以就犯罪给自己造成的伤害以及犯人假释后可

---

〔1〕 武红玉：《社区矫正管理模式研究》，中国法制出版社2011年版，第30页。

〔2〕 典型立法如美国亚拉巴马州《社区矫正法》规定：除非赦免和假释委员会认为，如果释放该罪犯，他将自由生活并不违反法律以保持自由状态且不具有与社会公共秩序发生冲突的合乎情理的可能性，任何罪犯不得仅因高质量地完成监狱分配的任务或者监狱中良好的行为表现而获得假释。

〔3〕 王珏、王平、杨诚：《中加社区矫正概览》，法律出版社2008年版，第246页。

能会造成的伤害充分陈述,成为假释决定的重要参考。

(二)监管条件是我国实践运行中调查评估内容的核心

调查评估机关的侧重点是可以实现有效的监管,在对评估的内容上不自觉地对被评估对象的人身危险性进行了延伸,即需要判断是否可以实现有效监管。适用缓刑和假释的实质条件主要是判断再犯风险的大小,但是再犯风险仅仅是对社区矫正对象监管的最低要求,对于评估机关也是未来评估对象的具体矫正机关来说,其评估的维度一定有若此评估对象在辖区接受社区矫正,能否实现有效的监管,即使该项调查评估内容未出现在任何层级的规范性文件中。同时,接受社区矫正的对象的人身危险性虽然都较小,但毕竟是实施过犯罪行为的人,他们通过自己的犯罪行为表明其不可能轻易的转变自己和遵从社会规范,如果在社区中缺乏监督,很有可能在社会环境中继续实施危害社会、侵害公众权益的行为。

法院与委托机关在对评估的内容维度是否应当将再犯危险性向监管的条件延伸的问题上有一定的冲突。在笔者的访谈中,有共同犯罪的未成年人是属于一个村子长大的,据法官的表述:罪行较轻的反而社区矫正适用调查评估不通过,罪行较重的社区影响评估通过了。因为其中一家跟社区与司法行政机关关系很好,找到了相应的人员做了工作,评估的结果是同意。而另一名当事人的家长文化程度不高,虽然法院已经提前告知其在面对司法行政机关的调查时应予以配合,但是当家长接到司法机关的电话:“你是不是骗子?”被司法机关以监护人不配合进行监管为理由,提起了不具备条件的评估结果。但是从评估执行机关的角度,被调查评估的对象不配合进行评估,后期可预见的会难以配合监管。对法院来说,如果因为评估的结果不同而给予评估不通过的未成年人实刑,而共同犯罪中属于同一处村庄的未成年人,会倾向于由于具体从事社区矫正人员的专业化素质的问题和一些人为的因素导致评估的结果不同,与法院最初进行评估的倾向性相左。

LAFG:后来我们也是打电话跟市区一再沟通,一旦判回去,你现在因为他也不知道你法院用它干嘛的，他可能之前也没有，原因是什么？你讲了以后同在一个乡，他不去找你闹腾吗？而且你就同一个罪，就是共同犯罪。而且都是危险点而且问题是这样，你这个评估里面比如讲认识你们人你就给他搞评估通过，我说对你们影响也不好，对吧？最后就说你就再给他补充一下，要我们当时讲要判都判，要不判都不判，最后都判一个缓刑处理他。

LAFG：我们没有走这个复核程序，最后让司法行政机关最后补充一个情况说明。之前的家长不配合，我们了解不了孩子家长不配合，那么现在讲家长又主动找地方配合了，我们把家长找来说了一段，家长讲他没有什么文化，你跟他讲不清。

（三）犯罪人属性情节的评估维度实践运行

犯罪人属性情节是与拟评估对象所犯之罪的犯罪行为有关的情节，结合上文的分析，实践中调查评估机关能着手进行客观调查的主要是被害人的案件中被害人的情况，以及与犯罪行为相关的先行行为的禁止令情况。

1. 禁止令与被害人意见在实践中较难落实

我国刑法禁止令首次出现于《刑法修正案（八）》，是指“对判处管制、宣告缓刑的犯罪分子，人民法院可以根据其犯罪情况，禁止其在管制执行期间或缓刑考验期间内从事特定活动、进入特定区域与场所、接触特定的人”。此后，为弥补《刑法》禁止令相关规定的过于原则性，人民法院拟适用禁止令的，还应当根据犯罪分子的犯罪原因等，有针对性地开展调查，调查内容应当包括在管制执行期间、缓刑考验期限内“从事特定活动，进入特定区域、场所，接触特定的人”等一项或者几项禁止内容。

禁止令作为我国《刑法》中的一项新兴制度，无论《刑法修正案（八）》及条文说明、立法理由，还是有关司法解释均未明确禁止令的性质。在适用目的上，禁止令所考量的不是犯罪人应承担什么样的罪责，而是立足于如何更好地预防再犯罪。在具体内容上，禁止令要求罪犯在执行管制或者缓刑考验期间禁止“从事特定活动”“进入特定区域、场所”“接触特定的人”，均属于对人身自由一定程度上的限制。[1] 家庭和社会关系居住地村(居)委会和被害人意见拟禁止的事项在很大程度上一致，该名拟矫正对象如果最终接受了社区矫正，禁止其进入特定的场所和接近特殊的人。拟禁止的事项其实应当与特定的犯罪类型相关，将其作为其是否具有在监管条件的基础上进行的区分因素。拟禁止的事项来源于社区矫正中关于禁止令的规定，但是实践中以安徽省为例，2018 年至 2021 年，全省范围内禁止令的数量极少。从数据上看安徽省目前被宣告禁止令共 216 人，累计违反禁止令 1 人。市有关适用禁止令数据中 2018 年(11～12 月)管制 0 人，缓刑 11 人。2019 年全年适用禁止令 45 人，其中管制 0 人，缓刑 45 人。2020 年全年适用禁止令的人数，管制 4 人，缓刑 123 人，合计 127 人。

被害人的意见通常无法作为社区矫正适用前调查的落实内容，通过笔者的扎根调研和问卷调查，实践中对社区矫正适用前调查评估如果严格按照《社区矫正法实施办法》的规定，被害人的意见基本无法采集到，其中有多方面的原因，首先社区矫正适用前调查评估的犯罪类型多为妨害社会管理秩序罪、危险驾驶罪等，没有特定的被害人；其次，如果涉及交通肇事案件的社区矫正适用前调查评估，需以被害人的谅解为前提，后期无须进行调查评估。最后，其他特定类型的案件，存在无法联系到被害人的情况。综上所述，实践中很少有对被害人意见的征询。在与工作多年的基层司法所所长的访谈中，在其多年的评估工作中，目前只遇到一起需要对被害人意见进行征询的案件，且是一起被害人人数众多的诈骗案件，因为被害人在不同的地域，评估机构仅根据法院提供的电话进行了意见征询。

我：调查评估内容，有需要了解被害人的意见，你们在评估中做过吗？

SFSZ210906：被害人情况，我们也了解。有一个就是诈骗案件进行调查评估，我们在评估意见书上写了一条：受害人，你对犯罪嫌疑人某某

[1] 曹莉：《刑法禁止令的法律性质与司法适用》，载《中国检察官》2019 年第 19 期。

某判缓刑没有异议。

我：受害人你们是去问了吗？

SFSZ210906：问了，而且受害人一共大概有六七个人，六七个人就分布在全国各个省，然后当时法院发过来的函当中有被害人的联系电话。

我：你们都打了是吧？

SFSZ210906：然后我们每个人都打了电话，每个人打电话对他们征求他们意见，说某某某判处缓刑，你们有没有什么意见，征求他们意见。他们都没有异议，我们随后在评估意见书上面就写上了这一条。

我：因为他诈骗，不是涉及扫黑除恶有的诈骗是不会判缓刑的，这应该是个从犯，应该不是个主犯。

SFSZ210906：他是个从犯，而且他赃款都已经退回了。

我：我知道，但每个法院的尺度不一样，这是你们自己法院的吗？

SFSZ210906：不是的，是市区内 LY 区法院。

我：除了诈骗还有别的类型的案件吗？

SFSZ210906：实事求是讲，这么多年进行评估，我是第一次在诈骗案中了解被害人的情况，是根据法院的调查评估要求。

2. 犯罪人属性情节中之违法违规——“前科劣迹”实践情况

在我国的司法解释中有大量的体现人身危险性的条文，会将犯罪的前科和劣迹作为量刑依据。犯罪前科是行为人受过刑事处罚的事实，行为人有前科又再次实施犯罪说明其人身危险性较大，一般情况下前科仅是量刑的酌定情节，但在某些犯罪中为法定量刑情节。[1] 犯罪前科和违法劣迹是较为类型化的能对再犯风险进行预测的情节，在调查评估的实然模式中一般表述为“违法违规情况”“涉嫌犯罪情况”。犯罪人的属性情节是否包含过往的犯罪情况，即前科劣迹在多大程度上应当影响当前未决犯对缓刑的适用。在调查评估运行过程中，为了形成一份建议判

---

〔1〕 2017 年最高人民法院《关于常见犯罪的量刑指导意见》在“常见量刑情节的适用”中规定，“对于有前科的，综合考虑前科的性质、时间间隔长短、次数、处罚轻重等情况，可以增加基准刑的 10% 以下。前科犯罪为过失犯罪和未成年人犯罪的除外”。

处非监禁刑的意见，被调查人的亲属往往会利用一切手段，包括通过人情关系找上级领导来影响审前调查评估意见，给进行调查的当事人送礼等来达成自己的目的，这样很容易滋生腐败等各种问题，而且从本质上来说，也影响了社会的安宁与稳定。

前科劣迹与累犯不同，前科是犯罪人在本罪之前超过五年的前罪情况。而劣迹则是未有时间限制的，犯罪人在本罪之前的一般违法行为的情况。但也在一定程度上体现着犯罪人的人身危险性抑或表述为再犯风险性。从本研究样本的描述数据上，对前科和劣迹进行区分，从启动调查评估的主体看，因不同时期对评估制度的规范性程度不同。评估的委托主体有一定的差异。无前科劣迹占大多数，但是犯罪前科和违法劣迹的总体占比情况超过 1/10，应当设置对此类情况的特殊调查评估因素的考量，但实践中的处理做法与无前科劣迹的相同。在总体缓刑的调查评估委托中，无前科或劣迹的占大多数，为 975 例，占比 87.4%，有前科和劣迹的委托有 139 例，前科 36 例，占比 3.2%，劣迹 104 例，占比 9.3%，1/10 的调查评估委托有前科。（见表 3－1）

表 3－1　前科劣迹

分类	频数/例	百分比/%	有效百分比/%	累积百分比/%
无	975	87.4	87.4	87.4
劣迹	104	9.3	9.3	96.8
前科	36	3.2	3.2	100.0
总计	1115	100.0	100.0	—

对前科和劣迹的委托罪名多为传统性犯罪，且前科的罪名更为集中。有前科的调查评估委托，1/3（12 例委托）的当前之罪都为盗窃罪，4 例为开设赌场罪，危险驾驶罪有 7 例，占比 19.4%，容留他人吸毒罪有 3 例，掩饰、隐瞒犯罪所得罪有 3 例，故意伤害罪有 2 例。有劣迹情况的调查评估委托中，占比多的为危险驾驶罪，有 29 例，占比 27.9%，其次为诈骗罪 12 例，占比 11.5%，故意伤害罪 8 例，占比 7.7%，盗窃罪也占

4.8%，有5例。（见表3－2）

表3－2　涉嫌罪名前科劣迹交叉

罪名	劣迹	前科	总计
保险诈骗罪	2例	0例	2例
	1.9%	0.0%	1.4%
串通投标罪	2例	1例	3例
	1.9%	2.8%	2.1%
单位行贿罪	1例	0例	1例
	1.0%	0.0%	0.7%
盗窃罪	5例	12例	17例
	4.8%	33.3%	12.1%
贩卖毒品罪	1例	0例	1例
	1.0%	0.0%	0.7%
妨碍公务罪	2例	0例	2例
	1.9%	0.0%	1.4%
非法捕捞水产品罪	1例	0例	1例
	1.0%	0.0%	0.7%
非法采矿罪	1例	0例	1例
	1.0%	0.0%	0.7%
非法经营罪	1例	0例	1例
	1.0%	0.0%	0.7%
非法拘禁罪	2例	0例	2例
	1.9%	0.0%	1.4%
非法买卖枪支罪	1例	0例	1例
	1.0%	0.0%	0.7%
非法行医罪	1例	0例	1例
	1.0%	0.0%	0.7%

续表

罪名	劣迹	前科	总计
非法制造爆炸物罪	1 例 1.0%	0 例 0.0%	1 例 0.7%
非法转让土地使用权罪	1 例 1.0%	0 例 0.0%	1 例 0.7%
故意伤害罪	8 例 7.7%	2 例 5.6%	10 例 7.1%
交通肇事罪	6 例 5.8%	1 例 2.8%	7 例 5.0%
拒不执行判决、裁定罪	0 例 0.0%	1 例 2.8%	1 例 0.7%
开设赌场罪	3 例 2.9%	4 例 11.1%	7 例 5.0%
买卖国家机关证件罪	1 例 1.0%	0 例 0.0%	1 例 0.7%
买卖身份证罪	1 例 1.0%	0 例 0.0%	1 例 0.7%
挪用资金罪	2 例 1.9%	0 例 0.0%	2 例 1.4%
强奸罪	1 例 1.0%	0 例 0.0%	1 例 0.7%
侵犯公民个人信息罪	1 例 1.0%	0 例 0.0%	1 例 0.7%
容留他人吸毒罪	1 例 1.0%	3 例 8.3%	4 例 2.9%
生产、销售假药罪	3 例 2.9%	0 例 0.0%	3 例 2.1%
生产、销售伪劣产品罪	1 例 1.0%	0 例 0.0%	1 例 0.7%

续表

罪名	劣迹	前科	总计
受贿罪	1 例	0 例	1 例
	1.0%	0.0%	0.7%
危险驾驶罪	29 例	7 例	36 例
	27.9%	19.4%	25.7%
伪造公司印章罪	0 例	1 例	1 例
	0.0%	2.8%	0.7%
伪造国家机关公文罪	1 例	0 例	1 例
	1.0%	0.0%	0.7%
销售假冒注册商标的商品罪	2 例	0 例	2 例
	1.9%	0.0%	1.4%
销售假药罪	1 例	0 例	1 例
	1.0%	0.0%	0.7%
虚开增值税专用发票罪	1 例	1 例	2 例
	1.0%	2.8%	1.4%
寻衅滋事罪	1 例	0 例	1 例
	1.0%	0.0%	0.7%
掩饰、隐瞒犯罪所得罪	2 例	3 例	5 例
	1.9%	8.3%	3.6%
诈骗罪	12 例	0 例	12 例
	11.5%	0.0%	8.6%
重大责任事故罪	1 例	0 例	1 例
	1.0%	0.0%	0.7%
组织卖淫罪	3 例	0 例	3 例
	2.9%	0.0%	2.1%
总计	104 例	36 例	140 例
	100.0%	100.0%	100.0%

有前科劣迹情况的委托主体分布总体与整体评估委托一致,但在存在前科情况的评估委托主体中无公安机关。依照前文对调查评估启动主体的论述,理论上在诉讼程序的运行过程中各机关都可进行调查评估委托的启动。虽然调查评估前科和劣迹的委托在启动的比例上与整体一致,即法院的评估最多,检察院其次,公安的最少。但是前科和劣迹的情况有一定区别。除无公安机关对前科进行调查评估的委托,前科的各机关委托比例与总体情况较为一致。(见表3-3)

表3-3 前科劣迹委托主体交叉

	公安	检察院	法院	总计
无	21例	86例	864例	971例
	2.2%	8.9%	89.0%	100.0%
劣迹	4例	7例	92例	103例
	3.9%	6.8%	89.3%	100.0%
前科	0例	6例	30例	36例
	0.0%	16.7%	83.3%	100.0%
总计	25例	99例	986例	1110例
	2.3%	8.9%	88.8%	100.0%

结合前文的分析,调查评估内容的发展变化存在时序上的变化,随着调查评估在实践中的不断适用,2018年为调查评估委托量较大的年份,总体占比为37.3%,存在前科情况的委托时序分布趋势与总体一致,占比为47.2%,但存在劣迹情况的评估委托最多的年份则为2019年,占比为41.2%。从年份上看前科和劣迹情况的委托集中趋势要大于无此项情况的委托。不同的是二者占比较高的年份不同。(见表3-4)

表 3 – 4　前科劣迹委托年份交叉

	2016 年	2017 年	2018 年	2019 年	2020 年	总计
无	32 例	94 例	367 例	347 例	131 例	971 例
	3.3%	9.7%	37.8%	35.7%	13.5%	100.0%
劣迹	2 例	9 例	30 例	42 例	19 例	102 例
	2.0%	8.8%	29.4%	41.2%	18.6%	100.0%
前科	0 例	4 例	17 例	10 例	5 例	36 例
	0.0%	11.1%	47.2%	27.8%	13.9%	100.0%
总计	34 例	107 例	414 例	399 例	155 例	1109 例
	3.1%	9.6%	37.3%	36.0%	14.0%	100.0%

3. 犯罪人属性情节之犯罪或涉嫌犯罪情况

犯罪人的属性情节可分为与犯罪行为相关的自身情节表现和在司法程序中相关的机关在程序上对犯罪人的审判前羁押状态、相关的刑事诉讼程序中的情节表现。因此属于犯罪人自身的属性情节分为前科劣迹情况、共犯情况；在诉讼程序中涉及法院对案件的判断的情节有审前羁押的状态、审判程序和案件终审的审级。

从共犯情况看，除去缺失的 4 例，其中独自犯罪最多，为 633 例，占比 56.8%，其次共同犯罪的也有 478 例，占比 42.9%。

从能反映前序司法机关对评估对象的社会危险性判断的“取保候审”制度来看，缺失的有 325 例，其中被取保的占主导，为 727 例，占比 65.2%，未被取保的有 55 例，占比 4.9%，被采取了监禁性羁押措施，监视为 8 例，占比 0.7%。从审理级别来看，除去缺失的 7 例，其中占主导为一审，有 1045 例，占比 93.7%。其次为二审，有 62 例，占比 5.6%。其他的有 1 例，占比 0.1%。从审判程序（简易或普通）看，除去缺失的 337 例，其中简易程序居多，有 469 例，占比 42.1%，其次为普通程序，有 291 例，占比 26.1%，速裁程序有 18 例，占比 1.6%。（见表 3 – 5）

表3-5　缓刑评估涉嫌犯罪情况

	频数/例	百分比/%	有效百分比/%
是否共犯			
是	478	42.9	43.0
否	633	56.8	57.0
缺失	4	0.4	0
总计	1115	100.0	100.0
是否取保			
否	55	4.9	7.0
是	727	65.2	92.0
监视	8	0.7	1.0
缺失	325	29.1	0
总计	1115	100.0	100.0
审级			
一审	1045	93.7	94.3
二审	62	5.6	5.6
其他	1	0.1	0.1
缺失	7	0.6	0
总计	1115	100.0	100.0
审判程序			
简易	469	42.1	60.3
普通	291	26.1	37.4
速裁	18	1.6	2.3
缺失	337	30.2	0
总计	1115	100.0	100.0

从共犯情况看，除去缺失的2例，其中独自犯罪居多，为56例，占比59.6%。其次共同犯罪的有36例，占比38.3%。在审级中一审、二审都

有39例,占比都为41.5%,其他的有16例,占比17.0%。审判程序中除去缺失的71例,其中普通的占主导有22例,占比23.4%,其次是简易的有1例,占比1.1%。在罪名分章中民主权利罪占主导有33例,占比35.1%,其次是破坏社会主义市场经济秩序罪,有21例占比22.3%,妨害社会管理秩序罪也有19例,占比20.2%,贪污贿赂罪有9例,占比9.6%,侵犯公民人身权利有7例,占比7.4%,危害公众安全罪有4例,占比4.3%,渎职罪最少,有1例,占比1.1%。(见表3-6)

表3-6　假释评估犯罪情况

	频数/例	百分比/%	有效百分比/%	累积百分比/%
是否共犯				
否	56	59.6	60.9	60.9
是	36	38.3	39.1	100.0
总计	92	97.9	100.0	—
缺失	2	2.1	—	—
总计	94	100.0	—	—
审级				
其他	16	17.0	17.0	17.0
二审	39	41.5	41.5	58.5
一审	39	41.5	41.5	100.0
总计	94	100.0	100.0	—
审判程序				
缺失	71	75.5	75.5	75.5
简易	1	1.1	1.1	76.6
普通	22	23.4	23.4	100.0
总计	94	100.0	100.0	—
罪名分章				
危害公众安全罪	4	4.3	4.3	4.3

续表

	频数/例	百分比/%	有效百分比/%	累积百分比/%
破坏社会主义市场经济秩序罪	21	22.3	22.3	26.6
侵犯公民人身权利	7	7.4	7.4	34.0
民主权利罪	33	35.1	35.1	69.1
防害社会管理秩序罪	19	20.2	20.2	89.4
贪污贿赂罪	9	9.6	9.6	98.9
渎职罪	1	1.1	1.1	100.0
总计	94	100.0	100.0	—

(四)社会人属性情节评估维度的实践运行

犯罪行为人的社会人属性情节包括其个人的情况,主要包括能被人们直接感知的生物性因素和社会性因素以及犯罪人的行为表现,主要分为罪前表现,即其邻居和所在社区的评价。对犯罪人的社会人属性情节进一步划分,可分为其自身的情况和外部的情况。自身的情况是未成为责任刑量刑因素的犯罪人的性别、学历、职业、婚姻状况、户口类别、独生子女等情况;外部情况是需要依据居住地确定的经济状况、住房情况,家庭关系情况,邻居与社会评价情况,实践中社会评价通常需要依托于犯罪人所居住或拟居住的社区居委会和村委会进行调查评估,但实践中确定居住地的问题颇有争论。

1.评估基础薄弱:“居所”“居住地”“经常居住地”逻辑关系不清

在《社区矫正法》出台之前,实施办法没有明确居住地,以及居住地与经常居住地的关系。各省(直辖市)按照自己的实际需要细化了“居住地”标准。虽然在本辖区有章可循,但各省份之间标准不统一。有的要求连续居住6个月以上,有的要求连续居住1年以上,有的还要求有固定的住所,有的需要办有暂住证。虽然实施办法规定,法院等决定机关对拟适用社区矫正的罪犯,应当核实其居住地。但在实践中,上述机构为了工作便利,通常只是核实罪犯的户籍地并将罪犯派往户籍地接受矫正,或者按照罪犯的口述进行调查评估委托,甚至有的法院将调查评估的委托作为核实是否有社区矫正机构对罪犯进行接收的手段。在《社区矫正法》颁布和实施之后,对于居住地的省域规定有明显的变化,多地已经尝试突破居住地的限制,真正从适宜社区矫正对象矫正的目的来选择评估地乃至执行地。在居住地的认定上,多数省份都是以有无固定住所和有无经济来源作为确认的基础。以本研究样本的缓刑适用评估案例中的居所情况来看,除去缺失的603例,自有住房的占主导,为377例,占比33.8%。租房或无房为66例,占比5.9%。与伴侣同住为37例,占比3.3%。与长辈同住为28例,占比2.5%。与子女同住为4例,占0.4%。(见表3-7)

表3-7　缓刑评估住所情况

住所情况	频数/例	百分比/%	有效百分比/%
租房或无房	66	5.9	12.9
自有住房	377	33.8	73.6
与长辈同住	28	2.5	5.5
与伴侣同住	37	3.3	7.2
与子女同住	4	0.4	0.8
缺失	603	54.1	0
总计	1115	100.0	100.0

在目前我国的刑罚执行乃至刑事执行体系中,没有需要依据罪犯的居住地对刑罚执行地进行确认,而社区矫正作为非监禁的刑事执行,因是对某些特定的对象要在社会中进行监督管理,因此在我国具体的法条中对于居住地的概念同时存在于民事与刑事的诉讼法体系中。对于刑事诉讼程序包括在对刑事案件的管辖上,也是以犯罪行为发生地、犯罪结果发生地作为主要确定的依据,以被告人居住地为根据是需要在更适宜审判时才会适用。在刑事诉讼的前端程序较少考虑有关罪犯除了与犯罪有关的其他属性的。因此在对主要存在于民事程序"居住地"概念

的刑事化移植中，出现了不同的观点，也导致了实践中很多不同的做法和标准。这使得“居住地为主”的原则在实际的司法实践中难以把握。[1] 民事诉讼体系中关于居住地的法定概念体现出[2]“居住地”与“经常居住地”仅存在连续居住时长的区别。司法部对实施办法的解读提及本办法所称居住地一般是指社区矫正人员能够连续居住六个月以上的居所所在的县（市、区、旗）。各省、市、自治区在具体的社区矫正实践中，虽然均参考了此种界定方式，但在具体的认定标准上仍未统一，造成了跨省域的社区矫正对象居住地认定中的各种问题。该解读将“居住地”扩大理解为“拟居住地”，对于已决犯是可行的。因其适用社区矫正属于刑罚的变更，在评估时，其已经多年被关押在监禁机构，实然的状态上是无法存在居住地或者经常居住地的，因此“拟居住地”的表述是适当的，也是符合刑罚个别化的逻辑的。但是对于未决犯，此规定就显得过于随意，与对居所地认定的时间为6个月一样。其原本的意思是尽可能地让拟评估对象能接受非监禁刑罚执行，但是在实践中，经常因为对居住地的认识不一致，在户籍地和居住地，甚至多个居住地之间相互推诿。而在对多名法官的访谈中多次说道，“我不管他在哪评估，最后只要有地方接收你就行”，体现出决定机关在认定居所地上的随意性，而居所地的确定，对拟评估的矫正对象有重大的意义，如果不是其经常居住地，如何评估其对所居住社区的影响；如果不是经常居住地，有关组织和个人的意见对评估内容的意义不大。这也源于在矫正制度发展运行的过程中，在社区矫正接收当中，存在多次拒绝接收的情形，在实际矫正的过程中，存在大量的“隐形”的脱管、漏管情况。

CF2FG 210325：居住地和户籍地两个都发，现在的时间很短，他有户籍地也愿意接收的，对吧？或者是你居住地愿意接受的，我们看到后续这一块更便于我们最后一个接收程序，我们考虑。

---

〔1〕 刘竹君、韩舒宇：《矫正对象“居住地”研究》，载《长江丛刊》2020年第10期。

〔2〕 最高人民法院《关于适用〈中华人民共和国民事诉讼法〉的解释》第4条规定：“公民的经常居住地是公民离开住所地至起诉时已连续居住一年以上的地方，但公民住院就医的地方除外。”

我:但是因为居住地和户籍同时发的评估这种反馈的情况是怎么样的?

CF2FG 210325:一般的话现在都有反馈,对我来说哪里能接收都是一样的。

我:他们有的可能把评估作背书,让你说可判,可不判,缓刑中间的案件呢?

CF2FG 210325:两可之间,一个评估要按你自己的平衡法律思考,利用这个对吧?符合内心的公平正义就行了。因为每个人他的理解,也是不一样的,对工作的经验,对法院认知方面每个人都差一点。

我:居住地的问题?

CF2FG 210325:但这个考量当中我们只有是比如说公安机关的一些记录,然后或者他的租房记录。

我:其他的也没有办法说,其他的也就不是我们重点的考核核实的范围。

CF2FG 210325:感觉只要有一个地方把它矫正了,到哪都行,这个对吧?它都达到目的了,就是怕判过以后真空地带,监管不了对吧?这个是。

CF2FG 210325:我们法院不管你到哪里,你只要愿意接收都行,只要有个地方接收就行了,这都没什么。

在居住地的问题上,需要对横向的不同省域的细则中关于居住地的概念的确定情况进行分析。目前的细则对经常居住地的时限规定基本统一为一年。同时根据“双固”的原则进行不同程度的创新。E 市在执行地的部分避开了居住地的概念,采用的是“双固”原则来确定执行地。[1] 2020 年广东省《社会矫正实施细则》中关于调查评估的评估地的确认,也避开了居住地的概念,将评估地的确定也交由社区矫正决定机关来确定,并固定为应当向拟确定为执行地县级社区矫正机构或者社会组织发函。同时在细则中规定执行地由社区矫正决定机关确定,执行

[1] E 市《关于贯彻落实〈社区矫正实施办法〉的实施细则》规定:社区矫正人员自有产权房;或连续居住一年以上租赁房屋;或与本市企事业单位签订一年以上劳动合同并在矫正期仍回单位工作,其产权房、租赁房或工作单位视为居住地。

地的确认要依赖“居住地”和“经常居住地”的确定，对于居住地的确定也使用了“双固定”作为确定的依据。[1] 同时也对实践中无法确定居住地和居住地不宜矫正的情况进行了突破地域限制的创新，即应当依据有利于矫正对象进行矫正更好地融入社会的原则进行确定。广东省《贯彻落实〈社区矫正实施办法〉细则》规定了户籍地为原则，经常居住地为补充的管辖。[2] 2020年四川省《社区矫正实施细则》中对评估地未进行明确，在对执行地的确认上采用“双固定”加上“社区矫正对象实际居住或者能够连续居住六个月以上”的原则，并且细化了居住地确定的标准。[3]

实践中社区矫正机构对居住地的确定程序，多称为居住地核查。调查评估的程序应符合《社区矫正法》的规定，这项工作应当由决定机关进行。按照责任刑与预防刑理念，根据犯罪人的社会人属性，应当为行为人选择适宜其进行社区矫正的地点，或者说能为其再犯风险提供有价值的参考依据的社区，以及能实现调查评估的意义和价值的地区进行评估。实践中有的法院提到会征询当事人的意见，询问其将来想在何地进行社区矫正，法院对当事人提供的居住地也不会说不能够进行核查，导致在最终的评估中无法对社区的影响和社会危险性进行评估。最终也

---

[1] 2020年广东省《社区矫正实施细则》第17条规定：“没有居住地，居住地、经常居住地无法确定或者不适宜执行社区矫正的，社区矫正决定机关应当根据有利于社区矫正对象接受矫正、更好地融入社会的原则，确定社区矫正执行地。社区矫正对象的居住地是指其实际居住的县（市、区）。社区矫正对象的经常居住地是指其经常居住的，有固定住所、固定生活来源的县（市、区）。”

[2] 2020年广东省《社区矫正实施细则》第9条规定：“社区矫正决定机关对拟适用社区矫正的被告人、罪犯，需要调查其社会危险性和对所居住社区影响的，可以委托拟确定为执行地的社区矫正机构或者有关社会组织进行调查评估。社区矫正机构或者有关社会组织收到委托文书后应当在三个工作日内通知当地县级人民检察院。”

[3] 四川省《社区矫正实施细则》第35条规定：“符合下列情形之一的，可以认定为居住地：社区矫正对象本人或共同生活的家庭成员在当地购有（自有）房产，并能出具产权证或者其他具有法律效力的房产所有权、使用权证明的；社区矫正对象本人或共同生活的家庭成员在当地租赁房屋，能出具与产权人签订租赁六个月以上合同的；社区矫正对象本人或共同生活的家庭成员在当地借用他人住房，产权人能出具六个月以上借住书面承诺的；用工方愿意为其提供六个月以上担保的；就医的医院为其出具需要长期住院诊疗证明的；就学的学校出具的录取通知书或学籍证明，求学期间在校居住的；其他能够认定为居住地的情形。”

会导致法院为了方便起见,简单粗暴地选择户籍地作为调查评估委托的地点。虽然说行为人的再犯风险性不是一定要固定于一定的区域去探讨,但是在评估内容的范畴中,更广的社会危险性概念必须在拟评估对象要在考验期中被部分限制人身自由的区域考察,也是对再犯风险或者说社会危险性进行评估的基础。结合上文的分析,对于假释罪犯的调查评估,居住地的确定显然不是必需的条件,需要考察的是其如若被假释出狱,对拟居住的社区影响和社会危险性。

在研究样本的省域内,不论是横向的从不同地市对社区矫正适用前评估的规定上,还是纵向的不同时期的关于评估的规范性文件中,居住地的核查是唯一相同的维度,但是其合理性值得探究。对居所地的核实都成为最重要的内容,足以体现在评估程序中各个主体对其的重视。按照基于责任刑和预防刑对评估内容维度的确定路径,社会危险性或者再犯风险性的探讨如果脱离了被评估对象所生活过,或者有生活痕迹的区域是很难进行合理化的评估和分析的。不是其犯罪行为的发生地就是其居住地,但是目前社会人员流动性较大,从源头上可以窥见居住地与户籍地或者说评估地选择存在冲突,在我国对于刑事案件的管辖权是主要以犯罪行为发生地的法院进行管辖,当前社会交通便利、人口流动性较大,因此很容易存在犯罪行为发生地与居住地不一致的情况。人口大部分都往经济较发达的城市输入,尤其是在人口输入性犯罪较多的城市,犯罪行为地和居住地不一致的情况大量存在。其中也存在各个地区对矫正对象数量的控制,审判机关与评估机关以后也是矫正的执行机关之间的博弈。法院希望最简单快捷地确定评估地,以及未来的执行地,毕竟目前基层刑事法官压力较大,案件数量井喷,而案件的审理期限有严格的规定。而在人口输入性城市,即研究样本的 A 市大量存在因户籍地、房产所在地不同引发的评估的接收上的推诿现象。因此对于某些法官而言,既然法律确定了由决定机关确定执行地,从评估的意义进行逻辑的反推,那么社区矫正决定机关,评估的委托机关应该基于执行地的确定选择评估的委托地,而不是只要有地方接收就可以,作为裁判机关应当对选择合适的矫正地、合适的评估地点有正确的认识,评估的选择决定了评估机关能否完成有效的评估,真正实现评估内容对量刑预防刑起到的作用。

从整体的刑事一体化程序角度来看,居住地的确定连接着评估的程序和最终的社区矫正的执行程序。在逻辑上应当是有一致性的,现行的《社区矫正法》对于长期存在的关于社区矫正对象的接收中的冲突和推诿现象做了明确具体的规定,即执行地由社区矫正决定机关确定,那么对于与社区矫正执行逻辑相一致的适用前的评估程序,也应当由决定机关审慎地按照对适宜拟矫正对象的矫正目的进行确定。在具体的实践中,也应当允许量刑机关在居住地的确认当中出现疏漏的情况,由评估的执行机关提出异议,在实践中表现为对评估材料的退回。同时为了维护评估的严肃性和避免对县级社区矫正机构资源的浪费,也要对评估的委托机关进行约束,不能为了自身的工作方便而同时对被评估对象的居住地、户籍地和多个县级社区矫正机构进行委托,这样会损害评估的严肃性和浪费基层司法资源。从诉讼的程序上,社区矫正的决定机关,或者在认罪认罚制度中有求刑权的检察院有较大的便利条件对当事人的经常居住地进行核实,对其所提供的证明情况进行核对,再进行评估的委托,很大程度上就能避免因为居住地问题导致的无法评估而退回委托材料的情形。

2. 被调查评估对象的“生活及家庭情况”全景分析

社会人属性因素中的生理性因素主要包括性别、年龄;社会关系因素包括家庭情况、受教育程度、婚姻状况、职业状况等。缓刑评估案件中从评估对象的性别上看,缺失 6 例,男性 927 例,女性 182 例,男女比例为 5:1。学历共分文盲、小学、中学、高中或中专、大专、本科及以上六个层级,缺失 44 例,中学层次最多,为 438 例,占比 39.3%,其次为高中或中专 258 例,占比 23.1%,再次为大专 156 例,占比 14.0%。从职业来看,缺失 178 例,职业分为无业、务农、个体户、务工、自由职业、普通企事业职员、企事业管理层,占比最多为务工人员,为 265 例,其次为无业人员,为 233 例,占比 20.9%,普通企事业职员和个体户人数接近,分别为

139 例和140 例，占比 12.5% 和 12.6%。从婚姻状况看，缺失的 316 例，其中已婚的占主导，有 600 例，占比 53.8%，其次为未婚 115 例，占比 10.3%，离异 74 例，占比 6.6%，丧偶 7 例，占比 0.6%，再婚 3 例，占比 0.3%。再从是否为独生子女看，不是独生子女的为 102 例，占比 9.1%。从户口类别来看，城镇户口占主导，为 704 例，占比 63.1%，农村户口为 411 例，占比 36.9%。从经济上来看，除去缺失的 820 例，经济为一般的占主导，为 221 例，占比 19.8%，其次为良好 25 例，占比 2.2%，较差为 14 例，占比 1.3%，很好为 11 例，占比 1.0%，较好为 10 例，占比 0.9%，无收入或贫困为 8 例，占比 0.7%，尚可为 6 例，占比 0.5%。从家庭关系看，缺失的 467 例，其中关系融洽占最多，为 320 例，占比28.7%，一般正常为316 例，占比28.3%，离异、负债或重病为7 例，占比0.6%。重大变故为 5 例，占比 0.4%。（见表 3－8）

表 3－8　缓刑评估生活及家庭情况

	频数/例	百分比/%	有效百分比/%
性别			
男	927	83.1	83.6
女	182	16.3	16.4
缺失	6	0.5	0
总计	1115	100.0	100.0
学历			
文盲	20	1.8	1.9
小学	102	9.1	9.5
中学	438	39.3	40.9
高中或中专	258	23.1	24.1
大专	156	14.0	14.6
本科及以上	97	8.7	9.1
缺失	44	3.9	0
总计	1115	100.0	100.0

续表

	频数/例	百分比/%	有效百分比/%
职业			
无业	233	20.9	24.9
务农	42	3.8	4.5
个体户	140	12.6	14.9
务工	265	23.8	28.3
自由职业	59	5.3	6.3
普通企事业职员	139	12.5	14.8
企事业管理层	59	5.3	6.3
缺失	178	16.0	0
总计	1115	100.0	100.0
婚姻状况			
未婚	115	10.3	14.4
已婚	600	53.8	75.1
离异	74	6.6	9.3
丧偶	7	0.6	0.9
再婚	3	0.3	0.4
缺失	316	28.3	0
总计	1115	100.0	100.0
是否为独生子女			
否	102	9.1	100.0
缺失	1013	90.9	0
总计	1115	100.0	100.0
户口类别			
城镇	704	63.1	63.1
农村	411	36.9	36.9
总计	1115	100.0	100.0

续表

	频数/例	百分比/%	有效百分比/%
经济情况			
无收入或贫困	8	0.7	2.7
较差	14	1.3	4.7
尚可	6	0.5	2.0
一般	221	19.8	74.9
良好	25	2.2	8.5
较好	10	0.9	3.4
很好	11	1.0	3.7
缺失	820	73.5	0
总计	1115	100.0	100.0
家庭关系			
重大变故	5	0.4	0.8
离异、负债或重病	7	0.6	1.1
一般正常	316	28.3	48.8
关系融洽	320	28.7	49.4
缺失	467	41.9	0
总计	1115	100.0	100.0

从缓刑评估对象的年龄来看，除去缺失的16例，平均年龄为40.092岁，中位数为38.220，标准差为10.827，其中年龄最小的为18.02岁，最大79.97岁，范围较广在61.95。（见表3-9）

表3-9　缓刑评估对象社会人属性

		平均值	中位数	标准差	最小值	最大值	范围
年龄							
有效	1099	40.092	38.220	10.827	18.02	79.97	61.95
缺失	16						

对假释的调查评估对象，从性别上看，男性占主导有 86 例，占比 91.5%，其次是女性有 8 例，占比 8.5%，男女比例近 10∶1。从学历上看，中学占主导有 42 例，占比 44.7%，其次是大专有 19 例，占比 20.2%，小学和高中及中专相同都有 12 例，占比都为 12.8%，本科及以上有 7 例，占比 7.4%，文盲最少，有 1 例，占比 1.1%。从职业上看，无业占比最大，有 37 例，占比 39.4%，其次是务工有 30 例，占比 31.9%，再次是务农有 11 例，占比 11.7%，企事业管理层有 7 例，占比 7.4%，普通企事业职员有 5 例，占比 5.3%，最少是个体户有 4 例，占比 4.3%。从婚姻状况上看，除去缺失的 2 例，已婚占主导有 59 例，占比 62.8%，其次是未婚有 24 例，占比 25.5%，最后是离异有 9 例，占比 9.6%。从是否为独生子女上看，独生子女占主导地位有 92 例，占比 97.9%，其次不是独生子女的有 2 例，占比 2.1%。从经济情况上看，除了缺失的 50 例，一般的占主导，有 27 例，占比 28.7%，其次是良好有 12 例，占比12.8%，再次是较差有 4 例，占比 4.3%，最后是无收入或贫困有 1 例，占比1.1%。从家庭关系上看，除去缺失的 52 例，关系融洽的占主导，有 40 例，占比42.6%，其次是一般正常的有 2 例，占比 2.1%。（见表 3 - 10）

表 3 - 10　假释评估生活和家庭情况

	频数/例	百分比/%	有效百分比/%	累积百分比/%
性别				
男	86	91.5	91.5	91.5
女	8	8.5	8.5	100.0
总计	94	100.0	100.0	—
学历				
文盲	1	1.1	1.1	1.1
小学	12	12.8	12.9	14.0
中学	42	44.7	45.2	59.1
高中及中专	12	12.8	12.9	72.0
大专	19	20.2	20.4	92.5

续表

	频数/例	百分比/%	有效百分比/%	
本科及以上	7	7.4	7.5	100.0
总计	93	98.9	100.0	—
缺失	1	1.1	—	—
总计	94	100.0	—	—
职业				
无业	37	39.4	39.4	39.4
务农	11	11.7	11.7	51.1
个体户	4	4.3	4.3	55.3
务工	30	31.9	31.9	87.2
普通企事业职员	5	5.3	5.3	92.6
企事业管理层	7	7.4	7.4	100.0
总计	94	100.0	100.0	—
婚姻状况				
未婚	24	25.5	26.1	26.1
已婚	59	62.8	64.1	90.2
离异	9	9.6	9.8	100.0
总计	92	97.9	100.0	—
缺失	2	2.1	—	—
总计	94	100.0	—	—
是否为独生子女				
是	92	97.9	97.9	97.9
否	2	2.1	2.1	100.0
总计	94	100.0	100.0	—
经济情况				
无收入或贫困	1	1.1	2.3	2.3
较差	4	4.3	9.1	11.4
一般	27	28.7	61.4	72.7

续表

	频数/例		百分比/%	有效百分比/%
良好	12	12.8	27.3	100.0
总计	44	46.8	100.0	-
缺失	50	53.2	—	—
总计	94	100.0	—	—
家庭关系				
一般正常	2	2.1	4.8	4.8
关系融洽	40	42.6	95.2	100.0
总计	42	44.7	100.0	—
缺失	52	55.3	—	—
总计	94	100.0	—	—

村(居)委会的意见对拟评估对象的所居住地影响的确定有一定意义。从邻居评价来看,缺失的7例,不熟的评价占主导,为320例,占比28.7%,其次为一般316例,占比28.3%,良好7例,占比0.6%。和睦5例,占比0.4%。再从社会关系评价来看,除去缺失的813例,不错的占主导,为108例,占比9.7%,其次为一般(无不良行为)93例,占比8.3%,融洽为54例,占比4.8%,不熟悉为47例,占比4.2%。(见表3-11)

表3-11　缓刑评估有关组织与个人意见

	频数/例	百分比/%	有效百分比/%
邻居评价			
和睦	5	0.4	0.8
良好	7	0.6	1.1
一般	316	28.3	48.8
不熟	320	28.7	49.4
缺失	7	0.6	0
总计	1115	100.0	100.0

续表

	频数/例	百分比/%	有效百分比/%
社会关系评价			
融洽	54	4.8	17.9
不错	108	9.7	35.8
一般(无不良行为)	93	8.3	30.8
不熟悉	47	4.2	15.6
缺失	813	72.9	0
总计	1115	100.0	100.0

在假释案件的评估中,从亲属评价看,除去缺失的39例外,关系和睦的占主导有25例,占比26.6%,其次为良好,有19例,占比20.2%,一般的有6例,占比6.4%,不熟悉的有5例,占比5.3%。从社会评价看,除去缺失的30例,关系良好的占主导,有38例,占比40.4%,其次是不熟悉和一般的都有11例,占比都为11.7%,融洽的有4例,占比为4.3%。(见表3-12)

表3-12　假释评估有关组织与个人意见

	频数/例	百分比/%	有效百分比/%	累积百分比/%
亲属评价				
不熟悉	5	5.3	9.1	9.1
一般	6	6.4	10.9	20.0
良好	19	20.2	34.5	54.5
和睦	25	26.6	45.5	100.0
总计	55	58.5	100.0	—
缺失	39	41.5	—	—
总计	94	100.0	—	—
社会评价				
不熟悉	11	11.7	17.2	17.2

续表

	频数/例	百分比/%	有效百分比/%	累积百分比/%
一般	11	11.7	17.2	34.4
良好	38	40.4	59.4	93.8
融洽	4	4.3	6.3	100.0
总计	64	68.1	100.0	—
缺失	30	31.9	—	—
总计	94	100.0	—	—

作为社会评价的重要体现,村(居)委会的意见是基于对评估的对象是否了解作出的,是其社会人属性的体现,一般应当了解其在所在社区的表现,此处的意见应当包含评估对象在社区犯罪前的表现,以及在可能回归社区进行社区矫正时社区的接纳程度。从立法目的和刑罚个别化的理念上看,此举措是有一定意义的,因为社区矫正作为非监禁的刑事执行措施,需要考虑社区接受矫正对象对所在社区的影响,或者说所在的社区是否适合矫正对象顺利完成矫正。作为我国社会管理网格化的终端,无论在何种人口流动的情形下,作为基层自治组织的村、居两委是应当和有能力对其所在社区的居民有一定了解的。但同时也应当避免为了完成评估的任务,"一刀切"模式下出具某某居民居住在我社区的证明。

这种证明无疑违背了社区矫正评估的初衷。还有一种情况是,有些未决犯为了能获得村(居)委的较为正面的评价而适用一定的手段导致基层司法行政机构有权力寻租的空间。

三、刑法理念下社区矫正适用前调查评估的内容维度

不论是对以适用缓刑为主的未决犯的评估,还是对以适用假释为主的已决犯的评估,都需要在刑罚个别化的原则下探讨调查评估的维度。对于已决犯是在责任刑和预防刑之间的均衡之中选择最能实现量刑公正的结果,而对于未决犯则主要基于刑罚执行中预防刑的特殊预防,考

量其回归社会的可能性。法官在确定刑罚的时候,要先确定责任刑,这种责任刑的考虑和报应主义的关联极其密切。这就是说量刑上首先要分析的是针对被告人所做的这件客观上违法的事情,根据被告人的责任大小,而决定适用多重的刑罚,责任刑是向后看的、回顾性的,针对被告人过去所做的那件事情判多重的刑,这是一个回顾性的思考,主要考量的被告人作为犯罪人的属性。责任刑裁定的基础是犯罪人过去所犯的罪行,而不是单纯因为其思想、人格品行而受到处罚。在责任刑的基础上再考虑犯罪人个人的特殊情况,对责任刑进行适度微调就是预防刑。预防刑是向前看的,是展望性的评估,〔1〕就被告人犯罪前后的表现或再犯可能性来判断是否可以适用缓刑。在缓刑适用中,需要考虑其作为社会人的一些属性,这样也有助于法官在裁量过程中对再犯风险性作判断。对任何一个罪犯的量刑而言,都必须同时考虑责任刑和预防刑二者的均衡。

量刑时既要"回顾性"地考察行为的客观危害以及行为人的罪责,也应当"展望性"地分析被告人再犯罪的危险性。现代刑罚理论几乎一致支持相对报应刑论,其揭示了量刑的正义模式,有助于贯彻消极的责任主义,适用刑罚的目的不是处罚越少越好,而是具体地、功能性地进行判断,妥当地确定处罚范围。〔2〕 对于已决犯的评估,属于在刑罚的变更上,实现刑罚个别化的目的。但是不论是已决犯还是未决犯,其具体评估维度的落实需要对拟评估对象的犯罪人属性情节和社会人属性情节进行分析。

已决犯与未决犯在刑罚执行的阶段"刑罚的主要目的是特别预防,首要是回复社会"。〔3〕 对于被量刑评价过一次并处以监禁刑的已决犯,在服刑的过程中与社会的"纽带"有一定的阻断,调查评估要在行刑社会化的理念下,考虑罪犯复归社会的合适性以及与社区建立纽带的可能

〔1〕 [日]井田良:《变革时代的理论刑法学》,庆应义塾大学出版会2007年版,第218页。
〔2〕 周光权:《量刑的实践及其未来走向》,载《中外法学》2020年第9期。
〔3〕 [德]亚图·考夫曼:《法律哲学》,刘幸义等译,台北,五南图书出版有限公司2000年版,第163页。

性。衡量的情节也应当围绕原犯罪的量刑中考量的犯罪人属性因素对评估的内容产生多大程度的影响,以及如何对其社会人属性因素进行科学的判断,实现刑罚的个别化。

社区矫正适用前的调查评估制度源于不同类型的对象适用社区矫正前差异化的需求,对于调查评估的内容要分析不同类型的矫正对象的适用条件。具体而言在本节的讨论中,因适用管制和决定暂予监外执行的评估较少,且无法横向的与域外进行比较分析,对于调查内容维度的分析主要基于缓刑和假释两种类型分析。对于未决犯的调查评估是为了在量刑上实现责任刑与预防刑之间的均衡,区分行为人的犯罪人属性情节和犯罪人的社会人属性情节,既能实现刑罚的公平正义,又能体现缓刑的适用在监禁刑与非监禁刑(社区矫正)的均衡。

总体而言,在刑罚个别化的理论下结合其适用的条件,都应该对犯罪人的犯罪人属性和社会人属性进行调查评估内容维度的考量,但是应当有所区别和侧重,对于未决犯,更注重的是实现刑罚的公平正义,为适合的人选择适合的非监禁刑提供全面的调查评估内容;而对已决犯更大程度上是实现刑罚的个别化,提供其出狱后可以帮助其降低犯罪风险,顺利回归社会的社会环境的调查评估。

(一)缓刑适用条件与调查评估内容的维度关系

缓刑是实现特殊预防目的的产物,属于预防刑裁量的问题,但是责任程度对能否适用缓刑起着重要作用。在我国《刑法修正案(八)》颁布和实施之后,缓刑的扩大适用不仅具有可行性,而且更有利于实现特殊预防的目的,避免短期自由刑的弊端。缓刑的适用本身就蕴含着对预防刑的考量,由于罪犯符合一定的条件,作为对其实现特殊预防的需要而选择适用缓刑。调查评估中绝大部分的类型为适用缓刑,是辅助判决机关正确选择是否缓刑的条件之一,是实现刑罚特殊预防的刑罚正当性的基础。缓刑的适用条件之一是行为所犯之罪是较轻的犯罪,实质性的条件是暂不执行刑罚亦可期待行为人不再实施犯罪和行为人以前没有犯罪前科或者虽有前科但是已经过了一定的期限。

1. 调查评估内容应不限于“对所在社区无重大不良影响”

我国《刑法》规定,缓刑适用条件之一为“对所在的社区无重大不良影响”。一般认为此条规定是社区矫正适用前调查评估存在的法律基础。但由于我国对缓刑适用刑期规定得较为宽泛(三年以下的有期徒刑和拘役),为了避免法官随意适用缓刑,充分考量当事人的犯罪人属性和社会人属性,调查评估的内容应当突破“社区影响评估”的局限,为法官提供尽可能多的关于是否适合缓刑的其作为社会人属性的条件。

根据特殊预防主义的观点,对所有犯罪人都具有适用缓刑的可能性。各国刑法虽适用缓刑的具体条件不完全相同,但存在一些相同之处。能够适用缓刑的行为人所犯之罪都是较轻的犯罪,各国刑法一般从宣告刑上进行规制。例如,德国《刑法》规定为判处不超过一年的自由刑的“以及符合一定条件而不超过2年自由刑的,可以适用缓刑”。意大利《刑法》规定:“通常情况下,宣告不超过二年的有期徒刑或者拘役时可以适用缓刑,如果犯罪时不满18岁的,则所判处的自由刑不超过三年,可以适用缓刑;如果犯罪时已满18岁但不满21岁,或者犯罪时已满70岁的,判处不超过两年六个月的自由刑时,可以适用缓刑。”日本《刑法》规定为“被告三年以下惩役、监禁或五万元以下罚金的人”。这些规定都是一种形式上的限制,但仔细分析其限制主要在于对拟判处的刑期和年龄上,关于具体的刑期比我国的相关规定要细致,例如,德国采取了刑期在一年以下、符合一定条件不超过两年的刑期划分,而我国则统一采用的是刑期在三年以下,可以适用缓刑,其刑期的规定相比其他的国家而言,刑期范围较大,对于适用缓刑与否,我国的量刑指导意见也没有具体的规定,留给法官的自由裁量权较大。

在这些适用缓刑的必要条件中,除去犯罪的情节较轻是完全属于责任刑中犯罪人属性的因素之外,悔罪表现也存在于量刑之后对未来的预判,再犯风险和对所在社区的影响更需要了解预防刑适用过程中对罪犯社会人属性情节的考量,因此,调查评估的内容不能仅仅限于缓刑适用条件中对所在社区的影响这一因素的考量,要结合案件的情况尽可能全面地了解犯罪人适用预防刑的因素。

2. 调查评估内容应实现“没有再犯危险性”

缓刑适用的实质条件是暂不执行刑罚亦可期待行为人不再实施犯罪。[1] 之所以在规定刑期条件的同时规定实质性条件,是因为缓刑的目的不仅仅是避免短期自由刑的弊害,更重要的是促使行为人保持善行,防止其再次犯罪。因此,对虽然处刑较轻但不执行刑罚仍有再次犯罪危险性的行为人,不能适用缓刑。实现社区矫正裁量的正当性和合理性,有必要建立多方对谈的诉讼机制。我国将“不具有再犯罪可能性”作为适用缓刑并进行社区矫正的条件之一,存在明显的逻辑问题,而从域外的经验来看,风险评估主要适用于判决生效后的犯罪矫正阶段,以实现对犯罪矫正的动态考察监督。[2]

一般来说,对有犯罪前科的人不适用缓刑,特别是累犯、常习犯、职业犯。例如,意大利《刑法》第 164 条规定,对于“以前曾因重罪受到过监禁刑处罚的”,“被宣告为重罪或违警罪惯犯或者职业犯的”,“由于犯罪人被法律推定为具有社会危险性的人,应当在刑罚之外附加适用人身保安处分的”,不得适用缓刑。但不少国家的刑法规定,纵有犯罪前科,若经过了一定的期限,也可以适用缓刑。日本《刑法》第 25 条规定,“以前虽然被判处过监禁以上的刑罚但经缓刑的人,被判处一年以下的惩役或者监禁的,具有应当特别酌定的情节时”,也可以适用缓刑。除去前科和劣迹情况,理论研究中对能判断再犯可能性的类型化的因素相当匮乏,究竟哪些因素的存在预示着再犯的风险,实践中调查评估的内容应尽可能实现刑罚个别化视野下缓刑适用因素的调查评估。

---

[1] 德国《刑法》第 6 条第 1 款规定,只有当能够“期待被判决人已经由判决受到警戒,并且在将来无须刑罚的影响,也不会再实施犯罪行为”时,才能适用缓刑。奥地利《刑法》第 43 条规定,“足以防止行为人继续实施犯罪行为,且不执行刑罚即可防止他人实施犯罪行为时,才适用缓刑”。

[2] 迟大奎:《论社区矫正中的“裁前风险评估”——实体与程序的双重展开》,载《河南警察学院学报》2019 年第 4 期。

(二)假释适用条件与调查评估内容维度关系

刑罚个别化说认为,假释是为了实现刑罚的个别化,避免自由刑的弊害而采取的一种制度。随着犯人情况的改变,为了避免不必要的刑罚,以实现个别正义,有必要从特殊预防的角度修正基于一般预防所量定的刑罚,是一般预防与特殊预防的调和。[1] 各国刑法大致从受刑者的刑种条件、已经执行的刑期条件、受刑者的悔改条件以及其他方面规定假释的条件。各国刑法都规定,徒刑或监禁刑(包括有期与无期)的受刑者才能被假释,德国《刑法》第57条和第57a条规定的有期自由刑与终身自由刑的受刑者,与缓刑的适用条件一样,对于已决犯启动假释的条件的第一个形式上的限定条件就是对原判刑期的限制。受刑者必须经过法定期限。既然是监禁刑必须在狱内服刑到一定的期限,实现刑罚的惩罚功能。受刑者须有悔改表现,体现在其在接受监禁刑的过程中,因为监狱有封闭性的特点,和罪犯在监狱中都有明确的和长期的考核条件,因此判断其有无悔罪表现,对于监禁机关并不是一件难事。有些国家还有一些限制性的条件,如我国法律规定"对所在的社区无重大不良影响"也是假释必要条件之一。

1. 调查评估内容主要为"对所居住社区的影响"

因此根据假释的条件分析,拟裁定假释的条件中,为了满足刑罚个别化的要求对罪犯的原判刑期进行调整,其在对调查评估维度上其实应该侧重于回归社会后对所在社区的影响,从更深层次分析,应当是所在社区对犯罪人的影响,是否适合矫正,是否能为其提供必要的帮助,是否有适合假释罪犯的社区技能培训的计划。而且对拟假释的罪犯提出居住地的要求有点不合情理,其只能提供其保证人、亲属的经常居住地。或者是假释出狱即将居住的地方。实践中,评估机关就只能机械性地对被评估人的房产情况进行判定,但即便是其拥有房产,如果不在此处居住,也与刑罚的最初目的相左。因此假释的委托机关,一般委托的依据

[1] 张明楷:《外国刑法纲要》,法律出版社2020年版,第382页。

是户籍地为主也不难理解，因为从假释制度的意义上来说，入狱前的居住地已经难成为经常居住地。假释的特殊性也挑战了《社区矫正法》中关于经常居住地的概念，因为罪犯在出狱以前无法确定其本人的居所地，因此只能以拟居住地或者保证人及亲属的居住地来判断对所在社区的影响。

2. 调查评估内容无须实现“无再犯危险性”

对于假释犯的再犯风险性评估不应当作为重点，因为其在监狱中服刑多年，与社会阻断联系多年，监狱中减刑等表现刑罚执行机关应当有着较为明晰的判断，如果让评估的机关进行再犯风险评估，仅就社会危险性大小来判断，不是合理进行判断的基础。其仅能通过对其拟居住地的社区村(居)委员会的评价，以及亲属评价和监督人情况判断该名拟假释对象的社会支持系统如何，在评估的委托机关、监禁机关提起假释的评估委托时，在监狱中应当基于在狱中的改造表现来对罪犯的再犯风险性进行科学的评估，在目前社区矫正适用前调查评估的机制下，是无法做出科学的不具有再犯可能性的评估基础的，其能评估的仅仅是作为抑制罪犯再犯罪的社会纽带是否具备，进而辅助委托评估的监禁机关和最终作出假释裁定的决定机关判断接受非监禁矫正的可行性。

(三)刑罚个别化视野下调查评估内容维度的应然模式

刑罚个别化原则下，适用刑罚时须考虑的因素有犯罪人的人身危险性和刑罚预防功能，强调对不同的犯罪人适用不同刑罚，有些因素已经被类型化，但还有大量的影响特殊预防必要性大小却没有被类型化的因素，如罪犯的性格、经历、成长环境和一贯表现，事实上对法官的量刑起着重要作用。现代各国刑法中的量刑情节，大多有加重与减免情节的规定，但量刑情节本身却没有法定的概念。德国刑法对犯罪人的属性情节有具体的考量，犯罪人的责任是量刑的基础且应考虑刑罚对犯罪人将来生活的影响。法院在量刑时，应权衡对犯罪人有利和不利的情况，包括犯罪人的犯罪动机和目的，行为所表露的思想和行为时的意图违反职责的程度，行为方式和犯罪结果。[1] 其中探讨了除了犯罪人在具体犯罪行为中的责任之外，还有社会人的一些属性情节和特质，应该在预防刑的考量中有所体现。[2] 缓刑和假释适用的条件与调查评估内容的分析，最终刑罚个别化理论对应然的调查评估内容应在“犯罪人属性情节”和“犯罪人的社会人属性情节”维度中有所侧重。

1. 未决犯需均衡“犯罪人属性情节”和“社会人属性情节”因素

基于预防刑理论，每个罪犯的特殊预防必要性大小不可能相同，对于适用缓刑和管制的未决犯的调查评估是要辅助实现刑罚个别化的要求。其应基于责任刑与预防刑的权衡，在量刑中对被告人的“犯罪过程属性”和”“犯罪人的社会人属性”两个维度进行调查评估因素的考量。评判拟适用缓刑的被告人的包括再犯风险在内的社会危险性，以更科学地适用社区矫正，也体现社区矫正适用前调查评估的价值和意义。

“犯罪人属性情节”体现在犯罪过程中和接受刑事司法程序的过程中，是与犯罪行为紧密关联、在实施犯罪过程中形成的情节。主要包括犯罪行为的样态、具体手段、犯罪工具、危害结果以及对社会的影响，被害人的受害程度、犯罪的起因、共犯关系、行为人的参与程度，以及犯罪故意的类型、犯罪的动机等。[3] “犯罪人的社会人属性情节”是指除了犯罪的过程性情节之外，与一般预防或特别预防有关，以及其他无法还原为预防的“基于刑事政策目的”的情节，它们都与犯罪人紧密关联。这些情节一方面包括犯人的属性，如犯罪人的年龄、经历（前科、累犯等）、性格（常习性）、一贯表现[4]和环境等；另一方面也包括犯罪后的态度，如自首、立功以及是否认罪认罚（反省、悔罪与赔礼道歉、退赃退赔、积极弥补被害人损失等）等。这些情节虽然不属于犯罪过程反映的

---

[1] 周晓杨：《刑事被害人过错责任之实证考查》，载《国家检察官学院学报》2006 年第 6 期。

[2] 吴一澜：《“犯罪人属性情节”在缓刑适用困境辨析》，载《齐齐哈尔大学学报（哲学社会科学版）》2021 年第 1 期。

[3] 相关的讨论可参见张明楷：《责任刑与预防刑》，北京大学出版社 2015 年版，第 275 - 288 页。

[4] 周光权：《量刑的实践及其未来走向》，载《中外法学》2020 年第 5 期。

与责任刑相关的犯罪人属性中出现的量刑情节，但表明了作为还未完全切断与社会联系的行为人回归社会的愿望，在对预防刑的裁量中应当予以高度的重视。

“犯罪人的社会人属性情节”中有事后积极退赃、赔偿损失与积极挽回损失的行为，以及家庭和社会能否接纳其回归，被害人一方的原谅等，在确定是否能为行为人适用缓刑的时候，预防刑尤其需要考量犯罪人的社会人属性情节的因素。审判机关在量刑时对“犯罪人社会人属性情节”，虽然能够满足刑罚的预防性需求，但在整个量刑活动中处于边缘地位，通常情况下刑罚预防目的只能被例外地予以考虑，如果在所有案件中都要绝对地实现特殊预防，势必有诸多困难。最大的困难在于裁量者未必能提前准确预测被告人的再犯可能性，这时候就十分需要通过社区矫正适用前调查评估进行“犯罪人社会属性”的考量。

在法官进行量刑的裁量中，需要分别考察“犯罪人属性情节”和“犯罪人社会人属性情节”的功能，并进行分层次评价的量刑理论。当下的实务做法对犯罪人的“社会人属性情节”无法进行客观的判定，作为对审判的延伸可以委托社区矫正适用前调查评估，在刑罚上限范围内上下调节由“犯罪人属性情节”所推导出来的责任刑，从而对最终是否适用缓刑的宣告刑产生一定程度的影响。但是在法官对最终宣告刑的确定中，“犯罪人属性情节”和“犯罪人社会性属性情节”在判断逻辑上有位阶性。对“犯罪人属性情节”的判决具有优先性，“犯罪人社会性属性情节”只是在一定范围内调节刑期，对其的判断是第二顺位的。这样的理论构架能够区分不同量刑情节的功能，同时也明晰了社区矫正适用前调查评估存在的意义，需要结合拟评估对象的“犯罪人属性情节”，重点辅助法院对“社会人属性情节”进行调查评估，这样能够指引司法人员从一开始就将调查评估的因素归类，以及在何种框架下划定评估的内容，实现调查评估结果得当从而体现调查评估的价值。从现有法律法规对评估内容进行梳理，并结合实际的评估量化模型分析，探索实践中再犯风险的影响因素，并在裁量机关和执行机关对相关因素的认识上有无偏向性因素进行梳理。本研究通过对法官的定性访谈可见,不是所有的法官对评估的内容都予以认可。对于未决犯适用缓刑的实质条件之一的再犯危险性的程度也体现在“犯罪人属性情节”与“社会人属性”情节中。

目前的研究认为再犯危险性程度的依据,[1]一方面是犯罪人在犯罪前后与犯罪行为有联系的表现,[2]另一方面是犯罪人的人格、家庭及社会环境、职业状况等影响再犯罪的危险性的因素。[3] 其实与“犯罪人的属性情节”属于同一维度,对于此部分不应当是社区矫正适用前评估的内容,评估机关无法获取除了委托单位提供的关于案件以外的其他情况,实践中存在一个问题是审判机关对于累犯和前科劣迹的认定,如果拟评估对象前次犯罪与本次拟判缓刑的罪行时隔已久,是否应当成为评估内容中认为不具有评估条件的依据。这也是审判机关与评估机关在评估上比较集中的一个冲突,通常审判机关会以评估机关没有法律素质对评估的结果进行质疑,纵然目前具体从事评估人员的综合素质有待提高,但根据预防刑的目的,影响审判机关对再犯风险进行判定的因素很多是与量刑过程无关的作为社会人在犯罪之外的属性,那么不按照法律的思维,而仅仅按照监管的难易程度进行判断也可以了解犯罪人真实的情况。关于犯罪人的人格、家庭及社会环境、职业状况其实与“犯罪人的社会人属性”属于同一维度,应当是社区矫正适用前调查评估的重要内容。家庭生活的健全性,是判处管制、缓刑的有利因素。[4]

社区矫正适用前评估的内容中的社会危险性评估应当与再犯风险性有所区别,其主要关注犯罪人的“社会人属性”,可适度地考量其监管的难易程度,因罪行较轻影响其矫正难易程度的因素也不全然与原审判量刑角度的一些因素相关,在风险社会下,目前的基层法院受理的大部分案件有着自身的特点,此外不排除在前序的定罪量刑阶段,犯罪嫌疑

〔1〕 张明楷:《刑事责任论》,中国政法大学出版社 1992 年版,第 52 页。
〔2〕 高铭暄:《刑法学原理》(第 3 卷),中国人民大学出版社 1994 年版,第 234 页。
〔3〕 张明楷:《责任刑与预防刑》,北京大学出版社 2015 年版,第 327 页。
〔4〕 [日]川崎一夫:《体系的量刑论》,成文堂 1991 年版,第 203 页。

人或者被告人有对悔罪态度进行伪装的可能，导致实际上量刑中对其罪行未有正确的判断。

2. 已决犯应侧重“犯罪人的社会人属性”下其复归社会的可能性因素

量刑公正必须在注重不同罪犯同质性的量刑均衡的同时注意个案的公正，即实现刑罚个别化。特殊预防是刑法所期待的未来目的，但不可避免的是法官在追求特殊预防目的裁量刑罚时，仍然必须以已经发生或者已经存在的反映犯罪人的再犯风险危险性的事实为依据，同时裁定假释的法官能了解的关于犯罪人再犯风险的事实仅仅局限于案件流程中的卷宗，甚至司法程序过程中与罪犯无法交流，无法全面和真实的反映再犯风险的情况并进行全面的考量。

已决犯的特殊性在于罪犯目前本身是处于监禁刑之中，对其再犯风险性最为了解的其实是监管机关，对假释的评估启动也是监管机关，办案过程中的疑惑，可以向调查评估机构进行了解，其主要可能考量的再犯风险因素就如上文在未决犯中分析的，调查评估的内容维度在于“犯罪人的社会人属性情节”。并且此种罪犯由于已受到过监禁刑矫正，其过往的犯罪人属性不应当被过多地考量，因主要依据其在监禁刑中的表现，此种类型的犯罪人属性评估的机关无法评估，也不应当成为调查评估的维度。严格意义上，对暂予监外执行其实更应当附有社区矫正适用前调查评估，因为其未有关于罪行情节、刑期方面的限制。只要符合特定的条件，就可以在监外进行服刑，这个是没有体现预防刑理念的，而仅仅是对罪犯人道主义的关怀和考虑刑罚执行的实际需要。

不同类型的拟矫正对象调查评估的维度应当有所区分，实践中监狱机关的评估委托书一般较为详尽，而法院、检察院委托的评估较为随意。这与评估的启动的强制性即“可以委托”和“应当委托”也有所区别，不同的法院对评估的认识差异较大，有种倾向是法院为了规避相应的责任才会进行评估委托。因此可能对评估的内容并不看重，只看重最后附有红章和评估意见的文书。通过访谈，YH 区法院一般不进行评估的委托,在本研究的卷宗样本,发现 YH 区发出的评估案件中存在大量有前科劣迹的拟被判处缓刑的对象,其中是否有违背刑罚正义的理念值得深思。

社区影响评估委托书

某某司法局:

被告人某某,性别男,现住安徽省 A 市某某区某某小区 8 幢 1002 室(户籍所在地安徽省某某县县开发区某某社区独庄 50 号)。因涉嫌犯危险驾驶罪被取保候审,经初步审理(审查),拟对其判处(裁定、决定)非监禁刑为确保适用刑罚的准确性,现委托你局对其进行社区影响评估。委托事项如下:

对被告人某某的犯罪情况、是否具有再犯罪的危险、是否可以适用非监禁刑等进行调查,出具评估意见、提出刑罚裁量参考意见。

20××年××月××日

被告人联系方式:

安徽省 A 市 BH 区司法局社区矫正办公室:

为确保适用假释刑罚的正确性,促进行刑社会化,根据假释工作有关规定,现委托贵局办理罪犯莫某拟假释社会影响评估意见书等工作,将有关情况告知如下:

1. 资局收函后,要组织矫正办人员立即办理拟假释罪犯的社会影响调查评估工作。

2. 社区矫正办要按照评估意见书和担保书中内容逐一调查取证,保证评估材料真实有效,认真填写材料内容。

3. 家庭情况栏,填写家庭直系亲属的姓名关系职业联系电话住址,其他情况填家庭的经济情况家庭是否发生重大变故与罪犯相处的关系如何是否在当地居住。

4. 社会评价栏,填写包括群众(3 人以上)对委托被评估人的社会影响的评价,须签名按手印,社区委员会要对群众的身份确认签名盖章。

5. 矫正条件栏，填写担保人责任书签订情况，生活环境等是否适合社区矫正，区或村及司法所等监管责任落实情况，担保人愿意签订责任书并签名按手印，有管责任的社区或村、司法所愿意监管情况，负责人签名盖章。

6. 司法所评估意见栏，填写对被评估人拟假释后的生活环境、监管条件、社区矫正假释的社会影响、受害人的意见等作出评价。

7. 县司法局综合评估栏，填写被评估人假释后的社会影响情况，对假释再犯罪危险性是否适合假释等作出综合评价。司法局负责人签名盖单位章。

8. 社区评估工作完成后，请将社区影响评估意见书一份（原件）、假释担保书份（一人）函寄安徽省某某监狱管理分局某某监区管教科内勤收。

四、未成年人社区矫正适用前调查评估内容

我国调查评估制度起源于一些地方办理未成年人刑事案件的实践探索，后来有关法律解释肯定了这一做法。[1] 在社区矫正工作发展的过程中，一些地方借鉴了未成年人刑事案件的相关做法，将拟适用社区矫正人员的调查评估作为社区矫正机构工作内容之一。1984 年 5 月，联合国在北京召开的“青少年犯罪与司法”专题专家会议，讨论、修改并确定了《联合国少年司法最低限度标准规则》的第 16 条规定，对少年生活的背景和环境或犯罪的条件进行适当的调查。在此之后，也是从上海长宁法院开始，作为中国少年司法的开端，当时《刑事诉讼法》还未有进行相应的未成年人专章的修改，但为了充分贯彻对未成年罪犯的教育、感化、挽救的方针，长宁法院的少年法庭进行了对未成年罪犯庭前延伸的

〔1〕 2001 年最高人民法院颁布的《关于审理未成年人刑事案件的若干规定》（现已失效）第 21 条规定：“开庭审理前，控辩双方可以分别就未成年被告的性格特点、家庭情况、社会交往、成长经历以及实施被指控前后的表现等情况进行调查，并制作书面材料提交给合议庭。必要时人民法院也可以委托有关社会组织就上述情况进行调查或者自行调查。”

社会调查尝试。2001 年4 月12 日,为了贯彻《联合国少年司法最低限度标准规则》,最高人民法院颁布了《关于审理未成年人刑事案件的若干规定》,首次认可审前社会调查制度,成为未成年被告人社会调查的法律依据。2012 年修改的《刑事诉讼法》在“未成年人刑事案件诉讼程序”专门规定了未成年人进行社会调查的程序。必要时,人民法院可以委托未成年被告人居住地的县级司法行政机关、共青团组织以及其他社会组织对未成年被告人的上述情况进行调查,或者自行调查。理论上来说,所有涉及未成年人的刑事案件都可以进行社区调查程序。涉罪未成年人的社会调查可以对其人身危险性和再犯可能性做出专业性的评估,为量刑前的各个司法阶段提供依据;也可以为涉罪未成年人制定合理的帮教措施,以帮助其更加顺利地回归社会提供有针对性的信息。

(一)未成年人社会调查内容

综观整个刑诉讼程序中,存在着两种社会调查制度,一种是社区矫正适用前评估制度,另一种就是未成年人的案件社会调查制度。两者在未成年人这一特殊群体上是有重合的,未成年人的社会调查制度可以为社区矫正的适用前评估在最终对法官的判决中提供参考。未成年人社会调查程序与社区矫正适用前评估程序有所区别,前者只适用于未成年人的刑事案件,而后者适用于所有可能被判处社区矫正非监禁刑事执行的案件。未成年人的社会调查评估相关法律确定得较早,而社区矫正适用评估也是发源于未成年人的评估。前者理论上可以存在于整个刑事诉讼程序的过程中,但实践中因未成年案件的指定管辖和案件都较为简单的特点,在 A 市原本是由法院进行调查评估的委托,但在运行的过程中,由于审限的问题在 2018 年将社会调查评估的端口前移到检察院,由检察院统一进行未成年人社会调查评估的委托。而后者的委托机关,如前所述,2020 年《社区矫正法》施行之后,侦查、起诉、审判、执行机关也都可以提起委托。

最后二者受调查的单位也有所不同,前者可供选择的委托单位范围很广泛，包括司法行政机关、共青团组织、其他社会组织，在A市的实践中，主要是由共青团下设的未成年人权益保护协会来进行；而后者则一直都是由基层司法行政机关来进行，虽然在《社区矫正法》中也规定了可由其他社会组织进行，但目前未有实践。最后从调查的目的上，前者的目的更广泛一些，要通过全面地对被告人进行了解达到教育、感化、挽救未成年犯罪人的目的；而后者则主要是判定被告人或者犯罪嫌疑人是否能适用非监禁刑。两种程序在根本上是相同的，一个是调查的内容基本相同，都是要反映被告人或者罪犯的人格特点，另一个是形成的调查结论要为法院（其他决定机关）提供参考依据。在对未成年人适用社区矫正的案件中，理论上来说两种程序都可以适用，在这样的情况下会出现竞合，优先适用何种程序，法律并未有明确的规定，但在地方的相关规定中，上海等地确定了在此情况下优先适用未成年人的社会调查程序。2016年E市提出做好未成年犯的调查评估应切实保护未成年人的合法权益。未成年犯的生理和心理均不成熟，决定了其社区矫正调查评估的相对特殊性。对于未成年犯的调查评估，应当坚持以下基本原则：一是尊重并保护未成年犯应有的健康权、受教育权、隐私权等合法权益；二是始终贯彻"教育为主、惩罚为辅"原则；三是与成年犯区别对待，防止"交叉感染"。

对于未成年人犯罪这一块，从司法的角度，在E市几乎不对未成年罪犯进行社区矫正适用前评估。其背后的原因是对未成年人要坚持教育感化挽救的"六字方针"和"教育为主惩罚为辅"的原则。为了将这"六字方针"和"八字原则"充分地融入刑事司法程序当中，在对未成年人的教育方面，根据涉罪未成年人的不同特点，因人施教。未成年人在成为未成年罪犯之前，来自不同的家庭，有着不同的成长环境和经历，自身也有着不同的性格，从法院的角度，如果只是在法庭上设置一个教育环节，千篇一律去教育未成年罪犯，是达不到教育效果的。教育未成年人应当对其进行全面的了解，要走进未成年人的内心里。根据访谈的结果，未成年人审判庭希望了解未成年罪犯的家庭情况、成长经历、性格特点、社会交往、案发前的表现、案发后的悔罪态度以及判定不予起诉或者非监禁刑重新融入社会以后,家庭是否能起到实际的监管作用。社会调查是实现少年司法庭前延伸创新的一项措施,作为庭前的延伸,以庭审为中心的往前延伸是社会调查,通过庭前的调查延伸出去,通过社会调查报告提前对未成年人进行了解。具体来说从这个报告中能反映涉罪未成年人整体的情况,为庭审教育服务,审判者可以针对性地制定教育方案,包括之后的帮教方案。目前涉嫌犯罪的未成年人大多存在家庭管教方面的问题,如果在调查报告中提前了解了这些情况,法院可以找家长进行沟通。另外根据目前未成年人犯罪的特点,尤其是一些一再犯罪的未成年人,用法官的表述“钢筋混泥土”,需要深入其内心,社会调查报告中能反映出法官需要的感化点。例如,有的未成年人与父母关系很差,但是因为从小跟爷爷奶奶长大,与其感情很好,从这个角度才能触动未成年罪犯的灵魂,社会调查报告是法院庭前延伸的成果,其目的是在庭审中有的放矢地教育和在庭审后进行针对性的帮教活动。

(二)未成年罪犯的社区矫正适用前调查评估内容

社区矫正适用前评估的侧重点在于能否适用非监禁刑的问题,其评估的重点在于对社区没有影响,不致再危害社会。其中不致再危害社会从逻辑上来说是对未来的一个预判,也可以说是一种主观判断,因为大量可以适用缓刑的未成年罪犯,其法定刑条件之一是刑期在三年以下,其社会危害性和人身危险性在整体的犯罪逻辑中都属于轻罪的范畴。那么对于不致再危害社会的判断,需要一些依据,能用于判断未成年罪犯的悔罪表现。但是事实上在法庭上痛哭流涕等行为可能存在表演成分,因为想争取从宽处理。

WSTZFT210329:他当时讲我很后悔,但是这种是不是发自内心的,或者他当时可能是发自内心的,但是孩子就这样,“好了伤疤忘了疼”对吧?大人都这样,所以这种判断,法官说我主观判断一点。问家长,家长肯定讲我一定把孩子管好,我一定会怎么样怎么办。

作为具体负责社区矫正适用前评估的社区矫正机构,需要走进未成年人所居住的社区进行了解,如果了解越全面,法官在"对社区没有影响,不致危害社会"有更准确的判断,从而决定是否可以对未成年罪犯判处非监禁刑。整体来说未成年罪犯自身目前呈现出低龄化、文化层次较低的特点,其家庭基本上都存在各式各样的问题。经济发达的区域中家庭对未成年人的管教越来越重视,未成年人如果都在学校接受相应的教育,受社会不良影响的可能性就较小。目前被研究的E市作为大城市,未成年人犯罪呈现出输入性的特征,如果适用社区矫正适用前的评估,评估都不在本市本省的,在时间上很难做到对未成年人的情况进行全面的评估。而且存在审判机关对司法行政机关出具的社区矫正适用前评估的负面性评价和基层司法所工作人员素质参差不齐的问题。

被访的未成年审判庭庭长表示在其具体的实务工作中,在E市全域的评估水平参差不齐。具体的个案中经常会出现未成年人的评估委托石沉大海,收不到回复等问题。这也是E市不再进行未成年社区矫正适用前委托的原因之一,或者如果需要调查评估作为参考的案件,也要考虑审限问题。但同时其也表示,现在成年人的评估反而做得多了,成年人没有社会调查制度,如果要进行非监禁刑的选择,尤其是现在推进的认罪认罚制度,在检察院的审查阶段,要给出缓刑的量刑建议,是需要进行社区矫正委托评估的。需要评估作为其量刑建议的依据时,如果司法行政机关未能及时完成评估,审判机关可以选择将20天审理期限的简易程序改成45天的普通程序,为社区矫正适用前评估争取时间。

最终负责进行调查评估的是基层司法行政机关,社区矫正工作只是其负责的各项事务性工作之一,虽然从法院的角度对司法行政机关对评估的谨慎态度能理解,因为会增加很多的工作量。在《社区矫正法》出台之后,社区矫正决定机关的决定,司法行政机关必须执行,但是其不愿意出具符合社区矫正条件的适用前评估,可能会出具与审判机关意见相左的评估意见。尤其是为了与《刑事诉讼法》相对应,《社区矫正法》也设置了未成年人专章,可能对司法行政机关的约束也较多。对于未成年人,不论在庭前阶段还是庭后的执行阶段,其出发点和落脚点与成年人应当有所区别,也应当对"六字方针"进行落实。

对未成年人进行社会调查后,报告就能直观地反应出来,未成年人实际上家庭情况还是很正常的,家庭氛围也很好,成员关系都很和谐,只是一个偶发性的因素,这个孩子只是一时失足,或者有没有对孩子监管的具体措施,社会调查员也都会了解到,实际上它基本上也就能涵盖是否能适用非监禁刑的条件,虽然社会调查评估的委托机关为检察院,评估的目的直接为检察院审查起诉阶段服务,但未成年人的社会调查基本上都覆盖所有的未成年人案件,包括附条件不起诉,法院单处罚金的未成年人案件。目前在 E 市所有的未成年人案件中,除非未成年居住地在外省市的,基本上都可以顺利地完成社会调查评估,这个数字基本上可以达到 90% 。

未成年人教育感化这种轻刑化处理的理念大家慢慢接受了,另外对大量的案件,检察院进行了附条件不起诉,以前未成年人案件没有集中指定管辖时,可能不同的法院在对少年司法理念的落实上程度不同,在整合了司法资源之后,涉及未成年人的案件在 B 法院集中审理,少年利益最大化的这种司法理念慢慢地已经形成了。审判中能通过专业化的评估将未成年人利益最大化的理念充分落实。在最初适用社区矫正适用前评估的时候,相应的司法局发评估的委托会附加一个调查的通知,希望了解未成年人若适用非监禁刑对社区是否构成重大影响;家庭是否具备监管条件。对于评估机关给法院出具的该未成年人符合监管条件,社区愿意接受。涵盖这两项内容的评估意见在法院的采信率较大,但随着少年司法的逐步推进和改革创新。社区矫正适用前评估的面稍微窄了一点,在未成年人审判庭的法官看来,其主要的目的是对其能否适用非监禁刑的评估。但在未成年人的审理过程中法官希望了解的情况更多:这个孩子的犯罪原因是什么,可分为主观方面的原因和客观方面的原因,是因为未成年人心智发育不健全,容易受到外界的影响;还有家庭情况,家庭教育的缺失或者家庭的变故,或者是父母有溺爱的,不管什么情况,我们想了解得更多,而社区矫正适用前调查评估做不到这一点。

2012 年的《刑事诉讼法》司法解释中,明确了法院可委托的未成年人社会调查评估主体,列举了共青团组织,E 市团委观护团进行的评估更加专业。E 市在所有未成年人案件进行指定管辖的基础上,实际上 2010 年前后,A 市团市委未成年人保护权益部,在全国是作为经验推广的,即权益部召集一些社会志愿者。当时是我们(法院)出具一个委托调查函,要了解这个孩子的家庭情况、社会交往、案发前的表现、性格特征、走上犯罪道路的原因等情况,就是打包进行一个调查,调查以后提供一个情况报告给我们,那么这个情况报告一来,等于是我们已经不需要庭前评估(社区矫正适用前调查评估)了。因为社会调查的评估需要走访学校、家长、社区,他还要会见被告人本人对其进行全方位的了解,内容面更广更深。在 2018 年,由于审限的限制与对未成年社会调查报告内容需求的冲突,指定未成年人管辖的专门法院将未成年人的社会调查评估前移,由检察院进行委托,受委托方是市共青团的权益部。

在检察院建议适用非监禁刑,但是审判机关有顾虑的时候,审判机关会进行社区矫正适用前评估。此种情况一般都是考虑到社区矫正的可行性问题,其内容在社会调查评估的大范畴之中是可以涵盖的,如果适用非监禁刑,家长是否能提供必要的监管措施。对于审判机关而言,其考虑的是对其判处的缓刑判决的撤销问题,在这种情况下的社区矫正适用前评估,法官表示,是为了谨慎地出具判决,对未成人适用非监禁刑是否对社区有影响,而社会调查报告的结论是出具给检察院,由检察院建议起诉或者不予起诉。

案例:接受了社会调查评估和社区矫正适用前评估的未成年人,其最终还是被撤销缓刑的。未成年人小 A,案件移送到法院的时候检察院已经做了社会调查评估,给法院的量刑建议是缓刑。小 A 是共同犯罪案件中的未成年人,其被指定管辖到少年法庭,与案件的成年被告人分案处理,案由是共同实施了抢劫行为,抢劫金额为 1 万元左右,但是小 A

之前有过介绍卖淫和盗窃等未构成犯罪的违法行为。根据未成年人有多次的行政处罚的劣迹行为和检察院已经做过的社会调查评估，审判机关是有顾虑的，因此其又进行了社区矫正适用前的评估，法院认为在本次的具体案件事实中，未成年人进行了全部退赃退赔，并且取得了被害人的谅解，家长也愿意把孩子带回去好好管教（至少在当时家长是这样表示的）。审判机关认为如果说从充分的落实未成年人教育感化挽救的方针来讲，如果不给小 A 一个机会，法官自述是觉得这样“一棍子打死”不太好，一定还是能轻则轻，能减则减，能缓则缓。并且在法院出具的社区矫正适用前评估委托的结果中，评估意见都是符合条件。在最终审理过程中，后来也给他判了一个缓刑。

但是在访谈当天法官才会见了小 A 的家长。在 2020 年 11 月判决书生效交付执行后，2021 年 1 月小 A 就又作为共犯，实施了共同盗窃的行为，最终因为没有达到法定的金额而只接受了行政处罚。小 A 社区矫正所属地的检察院直接对其司法局下发了纠正违法建议书，近段时间正是 A 市政法系统专项整顿的时期，司法局就对小 A 提起了撤销缓刑的建议，按照目前的《社区矫正法》的规定，如果要对未成年人进行撤销缓刑需要听取当事人和监护人的申辩，但是法官第一次却只传唤到了未成年当事人本人，其监护人在山东打工无法赶回来，了解到小 A 的矫正期间并没有在其老家自己的房子居住，因为其老家的房子在乡镇，其一个人在县城租住了房子，父母在山东打工，没有把小 A 带在身边，在小 A 漫长的一年零六个月的缓刑考验期内，没有家长在其居住地对他进行监督和管理。办理该案件的法官表示，下一步会对小 A 进行撤销缓刑，收监处理。因此，家庭是否和睦、居住环境及近邻环境的好坏也可能给未成年人被告人或罪犯带来影响，也应纳入调查评估的范围。

LAFG：这个孩子我们当时实际上比较纠结。给他缓刑的话，你们心里还是有点不踏实的，但是就未成年人，我们说权益最大化，能放宽我们还是尽量地放宽，就是说给了你机会你没珍惜了，最后你就怪不了这个权力，不是说没给你机会对吧？

第四章　社区矫正适用前调查评估意见及影响因素

国外“量刑前调查报告制度”是根据法官要求而由缓刑官准备并向法庭提交的包含有犯罪、犯罪人和量刑建议等内容的书面报告。[1] 我国的社区矫正适用前调查评估的最终结果为出具调查评估的意见。以目前社区矫正调查评估制度运行的程度，尚无法出具涵盖有犯罪、犯罪人信息和量刑建议全面且有逻辑性的报告，这与调查评估意见在我国性质未明确有一定的关系。目前较为成熟的调查评估模式是以社区矫正条件为逻辑起点做了区分，分为具备、基本具备和不具备社区矫正条件三种情况。

与调查评估的法律规定变化相一致，调查评估的意见也经历了变化。理论上调查评估意见的出具需充分调查尚未被法官掌握的属于预防刑的因素，以犯罪人的犯罪人属性和社会人属性为评估内容，为评估对象的再犯风险衡量提供相应的佐证而最终出具意见。实践中社区矫正的适用条件在调查评估机关的视角是与监管条件相关的，即从调查评估机关也是未来监管机关的角

---

〔1〕 吴宗宪：《社区矫正比较研究》（上），中国人民大学出版社 2011 年版，第 95 页。

度,着重调查和了解监管条件,因此在本研究对调查评估意见的划分中,增加了一种经过初步调查后,对调查评估退回的意见,因其中包含了对监管条件的初步判断,也属于社区矫正机构调查评估之后的一种结果,与其他三种意见在逻辑上和调查评估机关对该名拟矫正对象的接受程度上有所不同。

科学地量化对社区矫正前评估有效的措施和因素,有观点认为一线实践证据并不能通过客观的量表来测量、严格的随机实验来验证,而是要通过参与式观察和深度对话来理解当事人行为背后的意义。[1] 而有观点坚持,实践行动需要在不断批判反思中进行调整和发展,需要把微观特殊实践情况和普遍性知识结合起来,为社区矫正决定机关提供科学的量刑依据。本研究将探究通过定量数据展现实践中影响调查评估意见的因素和对于一份调查评估意见的出具在目前实践中的限制性条件。

一、社区矫正适用前调查评估意见的演变

我国的调查评估制度虽然从法律规定、评估的程序和内容上都存在一定的不成熟与不合理之处,但调查评估的结果和价值最终体现是在意见的出具。我国的调查评估制度在不断的发展完善中,调查评估意见也呈现出一系列的变化。

(一)社区矫正适用前调查评估意见形式与实质变化

一方面,随着规范性文件的变化,调查评估意见书的名称有一些形式上的变化。社区矫正适用前调查评估的结论称为评估的意见,在社区矫正发展的不同历史时期按照不同规范性文件,对于调查评估结论存在不同的说法。2012 年安徽省评估办法中,对如何出具评估的结论没有具体的规定。在此阶段,全国关于调查评估报告的称谓也不统一,包括

---

〔1〕 umphries B. ,*What else Counts as Evidence in Evidence - based Practice Social Work*, Social Work Education,22(1)2003,p. 81 -91.

“社会调查报告”“社会调查评估报告”“审前调查评估意见书”“调查评估意见书”“社会调查表”等。2012 年安徽省域内的评估办法将出具的评估意见统一为社区影响评估意见书，其内容分为家庭情况、社会评价、矫正条件三个方面。2012 年的调查情况汇总和评估意见的层批程序是存在于一张表格中的，其中矫正条件下有村（社区）负责人签名与盖章。调查评估的意见分为司法所的意见和县（市、区）司法局综合评估意见两级评估意见。在司法所评估意见下需要调查评估人签名和司法所的负责人签名和加盖司法所的章，而县（市、区）司法局综合评估意见需要负责人签字，实践中多为社区矫正机构的负责人签字，加盖县级司法局社区矫正专用章。虽然表格中规定是县（市、区）负责人的签名和盖章，但是就笔者对 LY 区的社区影响评估文书的调研，签字的为社区矫正机构负责人，盖的章也为矫正机构的章。2018 年安徽省对评估办法进行了修改，对评估意见的出具和评估的呈批表进行了区分，最终的评估意见书也没有评估内容的汇总，只是用“相关情况如下”作为总体概括，给出评估的意见。

另一方面，县级社区矫正机构“层批式”社区矫正适用前调查评估意见出具的实质未变，虽然从整体来看，从社区影响评估到社区矫正适用前评估在形式上更为规范，名称也更合理，但对评估意见的出具上依然呈现出特别重视最后的审批程序，[1] 而忽视调查内容与评估建议之间的逻辑推理关系的倾向。具体体现在对调查评估的要求上：对调查收集的情况必须经集体研究形成结论性意见，上级司法行政机关要进行指导，加强审核，做好备案，杜绝“一人下结论”的现象，最大可能防止徇私舞弊现象的产生。基层司法所和县级社区矫正机构的调查人员组成调查小组起草初步评估意见书，建立和完善宽严相济刑事政策相适应的社区矫

---

〔1〕《安徽评估办法》第 21 条规定：“县级司法行政机关应当对调查材料进行认真审核，经过集体研究后，形成调查评估意见，制作《调查评估意见书》，由县级司法行政机关主管或分管社区矫正工作的负责人签批。《调查评估意见书》制作用语应当规范，给出是否具备适用社区矫正条件的明确意见（具备适用社区矫正条件、基本具备适用社区矫正条件、不具备适用社区矫正条件）。”

正工作体系，加强对社区矫正对象的监督管理、教育帮扶工作，帮助他们顺利融入社会，减少重新违法犯罪，是司法行政机关的一项重要任务。评估意见书的结果关系到被告人或罪犯能否适用社区矫正，关系到宽严相济刑事政策的落实，对司法所工作人员来说可谓责任重大。因此，司法所调查人员应增强刑罚执行意识，在经过深入走访调查后，根据了解到的被告人或罪犯的居所情况、家庭和社会关系、一贯表现、犯罪行为的后果和影响、居住地村（居）民委员会意见、拟禁止的事项等内容，认真整理、分析，在规定的期限内，客观公正地提出建议，完成初步的评估意见书。目前，司法所普遍存在人员不足的问题。在调查评估实施过程中，为减轻工作量，有些司法所调查人员往往敷衍了事，或将调查评估建议交由村（居）工作人员完成，导致评估意见书内容表面化，结果失真不全，该现象应予以高度重视。

调查评估的价值体现在决定机关对调查评估意见的采信上。实践中决定机关对调查评估名称的认可度较为滞后，结合在本研究判决书中提取到的对调查评估意见予以采信的数据。2016 年以前在判决书被提到的只有“社区影响评估意见书”为 4 例，2017 年名称开始发生变化，出现了“调查评估意见书”为 1 例、“社区矫正适用前调查评估意见书”为 2 例，但大部分还是称作“社区影响评估意见书”，有 17 例。2018 年“调查评估意见书”为 2 例，首次出现“社区矫正评估意见书”，为 2 例，“社区矫正适用前调查评估意见书”与上年相比也增多，为 8 例；“社区影响评估意见书”依然是最多的，为 36 例。2019 年“调查评估意见书”为 3 例，“社区矫正评估意见书”为 5 例，“社区矫正适用前调查评估意见书”为 6 例，“社区影响评估书”为 26 例。2020 年仅有两种表述，“社区矫正评估意见书”为 3 例，“社区影响评估书”为 12 例。可以看出 2018 年和 2019 年是社区矫正调查评估工作迅猛发展的两年，在这两个年度，对评估的提法包含了所有样本的提法，可见评估意见并没有统一规范的称谓，其中原因不得而知。（见表 4－1）

表 4-1　评估书名称委托年份交叉统计

	2016年以前	2017年	2018年	2019年	2020年	总计
调查评估意见书	0例	1例	2例	3例	0例	6例
	0.0%	16.7%	33.3%	50.0%	0.0%	100.0%
社区矫正评估意见书	0例	0例	2例	5例	3例	10例
	0.0%	0.0%	20.0%	50.0%	30.0%	100.0%
社区矫正适用前调查评估意见书	0例	2例	8例	6例	0例	16例
	0.0%	12.5%	50.0%	37.5%	0.0%	100.0%
社区影响评估书	4例	17例	36例	26例	12例	95例
	4.2%	17.9%	37.9%	27.4%	12.6%	100.0%
无名称	30例	82例	341例	325例	131例	909例
	3.3%	9.0%	37.5%	35.8%	14.4%	100.0%
总计	34例	102例	389例	365例	146例	1036例
	3.3%	9.8%	37.5%	35.2%	14.1%	100.0%

调查评估意见书

司调评(　　)字号

人民法院(人民检察院、公安局、监狱):

受你单位委托,我局于____年__月__日至____年__月__日对被告人(犯罪嫌疑人、罪犯)是否适用社区矫正进行了调查评估。有关情况如下:

____

____

综合以上情况,(基本具备、具备、不具备)适用社区矫正的条件。

(公章)

调查评估意见未对已决犯和未决犯有所区分,结合上文的分析,实践中主要需要对作为缓刑适用对象的未决犯与作为假释适用对象的已决犯的评估意见有所区分，通过前文的逻辑分析，调查评估的程序和内容都未对这两类评估对象有制度化的区分。但在应然的状态下，根据评估的委托类型不同，出具的结论也应当有所区分。管制是主刑的一种，法律有明文规定，人民法院一般依法独立做出相应的裁判，在这些情况下评估意见书对法院判决的参考意义不是很大。缓刑是决定着犯罪人是在狱内还是在狱外服刑，因此适用缓刑对被告人的影响非常大。对拟宣告缓刑的被告人的评估意见书的制作，司法所调查人员要注意被告人是否符合《刑法》规定的“犯罪情节较轻”“有悔罪表现”“没有再犯罪的危险”“宣告缓刑对所居住社区没有重大不良影响”的适用条件，根据调查所得的信息，慎重提出建议。对《刑法》第 72 条的理解，社区矫正适用前调查评估要评估对社区有无重大不良影响。对监狱委托调查的拟假释罪犯的调查评估，应由提交假释申请的刑罚执行机关和社区矫正部门共同配合完成，因为司法所调查人员很难全面地了解罪犯在监狱服刑期间的表现情况。《刑法》将假释的条件由“不致危害社会”修改为“没有再犯罪的危险”，司法所调查人员制作假释罪犯评估意见书时，应参考监狱提供的罪犯在监狱服刑表现情况及经调查了解到的“没有再犯罪的危险”的事实，综合分析后，提出评估意见。如果监狱委托调查未提供罪犯在监狱的改造表现等材料，接受委托的社区矫正机构应要求监狱提供，监狱也应主动提供或及时补送。对没有再犯风险的判定是由法院裁判，对司法所出具的社区矫正适用前评估，只是判定如果适用缓刑，对所在社区有无重大不良影响。对于拟暂予监外执行的被告人或罪犯，如果属于怀孕或者正在哺乳自己婴儿的妇女，无须调查评估；有严重疾病需要保外就医或生活不能自理、适用暂予监外执行不致危害社会的罪犯，司法所调查人员应着重参考监狱、看守所提供的罪犯刑事判决书、服刑改造情况说明、病残鉴定表等材料，通过深入调查核实罪犯相关病情材料是否真实、罪犯近亲属配合治疗的保证意见、有无重新犯罪的危险性等方面，进行综合评估，提出评估意见。司法所所长未亲自参与调查的，对司法所调查人员制作的评估意见书，司法所所长有审查的义务。审查包括实质审查和形式审查。司法所所长对评估意见书进行实质审查的主要方式是核实关键事实,并根据评估意见书对作出的建议是否合适进行审查。审查方式可通过电话访问、走访等,向有关被调查单位或个人了解评估意见书中的相关事实,并对评估意见书的内容与结论是否有直接因果关系作出建设性的结论。形式审查主要是审查评估意见书语言表述是否得当,有无错别字,是否有遗漏事项。经过实质审查和形式审查确认评估意见书无误后,最后在调查评估意见书上签署意见,加盖司法所公章。法治审核意见也是省域内调查评估的程序,县级司法局对司法所提交的评估意见书的核实,主要通过书面审查的方式进行。要求县级司法局对每个调查评估案件进行重新核实没有可能,也没有必要。县级司法局经审核无异议的,应当由县级司法局局长签署结论性建议,加盖司法局公章后,将评估意见书发送委托机关。县级司法局经审查发现司法所的评估意见书明显有缺陷的,或者被调查人及其近亲属、被害人对司法所的调查评估意见书有意见要求补充或重新调查的,司法局应当指派提交评估意见书的司法所重新调查并按时提交。司法所接到重新调查的指令后,应当另行安排原调查人员以外的工作人员重新调查,并重新制作评估意见书。刑罚结构的调整使得死刑的数量明显减少,有期徒刑的上限提高。同时,为了实现“轻轻重重”的理念,在增加重刑罪犯服刑期限的基础上,同样应当增加对轻刑罪犯非监禁刑的适用,而这一目标的实现,自然与发挥社区矫正的作用紧密相关。[1]

(二)社区矫正适用前调查评估意见的法律规定与实践运行

安徽省的调查评估意见的法律规定不同于别的区域的情况,一般来说,评估机关对于是否适宜在本地区进行社区矫正会给出肯定、否定的意见。即具备社区矫正条件和不具备社区矫正条件;但安徽省的规范性文件中进行了基本具备的划定,相关文件也未明确何为基本具备社区矫

〔1〕 罗智勇、李慧涛:《关于〈社区矫正法〉实施中人民法院正确履职的若干思考》,载《法律适用》2021年第2期。

正的条件。对于实践中基本具备的调查评估结果运用情况和设定基本具备的意见考量,本研究基于评估案卷卷宗和对相关负责人的访谈进行了实践运行分析。

1.“三分式”社区矫正适用前调查评估意见的合理性探究

根据目前安徽省域内的评估办法的规定,评估的意见结论分为具备适用社区矫正、不具备适用社区矫正、基本具备适用社区矫正条件三种情况,与在对社区适用前调查评估的程序上的“自我拔高式”和“自我加压式”不同,在对最终评估结果的设计上,采取了截然不同的“自我回避”的态度。一般来说目前社区矫正调查评估的结果为具备和不具备。对于基本具备适用社区矫正条件的,从形式上看属于具备与不具备之间的过渡情形。但探究调查评估制度的意义是辅助决定机关正确地适用社区矫正,也就是说最后只有适用和不适用社区矫正两种结果。

省厅层面对设置“基本适用”评估意见种类的解释是:作为评估意见的制定者,制定的初衷并不是规范化调查评估制度,而是以调查评估制度为契机与其他部门衔接沟通社区矫正制度中的其他问题,解决后续适用中推诿的问题。还结合了实践中因为评估机关出具了具备适用社区矫正条件的评估意见而被追究刑事责任的典型个案,足以说明社区矫正机构从省级的顶层设计到具体负责出具意见的县级社区矫正机构都采取了规避风险的态度。

stsqjz:你来了你这个人万一一个月不接收,我可以给你提出来,你就不要适用缓刑。你如果适用了,将来管理上带来一些影响,实际上这个制度在这个背景下设计的,因此现在你包括当时评估什么内容,继续不断的一些变化,就可能会比较晚。原来的最初的调查评估制度是决定机关对是否有社区矫正机构愿意接受具体的对象的互相了解的做法。原来的社区矫正工作就是在衔接上存在问题,法律上适用的缓刑适用假释它是有规定的,对于司法行政机关实际当时主要还是解决衔接问题。并且由于有过不规范操作的调查评估意见的出具而导致相关司法行政人员被采取强制措施甚至被处罚的。

hfsqjz211020:这个好像是我们自身的问题,比如说很多事情,你比如说通过评估,你不该追究责任,最后追究责任。这个案件你应该提问题,当然缓刑以后执行过程中制定的义务,就是说从给数据的问题都抓住了,公安机关把这个案件又搞到检察机关,你搞到法院,法院也涉及的,因为他们大队长对司法所所长讲就是说评估他们也知道,他反复的可能也是在做这个工作,他们不仅是针对我们司法的,应该是法院基本你调查,这个案件都是你的判断,你这个案件你就基本上正常判决书里会写上。

市级社区矫正机构对设置"基本具备"评估意见的解释,因为其不是规范性文件的制定机构,仅从基层实践的角度,市级社区矫正机构倾向于在实践中出现了无法做出明确评估意见的特殊问题。从制度设计的层面,可能是考虑基层工作中在不太明确和难以做出一个准确的评价的情况下,作出一个模糊的处理让决定机关自行裁决。调查评估机构作出基本适合的判断的时候,相应的就是为做出一个既不是肯定又不是否定的意见,一个模糊的判断给出解释,类似于配合度不高、其他的一些原因没有办法做出评估。这种做法需要在制度设计的层级予以补充,即需要出具基本适合的评估意见时,要符合一些条件并附上证明材料,也好让决定机关作出判断。这是制度层面设计的一些疏漏,也许是需要进一步完善的地方,实践中确实因为一些客观的原因,调查评估机关无法做出一个肯定的结论或者否定的结论,设计了一个中间的情况,但是需要附上相应的条件。

hfsqjz211020:基本建议适用社区矫正,是根据调查评估的程序在制度设计的角度和执行层面,基层人员的看法对于流动人口,户籍不在、人户分离,不是长期在居住,可能是前一阶段在这居住一段时间的情况下,周边的群众或者其他人对他情况不是很了解,在调查评估中,收集的材料不够翔实,在这种情况下无法做出具体的评估意见,所以给出了基本符合条件的判断。此处的人口流动性是基于长期的户籍地和居住地不一致判断的,这个人长期在这居住,周边的人对他比较了解,可能比较容易判断一些。但如果是外地到评估地的，居住时间不长的，做出评估结果的基础是不太充分的，抑或材料不是很翔实，或者其他人的配合度不高，所以做出了基本适用的模糊判断。

调查评估制度存在的意义在于为社区矫正决定机关的适用社区矫正给出明确的建议，基本适用社区矫正显然不是一个明确的有倾向性的评估意见，其背后应当是作为未来监管的执行机关对监管条件的担忧，而无法找出适合的理由进行退回或者给出不具备社区矫正条件的评估意见，其背后隐藏的应当是评估机关对调查评估对象否定的态度，因此在后续的定量研究中将其并入“不具备”意见中进行定量的数据分析。

JCY210325 B1：这一块我们县市区主要是司法所的意见，要明确适合还是不适合。你的意见是适合和不适合就可以了。然后也是以该意见反馈到法院，但是我们还是希望你刚才讲一个量化的细节。如何对社会影响这一块大概是考虑第一个是本地要有固定的居住地点；第二个受雇佣的工作；第三个会考虑到你的家庭关系，有妻子的有小孩的，小孩有时候可能正在上学做这种事情。

2. 形式“不规范”社区矫正适用前调查评估意见

调查评估意见出具存在不规范的情况，通过对 1115 份缓刑适用前调查评估的卷宗的初次录入中，依据本研究的定量数据显示除了有省域实施办法规定的“不具备”82 例、“基本具备”23 例、“具备”738 例的规范化的结果之外。还有“评估未完成已判决”1 例、“请法院量刑判决”1 例、“慎用”1 例、“无法评估”2 例和“退回”92 例的非规范化的评估结论。对于“评估未完成已判决”的问题，在笔者的结构化访谈中，确实出现决定机关对于评估的启动过于随意的问题，有可能其对评估对象的提供的所有地点的县级司法行政机构都进行了委托，只要有评估意见回复即可，也有可能在时限上虽然想等到评估结果的出具，但受制于时限限制。（见表 4－2）

表4－2　缓刑调查评估意见(初步)

	频数/例	百分比/%	有效百分比/%	累积百分比/%
	175	15.7	15.7	15.7
不具备	82	7.4	7.4	23.0
基本具备	23	2.1	2.1	25.1
评估未完成已判决	1	0.1	0.1	25.2
请法院量刑判决	1	0.1	0.1	25.3
慎用	1	0.1	0.1	25.4
具备	738	66.2	66.2	91.6
退回	92	8.3	8.3	99.8
无法评估	2	0.2	0.2	100.0
总计	1115	100.0	100.0	—

JCY210325 B1:开庭这一块,反正也没有说假如我下了判决,开庭没问题,你开庭以后跟下判决是两回事,只是一个调查一个事实而已。时间留够了,我们认为开庭前发评估的委托和开庭后发区别不大。

对于“无法评估”的结论,可以依据《社区矫正法实施办法》的规定,因被告人或者罪犯的姓名、居住地不真实、身份不明等原因,社区矫正机构、有关组织无法评估的,应当及时向委托机关说明情况。关于“慎用”的结论则可能是评估机关非专业化的体现,也从一个侧面反映出某些地区对于调查评估制度的规范认识不到位的问题。“请法院量刑判决”,结合笔者对省厅原调查机构负责人的访谈,其较多出现在对监狱管理机关对假释的评估委托中,是规范性文件中设置“基本具备”这一不太符合调查评估意义和逻辑的结论的初衷之一。

对于“退回”的调查评估意见,在包括社区矫正适用前评估和社区矫正最后执行中,长期存在的关于拟评估对象和拟矫正对象居住地和户籍地的推诿问题。《社区矫正法》明确了矫正的执行地由决定机关决定,对社区矫正适用前评估地的确定也予以了明确,大部分的评估委托退回的原因都是被委托评估的矫正对象不在本辖区,无法进行有效的调查评估。根据《社区矫正法》和《社区矫正法实施办法》的相关规定,社区矫正适用前评估的基础是该名拟矫正对象最终可能会在辖区中进行矫正,如果没有在社区中居住过的情况,很难进行相关的评估。在域外的调查评估意见中除了会给出是否适宜缓刑和假释的评估意见之外,还会根据社区的特点给出是否能针对性地给予拟矫正对象个性化的教育帮扶。但我国由于社区矫正设施基础还不到位,对社区矫正仅到监督管理的层次,能个别化教育帮扶的较少。

实践中存在检察院对社区矫正适用前调查评估意见监督不规范的情况,2016 年全国《关于进一步加强社区矫正工作衔接配合管理意见》的通知中规定评估意见同时抄送居住地的县级人民检察院。《社区矫正法实施办法》第 6 条关于检察院的职责中"对社区矫正决定机关、社区矫正机构或者有关组织的调查评估活动实施法律监督",同时体现在《社区矫正法实施办法》第 14 条"评估意见同时抄送执行地人民检察院"。实践中,检察院只能从评估的卷宗中对调查评估过程监督,实践中也确实有上级机关将司法所作出的不适用的调查评估意见改成适用的情况被检察院发现的,并且从检察机构的角度认为能发挥评估作用的意见应当是有针对不同罪名的区别地分类化的评估,并且希望评估的结论是明确且说理清晰的,实践中大部分的调查评估意见都未实现这样的要求。

JCY210325:对我们检察院这一块,一个是根据监督目标,检察方案应当是差异化、个性化,不是所有人都是千篇一律,我们希望根据每个人或者你每个人做不到的话,可以根据某一类案件进行一个差异化的评估。是希望这样的,因为我们只是对它的评估过程进行一个监督,并不对它的结果进行监督,不是千篇一律的。

JCY210325:按照规定的话是不一定给我们,但是也没怎么操作过。之前有过一段时间,它会集中一段时间汇总,大概半个月的评估意见。

我们不了解你司法所里面的调查材料,如果调查材料,这一块就是原件的话都保存在司法所,所以这一块就是一个形式上面有哪些问题,很简单的,就是你有前科的,你还评估同意。因为这一块他会写。之前的评估表上面会写一定有。委托函不写,有的时候他有也不写。

JCY210325:我们是主要评估这一段的监督的话是针对司法局讲有的他写的前科,但是也有某些人会写同意。印象中应该是那时候是对一个交通肇事的进行的,他可能是过失犯罪,所以我们讲又调解了。适用缓刑的话应该没有什么特别不利的,不是前科也不是累犯也好讲,我这边只是一个过程。

3. 对于调查评估意见的规范性整合

对缓刑调查评估的意见,在进行模型构建时进行了整合,最终退回为 99 例,不具备为 108 例,具备为 908 例。同时结合上文对司法行政机关在对出具基本适用意见背后的倾向性进行分析,无法论述出具体的不适用的理由,但是从倾向性上可以并入不适用结论进行模型的建构。(见表 4 - 3)

表 4 - 3　缓刑调查评估意见

处理结果	频数/例	百分比/%	有效的百分比/%	累积百分比/%
退回	99	8.9	8.9	8.9
不具备	108	9.7	9.7	18.6
具备	908	81.4	81.4	100.0
总计	1115	100.0	100.0	—

基于上文的分析,在本研究样本选取的地域内,假释的调查评估是必要性的前置程序,实践中假释的调查评估意见的出具显得规范化程度较高,在总体的 69 例有效样本中,建议适用的为 59 例,占比 85.5%,而 47 例暂予监外执行的调查评估意见都为建议适用。(见表 4 - 4)

表 4－4　假释和暂予监外执行评估意见

处理结果	频数/例	百分比/%	有效百分比/%	累积百分比/%
假释				
具备	59	62.8	85.5	85.5
基本具备	3	3.2	4.3	89.9
不具备	7	7.4	10.1	100.0
总计	69	73.4	100.0	—
缺失	25	26.6	—	—
	94	100.0	—	—
暂予监外执行				
具备	47	100.0	100.0	100.0

二、社区矫正适用前评估意见与调查内容的相关性

《社区矫正法》和《社区矫正法实施办法》中对于调查评估的内容较为原则且在实践中难以操作，因此实践中将社会危险性和对所在社区的影响依据经验进行细分，从时间维度上主要分为 2012 年之后确定的家庭情况、社会评价、矫正条件的"三维度"模式和 2018 年之后的居所情况、生活及家庭情况、违法违规情况、犯罪或涉嫌犯罪的情况、有关组织和个人的意见的"五维度"模式。

基于前述对调查评估内容维度的分析，刑罚个别化下的预防性理念以犯罪人为导向，犯罪人属性情节和社会人属性情节为路径来进行评估内容的划定并探究各因素与其调查评估意见的二列相关基础性分析，确定有统计学意义上的影响因素。数据来源于 A 市全域的调查评估案卷并按照调查评估内容的维度进行了数据的整理和录入，共有管制和缓刑的调查评估案件 1115 件，假释和暂予监外执行评估案件 178 件。缓刑案件调查评估意见的分类为退回、具备适用社区矫正条件和不具备（将基本具备并入不具备中）三种意见，而假释的调查评估中不存在退回的评估，仅分为具备和不具备社区矫正条件两种，暂予监外执行调查评估

意见结果都具备。

(一)犯罪人属性情节因素与调查评估意见

对犯罪人属性情节,调查评估机关能掌握的信息较少,文件规定的维度有违法违规情况、犯罪和涉嫌犯罪情况,可进行量化的因素有犯罪和涉嫌犯罪的前科劣迹,同时以涉嫌罪名的章节分类(不同章节的危害性大小不同)、审级、审理程序、是否被取保候审,对犯罪和涉嫌犯罪的情况进行全景式展现。

1. 未决犯的犯罪人属性因素与调查评估意见的二列相关分析

前科劣迹和审判程序是仅仅针对未决犯,也即缓刑的调查评估有意义的犯罪人属性情节。被评估对象的犯罪前科和违法劣迹与调查评估内容中违法违规情况维度是对应的。前科是指超过五年的不构成累犯的犯罪行为,劣迹是未达到犯罪程度的治安违法行为。在评估实践中,对调查评估中的整体情况如何,对调查评估的意见出具是否有影响,对法院最终的判决是否有影响,值得用数据进行全景的实证分析。假释的评估中无法进行犯罪前科和违法劣迹的统计,此因素仅以缓刑数据进行分析。在1115份缓刑评估样本中,有劣迹的评估对象有104例,占比9.3%,有前科的为36例,占比3.2%。前科劣迹对评估结果的影响不同,可以明显地看出存在劣迹情况的对象,其最终获得适用的调查评估结果的与无前科劣迹的占比差异不大,分别为83.75%和81.7%。但是有前科的这一数字就差异很大,适用的占比仅为66.7%。值得注意的是,对此法院的态度也较为一致,劣迹对适用缓刑影响不大,其适用缓刑的比例甚至稍微高于无前科劣迹的评估对象,为80.4%,而前科中适用缓刑比例是最低的,仅为52.8%。最后以前科劣迹对评估结果法院判决一致性的二列相关显示了同样的趋势,劣迹的一致性比例略高于无前科劣迹的评估对象。可见从二列相关的描述性分析上看,评估机构与法院在对前科与劣迹在何种程度上影响评估和判决的结果是具有一致性的,在结构化访谈中,基层社区矫正机构的工作人员所反映的问题并不一致，可以说对于有劣迹的评估对象，调查评估发挥了更重要的作用，因此用数据进行全景式的调查评估情况分析显得很有必要。

从二列相关的分析上看，前科情况对评估意见有影响，劣迹情况的评估适用结果反而超过了无劣迹情况和整体的样本。前科劣迹情况是否会影响评估的结果，本研究进行了二列相关的探索。从总体的样本中，无前科劣迹情况的为87.4%，存在劣迹情况的为9.3%，存在前科情况的为3.2%。值得注意的是，有劣迹的评估委托的适用比例要大于无前科劣迹情况，从某种角度上说，委托机关对此情况进行评估的委托是希望得到适用的意见，或者说调查评估机关不认为劣迹的情况会对社会危险性评价和所在社区有影响。从出具评估意见的结果看，县级社区矫正机构即调查评估意见的出具机关对前科和劣迹在对再犯风险和社会影响预测上的看法是有明显区别的。前科情况的不适用的比例为7.4%，劣迹情况不适用占比为8.3%，无前科劣迹情况下不适用比例为84.3%，前科情况对评估意见不适用的预测度较高。（见表4－5）

表4－5　犯罪人属性缓刑评估结果交叉统计

	退回	不适用	适用	总计
前科劣迹				
无	87例	91例	797例	975例
	87.9%	84.3%	87.8%	87.4%
劣迹	8例	9例	87例	104例
	8.1%	8.3%	9.6%	9.3%
前科	4例	8例	24例	36例
	4.0%	7.4%	2.6%	3.2%
总计	99例	108例	908例	1115例
	100.0%	100.0%	100.0%	100.0%

续表

	退回	不适用	适用	总计
共犯				
是	35 例	47 例	396 例	478 例
	35.4%	43.9%	43.8%	43.0%
否	64 例	60 例	509 例	633 例
	64.6%	56.1%	56.2%	57.0%
总计	99 例	107 例	905 例	1111 例
	100.0%	100.0%	100.0%	100.0%
取保				
否	18 例	21 例	79 例	118 例
	21.4%	22.6%	9.8%	12.0%
是	66 例	72 例	727 例	865 例
	78.6%	77.4%	90.2%	88.0%
总计	84 例	93 例	806 例	983 例
	100.0%	100.0%	100.0%	100.0%
审判程序				
简易	46 例	39 例	384 例	469 例
	69.7%	53.4%	60.1%	60.3%
普通	18 例	34 例	239 例	291 例
	27.3%	46.6%	37.4%	37.4%
速裁	2 例	0 例	16 例	18 例
	3.0%	0.0%	2.5%	2.3%
总计	66 例	73 例	639 例	778 例
	100.0%	100.0%	100.0%	100.0%

审判程序的分类中，目前的刑事诉讼程序分为普通程序、简易程序和速裁程序。基于上文的分析，审判程序的不同预示着案件的复杂情况和犯罪人的认罪态度等情况不同，更为重要的是不同的审判程序由于审

判时限的不同决定调查评估的时限进而影响调查评估意见的出具。以实证数据分析审判程序对调查评估意见的影响,适用速裁程序的除退回2例外,其余的评估结果都为适用,是所有审判程序中适用比例最高的,占比为2.5%。简易程序的适用比例要略高于普通程序,分别为60.1%和37.4%。评估意见为不适用的比例也是普通程序的低于简易程序的,普通程序的退回比例最低,为27.3%。

2. 已决犯和未决犯共有的犯罪人属性的二列相关分析

共同犯罪情况和取保候审情况是目前数据可以统计的对于缓刑和假释的调查评估的共同的犯罪人属性情节。首先,共同犯罪的情况对假释和缓刑的影响相反。从是否为共同犯罪因素来看,在缓刑案例中,共同作案的情况调查评估意见为适用的比例为43.8%,要低于单独作案的适用比例56.2%。在退回和不适用的比例上都是单独作案的比例较高。这种情况的出现可能跟评估对象在团伙作案中属于从犯地位有关。假释案件的调查评估意见与缓刑的相反,原犯罪为单独作案的评估结果为适用的高于共同作案的比例,单独作案的适用比例为88.1%,共同作案的适用比例为80%;同时不具备社区矫正条件的共犯的比例为16%,高于单独作案的犯罪人,其比例为7.1%。

审前阶段被取保候审是司法机关基于对犯罪人社会危险性的判断,对调查评估意见有一定的影响。可以明显看出被采取羁押措施的被评估对象的适用比例为9.8%,显著低于被取保候审的评估的比例90.2%,在其余调查评估意见的所有类型中,被采取羁押性强制措施的对象的比例都要大于被取保候审的对象的比例。

对于假释的评估对象,已决犯是否被取保候审对评估意见的影响则可以说更为明显,在有效的48例样本中,仅有两例假释的评估对象在之前的犯罪中被采取了取保候审,46例都被采取了羁押性强制措施。(见表4-6)

表 4-6 犯罪人属性假释评估意见交叉统计

	具备	基本具备	不具备	总计
共同犯罪				
否	37 例	2 例	3 例	42 例
	88.1%	4.8%	7.1%	100.0%
是	20 例	1 例	4 例	25 例
	80.0%	4.0%	16.0%	100.0%
总计	57 例	3 例	7 例	67 例
	85.1%	4.5%	10.4%	100.0%
取保候审				
缺失	18 例	1 例	2 例	21 例
	85.7%	4.8%	9.5%	100.0%
否	40 例	2 例	4 例	46 例
	87.0%	4.3%	8.7%	100.0%
是	1 例	0 例	1 例	2 例
	50.0%	0.0%	50.0%	100.0%
总计	59 例	3 例	7 例	69 例
	85.5%	4.3%	10.1%	100.0%

(二)犯罪人的社会人属性情节与调查评估意见

将本研究的样本分为缓刑、假释与未决犯、已决犯分别进行对应,进行犯罪人的社会人属性情节因素与调查评估意见的二列相关分析。同时按照本样本采集的省域内的评估维度进行居所情况、生活和家庭情况、有关组织和个人意见三个模块进行分析。包括对居所情况的调查:有居住情况(租房或者无房、自有住房、与长辈同住、与伴侣同住、与子女同住),居住地与户籍地是否一致情况。生活和家庭情况:生活情况包括被评估对象的学历情况、职业情况、户口的类别,家庭情况包括家庭外部的组成形式(婚姻状况和独生子女情况)和家庭内部(家庭关系、经济情况和婚姻状况)。

有关组织和个人的意见;其中被害人的意见在实践中较为少见,因此主要分析亲属的评价、村委会或者居委会代表的社会的评价。

1. 犯罪人社会属性之居所情况与调查评估意见二列相关

基于对调查评估的委托机关、具体的调查评估机关的访谈定性研究和对相关规定的辨析,居所情况无疑是社区矫正适用前评估中最重要的因素,具体在本研究中以居住情况和居住地是否为户籍地两个因素进行衡量。

居住情况最差的为租房或无房情况,评估意见为适用的比例最低,为 81.8%,与子女同住的评估意见适用比例最高为 100.0%,但与子女同住仅为 4 例,其次为与伴侣同住的评估意见适用比例为 97.3%,与长辈同住的评估意见适用比例为 92.9%,自有住房的为 92.6%。租房或无房的评估意见退回占比最高为 7.6%。评估意见为不适用的情况,与子女同住的评估意见适用比例最低,占比为 0.0%,其次为与伴侣同住的评估意见适用比例,占比 2.7%。评估意见不适用中,无房或者租房的评估意见适用比例占比最高为 10.6%。(见表 4－7)

表 4－7　住房情况缓刑评估意见交叉统计

	退回	不具备	具备	总计
租房或者无房	5 例	7 例	54 例	66 例
	7.6%	10.6%	81.8%	100.0%
自有住房	13 例	15 例	349 例	377 例
	3.4%	4.0%	92.6%	100.0%
与长辈同住	1 例	1 例	26 例	28 例
	3.6%	3.6%	92.8%	100.0%
与伴侣同住	1 例	0 例	36 例	37 例
	2.7%	0.0%	97.3%	100.0%
与子女同住	0 例	0 例	4 例	4 例
	0.0%	0.0%	100.0%	100.0%
总计	20 例	23 例	469 例	512 例
	3.9%	4.5%	91.6%	100.0%

居住地与户籍地一致的,调查评估机关意见为具备社区矫正条件的占比为87.7%,高于居住地与户籍地不一致的情况,评估意见为具备的占比为71.1%。同样,在评估意见为不具备的情况下,居住地与户籍地一致的要低于不一致的情况,占比分别为6.7%和17.0%,在退回的情况下趋势也一致。(见表4-8)

表4-8　居住所地与户籍地缓刑评估意见交叉统计

	退回	不具备	具备	总计
否	37例 11.9%	53例 17.0%	221例 71.1%	311例 100.0%
一致	36例 5.6%	43例 6.7%	562例 87.7%	641例 100.0%
总计	73例 7.7%	96例 10.1%	783例 82.2%	952例 100.0%

不同的居住情况下假释调查评估意见适用比例差异较大。在假释评估结果为适用的情况下,租房或无房的数据只有一个,不具有参考的意义。自有住房的评估适用占比为92.3%,与长辈同住占比为50%。在评估结果为基本具备的情况下,与长辈同住,占比为50%。在评估结果为不适用的情况下,自有住房占比为7.7%。(见表4-9)

表4-9　住房情况假释评估意见交叉统计

	具备	基本具备	不具备	总计
租房或无房	1例 100.0%	0例 0.0%	0例 0.0%	1例 100.0%
自有住房	24例 92.3%	0例 0.0%	2例 7.7%	26例 100.0%
与长辈同住	1例 50.0%	1例 50.0%	0例 0.0%	2例 100.0%
总计	26例 89.7%	1例 3.4%	2例 6.9%	29例 100.0%

2. 犯罪人社会属性之生活和家庭情况与调查评估意见二列相关

基于上文的分析，犯罪人的社会人属性情节在调查评估内容中体现的第三个维度为生活和家庭的情况，具体在定量的数据分析中，分为学历情况、职业情况、户口的类别；家庭情况分为家庭经济情况、家庭关系、婚姻状况、独生子女的情况进行定量的数据衡量。其中因为数据的获取问题，学历、职业、独生子女的情况仅对未决犯进行与缓刑评估意见的二列相关分析。

学历最低的文盲的评估意见为适用的比例最低，为 75.0%，学历层次最高本科及以上的适用比例最高，为 86.6%，文盲的不适用占比最高，为 15.0%。评估意见为不适用的情况，学历层次最高的占比最低，为 4.1%，退回的评估意见中，中学层次占比最高，为 10.0%，基本适用的评估意见中，大专学历的占比最高，为 3.2%。（见表 4－10）

表 4－10　学历缓刑评估意见交叉统计

	退回	不具备	具备	总计
文盲	1 例	4 例	15 例	20 例
	1.1%	3.8%	1.7%	1.9%
小学	10 例	8 例	84 例	102 例
	11.2%	7.6%	9.6%	9.5%
中学	44 例	41 例	353 例	438 例
	49.4%	39.0%	40.3%	40.9%
高中或中专	19 例	27 例	212 例	258 例
	21.3%	25.7%	24.2%	24.1%
大专	8 例	19 例	129 例	156 例
	9.0%	18.1%	14.7%	14.6%
本科及以上	7 例	6 例	84 例	97 例
	7.9%	5.7%	9.6%	9.1%
总计	89 例	105 例	877 例	1071 例
	100.0%	100.0%	100.0%	100.0%

职业为务工的评估对象适用缓刑的比例最高，为26.7%，最低为务农，占比5.2%，务农的评估对象，也没有不适用的评估意见，不适用的评估意见中占比最高的是务工人员。务工的退回比例也是最高的，为32.0%，自由职业的退回最少，占比1.3%。（见表4－11）

表4－11　职业缓刑评估意见交叉统计

	退回	不具备	具备	总计
无业	23例 30.7%	27例 28.4%	183例 23.9%	233例 24.9%
务农	2例 2.7%	0例 0.0%	40例 5.2%	42例 4.5%
个体户	10例 13.3%	9例 9.5%	121例 15.8%	140例 14.9%
务工	24例 32.0%	36例 37.9%	205例 26.7%	265例 28.3%
自由职业	1例 1.3%	7例 7.4%	51例 6.6%	59例 6.3%
普通企事业职员	8例 10.7%	13例 13.7%	118例 15.4%	139例 14.8%
企事业管理层	7例 9.3%	3例 3.2%	49例 6.4%	59例 6.3%
总计	75例 100.0%	95例 100.0%	767例 100.0%	937例 100.0%

在户口类别的情况中，城镇户口的调查评估意见为适用的，占比为78.7%，城镇户口适用的比例较高，为61.0%。评估意见为退回的情况相反，城镇户口较高，为75.8%，农村户口退回比例为24.2%，这种差异同样体现在不适用缓刑的评估意见上，城镇户口为69.4%，农村户口为30.6%。（见表4－12）

表 4－12　户口类别缓刑评估意见交叉统计

		退回	不具备	具备	总计
城镇		75 例	75 例	554 例	704 例
		75.8%	69.4%	61.0%	63.1%
农村		24 例	33 例	354 例	411 例
		24.2%	30.6%	39.0%	36.9%
总计		99 例	108 例	908 例	1115 例
		100.0%	100.0%	100.0%	100.0%

在缓刑的评估中，非独生子女适用的比例最高，为 90.5%，适用的独生子女比例最低，为 74.2%。非独生子女基本适用比例最高，为 2.2%，独生子女的比例最低，为 2.1%。在不适用缓刑的评估结果下，独生子女占比最高，为 10.2%，非独生子女占比为 3.2%。在评估结果为退回的情况下，独生子女占比最高，为 13.5%，非独生子女占比为3.0%。（见表 4－13）

表 4－13　独生子女缓刑评估意见交叉统计

	退回	不具备	基本具备	具备	总计
是	84 例	63 例	13 例	460 例	620
	13.5%	10.2%	2.1%	74.2%	100.0%
否	15 例	21 例	11 例	448 例	495 例
	3.0%	4.2%	2.2%	90.5%	100.0%
总计	99 例	84 例	24 例	908 例	1115 例
	8.9%	7.5%	2.2%	81.4%	100.0%

已决犯的调查评估中评估意见为不适用假释的情况是，城镇户口的占比高，为 16.2%，农村户口的占比低，为 3.1%。在评估意见为基本具备的情况下，城镇户口的占比为 5.4%，农村户口的占比为 3.1%。在评估意见为适用的情况下，农村户口的占比最高，为 93.8%，城镇户口的占比最低，为78.4%。（见表 4－14）

表 4－14　户口类别假释评估意见交叉统计

	具备	基本具备	不具备	总计
城镇	29 例	2 例	6 例	37 例
	78.4%	5.4%	16.2%	100.0%
农村	30 例	1 例	1 例	32 例
	93.8%	3.1%	3.1%	100.0%
总计	59 例	3 例	7 例	69 例
	85.5%	4.3%	10.1%	100.0%

再婚的情况比较特殊，共 3 例，评估意见都为适用缓刑。除此之外，已婚的适用比例最高，为 76.2%，再婚的适用比例最低，为 0.4%。已婚情况下退回的比例最高，为 67.5%，已婚情况的不适用比例最高，为 68.6%，丧偶和再婚都没有评估不适用的结果。（见表 4－15）

表 4－15　婚姻状况缓刑评估结果交叉统计

	退回	不具备	具备	总计
未婚	7 例	15 例	93 例	115 例
	17.5%	21.4%	13.5%	14.4%
已婚	27 例	48 例	525 例	600 例
	67.5%	68.6%	76.2%	75.1%
离异	5 例	7 例	62 例	74 例
	12.5%	10.0%	9.0%	9.3%
丧偶	1 例	0 例	6 例	7 例
	2.5%	0.0%	0.9%	0.9%
再婚	0 例	0 例	3 例	3 例
	0.0%	0.0%	0.4%	0.4%
总计	40 例	70 例	689 例	799 例
	100.0%	100.0%	100.0%	100.0%

在假释评估中评估意见为不适用的情况下，离异占比最大，为16.7%，

未婚占比为15.8%，已婚占比最低，为6.8%。在评估结果为基本具备的情况下，已婚占比为6.8%。在评估结果为适用的情况下，已婚占比最高，为86.4%，未婚占比为84.20%，离异占比最低，为83.3%。（见表4－16）

表4－16　婚姻状况假释评估意见交叉统计

		具备	基本具备	不具备	总计
未婚		16例	0例	3例	19例
		84.2%	0.0%	15.8%	100.0%
已婚		38例	3例	3例	44例
		86.4%	6.8%	6.8%	100.0%
离异		5例	0例	1例	6例
		83.3%	0.0%	16.7%	100.0%
总计		59例	3例	7例	69例
		85.5%	4.3%	10.1%	100.0%

在缓刑评估中，评估意见为适用的情况下，经济一般的占比最高，为75.4%，经济尚可的占比最低，为2.1%。评估结果为不适用的情况下，经济一般的占比最高，为57.1%，经济较差和尚可的，经济较好的没有数据记录。在评估结果为退回的情况下，经济一般的占比最高，为66.7%，无收入或贫困、尚可、良好、较好和很好的无数据记录。（见表4－17、表4－18）

表4－17　家庭经济缓刑评估结果交叉统计

	退回	不具备	具备	总计
无收入或贫困	0例	1例	7例	8例
	0.0%	14.3%	2.5%	2.7%
较差	1例	0例	13例	14例
	33.3%	0.0%	4.6%	4.7%
尚可	0例	0例	6例	6例
	0.0%	0.0%	2.1%	2.0%

续表

	退回	不具备	具备	总计
一般	2 例	4 例	215 例	221 例
	66.7%	57.1%	75.4%	74.9%
良好	0 例	1 例	24 例	25 例
	0.0%	14.3%	8.4%	8.5%
较好	0 例	0 例	10 例	10 例
	0.0%	0.0%	3.5%	3.4%
很好	0 例	1 例	10 例	11 例
	0.0%	14.3%	3.5%	3.7%
总计	3 例	7 例	285 例	295 例
	100.0%	100.0%	100.0%	100.0%

表 4－18　家庭经济假释评估意见交叉统计

	具备	基本具备	不具备	总计
无收入或贫困	1 例	0 例	0 例	1 例
	100.0%	0.0%	0.0%	100.0%
较差	2 例	0 例	1 例	3 例
	66.7%	0.0%	33.3%	100.0%
一般	21 例	1 例	3 例	25 例
	84.0%	4.0%	12.0%	100.0%
良好	11 例	0 例	0 例	11 例
	100.0%	0.0%	0.0%	100.0%
总计	35 例	1 例	4 例	40 例
	87.5%	2.5%	10.0%	100.0%

在缓刑评估结果为适用的情况下，关系融洽占比最高，为 49.2%。重大变故占比最低，为 0.9%。在不适用的情况下，关系融洽占比最高，为 63.3%，离异、负债或重病占比最低，为 2.0%。在评估结果退回的情况下，一般正常占比最高，为 80.0%。（见表 4－19）

表 4－19　家庭关系缓刑评估结果交叉统计

	退回	不具备	具备	总计
重大变故	0 例	0 例	5 例	5 例
	0.0%	0.0%	0.9%	0.8%
离异、负债或重病	0 例	1 例	6 例	7 例
	0.0%	2.0%	1.0%	1.1%
一般正常	16 例	17 例	283 例	316 例
	80.0%	34.7%	48.9%	48.8%
关系融洽	4 例	31 例	285 例	320 例
	20.0%	63.3%	49.2%	49.4%
总计	20 例	49 例	579 例	648 例
	100.0%	100.0%	100.0%	100.0%

假释评估的家庭关系仅能区分为一般正常和关系融洽两种情况，一般正常的 1 例，评估结果为适用；关系融洽 35 例，适用的占比最高，为 88.6%，其次为不适用的 3 例，占比 8.6%。（见表 4－20）

表 4－20　家庭关系 * 假释评估意见交叉统计

	具备	基本具备	不具备	总计
一般正常	1 例	0 例	0 例	1 例
	100.0%	0.0%	0.0%	100.0%
关系融洽	31 例	1 例	3 例	35 例
	88.6%	2.9%	8.6%	100.0%
总计	32 例	1 例	3 例	36 例
	88.9%	2.8%	8.3%	100.0%

3. 有关组织和个人的意见与调查评估意见二列相关分析

依据社区矫正恢复性司法的理念，被害人的意见在调查评估中对评估的结果影响很大，但被害人的意见在实践中较少出现。因此有关组织的评价为社会关系的评价，个人的评价以亲属的评价衡量。

在缓刑评估中，亲属评价为和睦有5例，其评估意见均为适用。评估意见为不适用的情况下，亲属评价为良好的占比最高，为14.3%，不熟的占比为5.3%，一般的占比为4.1%。在评估结果为适用的情况下，家庭评价和睦的占100.0%，亲属评价良好的最低占85.7%。在评估结果是退回的情况下，亲属评价一般的占比最高为5.1%，不熟的占比为1.3%。（见表4-21）

表4-21　亲属评价缓刑评估意见交叉列统计

	退回	不具备	具备	总计
和睦	0例	0例	5例	5例
	0.0%	0.0%	100.0%	100.0%
良好	0例	1例	6例	7例
	0.0%	14.3%	85.7%	100.0%
一般	16例	17例	283例	316例
	5.1%	5.4%	89.6%	100.0%
不熟	4例	31例	285例	320例
	1.3%	9.7%	89.1%	100.0%
总计	20例	49例	579例	648例
	3.1%	7.6%	89.4%	100.0%

在假释评估结果为不适用的情况下，亲属评价一般的占比最高，为50.0%。亲属评价和睦的占比最低，为4.5%。在评估结果为适用的情况下，亲属评价为不熟的占比最高，为100.0%，亲属评价一般的占比最低，为50.0%。（见表4-22）

表4-22　亲属评价假释评估意见交叉统计

	具备	不具备	总计
不熟	5例	0例	5例
	100.0%	0.0%	100.0%
一般	2例	2例	4例
	50.0%	50.0%	100.0%

续表

	具备	不具备	总计
良好	11 例	1 例	12 例
	91.7%	8.3%	100.0%
和睦	21 例	1 例	22 例
	95.5%	4.5%	100.0%
总计	39 例	4 例	43 例
	90.7%	9.3%	100.0%

在缓刑评估意见为适用的情况下,社会关系评价不错的占比最高,为97.2%,社会关系评价融洽的占比为96.3%,社会关系评价一般的占比为94.6%,社会关系评价不熟悉的占比最低,为72.3%。在评估结果为不适用的情况下,社会关系评价不熟悉的占比最高,为21.3%。社会关系评价不错和融洽的占比最低,为1.9%。在评估结果为退回的情况下,社会关系评价不熟悉的占比最高,为6.4%,社会关系评价不错的占比最低,为0.9%。(见表4-23)

表4-23 社会评价缓刑评估意见交叉统计

	退回	不具备	具备	总计
融洽	1 例	1 例	52 例	54 例
	1.9%	1.9%	96.3%	100.0%
不错	1 例	2 例	105 例	108 例
	0.9%	1.9%	97.2%	100.0%
一般	3 例	2 例	88 例	93 例
	3.2%	2.2%	94.6%	100.0%
不熟悉	3 例	10 例	34 例	47 例
	6.4%	21.3%	72.3%	100.0%
总计	8 例	15 例	279 例	302 例
	2.6%	5.0%	92.4%	100.0%

假释评估意见为不适用的情况下，社会关系评价为不熟的占比最高，为30.0%，良好的占比为3.1%。在评估意见为基本具备的情况下，社会关系评价良好的占比为6.3%。在评估意见为适用的情况下，社会关系评价一般和融洽的占比最高，都为100.0%，良好的占比为90.6%，社会关系评价不熟的占比最低，为70.0%。（见表4－24）

表4－24　社会关系假释评估意见交叉统计

	具备	基本具备	不具备	总计
不熟	7例 70.0%	0例 0.0%	3例 30.0%	10例 100.0%
一般	6例 100.0%	0例 0.0%	0例 0.0%	6例 100.0%
良好	29例 90.6%	2例 6.3%	1例 3.1%	32例 100.0%
融洽	4例 100.0%	0例 0.0%	0例 0.0%	4例 100.0%
总计	46例 88.5%	2例 3.8%	4例 7.7%	52例 100.0%

（三）调查评估程序衔接因素与调查评估意见

根据前文对调查评估程序模式的冲突的分析，对调查评估意见可能有影响的因素，对缓刑的调查评估进行了委托主体、委托的地域（省内还是省外）、评估主体与委托主体是否属于同一行政区域的因素区分，并与调查评估的意见进行了二列相关的探究。在调查评估意见为具备的情况下，随着刑事诉讼流程的推进，评估意见为具备的比例是逐渐升高的，其中，侦查阶段公安机关启动委托的占比64.0%，审查起诉阶段检察院委托的占比75.8%，审判阶段法院委托的占比82.4%。评估意见为不具备的也呈现了诉讼流程上的变化，随着诉讼流程的推进，不具备的占比在逐渐地下降，其中，公安机关委托占比最高，为20.0%，检察院委托的为14.1%，法院委托的为9.0%。在评估意见为退回的情况下也呈现出同样的变化。（见表4－25）

表 4－25　委托主体缓刑评估交叉统计

	退回	不具备	具备	总计
公安	4 例	5 例	16 例	25 例
	16.0%	20.0%	64.0%	100.0%
检察院	10 例	14 例	75 例	99 例
	10.1%	14.1%	75.8%	100.0%
法院	85 例	89 例	812 例	986 例
	8.6%	9.0%	82.4%	100.0%
总计	99 例	108 例	903 例	1110 例
	8.9%	9.7%	81.4%	100.0%

因不同的省域社区矫正具体实施的细则有所差异，因此需要探讨不同地域的委托主体对调查评估意见的影响，在委托主体的地域差异上，调查评估意见为具备的情况下省内外的委托占比差异不大，省内的占比为 81.4%，省外的占比为 81.4%。评估意见为不具备时，反而是省内占比 10.4%，高于省外的占比 6.6%；评估意见为退回的情况下，省外的委托占比为 12.2%，超过了省内的 8.2%。（见表 4－26）

表 4－26　委托地域（省内外）评估意见交叉统计

	退回	不具备	具备	总计
省内	75 例	95 例	743 例	913 例
	8.2%	10.4%	81.4%	100.0%
省外	24 例	13 例	160 例	197 例
	12.2%	6.6%	81.2%	100.0%
总计	99 例	108 例	903 例	1110 例
	8.9%	9.7%	81.4%	100.0%

评估机关与委托机关是否属于同一行政区域（县、区）对调查评估意见的影响表现如下，两地域一致的情况下评估意见为具备的比例更高，为 86.1%，不一致的情况下，评估意见为具备的占比为 77.7%。评估意见为不具备的情况差异不大，但也是一致的低于不一致情况，退回的情况类似，且差异更为明显。（见表 4－27）

表 4－27　评估单位与委托单位一致性缓刑评估意见交叉统计

	退回	不具备	具备	总计
不一致	77 例	59 例	473 例	609 例
	12.6%	9.7%	77.7%	100.0%
一致	20 例	43 例	390 例	453 例
	4.4%	9.5%	86.1%	100.0%
总计	97 例	102 例	863 例	1062 例
	9.1%	9.6%	81.3%	100.0%

三、社区矫正适用前调查评估意见的影响因素

社区矫正适用前调查评估意见的出具，需要评估机关结合已决犯的假释适用和未决犯的缓刑、管制适用并结合拟评估对象的犯罪人属性情节和社会人属性情节进行全面客观的了解，基于上述对调查评估意见的出具与调查评估的内容相关性因素的基础性分析，在不同的犯罪人属性情节和社会人属性因素下，调查评估意见分布情况有所不同，为了获得精准性的调查评估意见，进行更深入的相关性程度和相关系数的探究，在社会人属性情节和犯罪人属性情节中均有影响显著的因素，也说明目前调查评估的运行已形成了一些较为成熟的范式和规律，切合相关文件的规定和精神。此外，具体执行调查评估和出具评估意见人员的素质也影响着调查评估意见的出具质量，但具体而言调查评估人员处于何种状态，本研究基于安徽省的样本数据也进行了梳理和分析。

（一）犯罪人属性和社会人属性对调查评估意见的影响

结合上文对调查评估的意见与调查内容维度的二列相关分析，进一步进行对调查评估意见的斯皮尔曼相关性系数分析。在未决犯的调查评估意见中，可见在犯罪人的社会人属性情节中居所情况、居住地是否为户籍地对评估意见有显著影响。生活和家庭情况维度中户口的类别、独生子女与调查意见的结果具有统计学意义上的显著性相关。其他组织和个人意见中，社会关系评价与评估意见呈显著性相关。（见表 4－28、表 4－29）

表 4－28　缓刑评估意见相关性

				社会人属性											犯罪人属性				
			评估2	性别	住房	学历	职业分类	户口类别	经济	家庭关系	婚姻状况	是否独生子女	亲属评价	社会评价	是否共犯	是否取保	罪名章节	审级	审判程序
斯皮尔曼等级相关系数	评估2	相关系数	1.000	0.058	0.127	0.040	0.024	-0.095	0.023	-0.004	0.034	-0.214	-0.004	-0.233	-0.035	0.143	-0.041	-0.056	0.017
		显著性（双尾）		0.053	0.004	0.195	0.457	0.002	0.698	0.914	0.341	0.000	0.914	0.000	0.248	0.000	0.170	0.062	0.627
		N	1115	1109	512	1071	937	1115	295	648	799	1115	648	302	1111	983	1103	1107	778

表 4 – 29　评估意见与外部衔接因素相关性分析

			外部衔接因素					
			委托主体	刑种	刑事执行状态	评估与委托单位	评估单位与户籍地	法院与评估一致性
斯皮尔曼等级相关系数	法院与评估一致性	相关系数	−0.068	0.006	−0.185	0.116	0.201	0.307
		显著性（双尾）	0.024	0.852	0.000	0.000	0.000	0.000
		N	1110	922	975	1062	952	975

在未决犯缓刑的评估中，犯罪人属性中的取保候审情况、终审级别对于调查评估意见影响显著，也属于调查评估维度中的犯罪和涉嫌犯罪的情况中职权机关对拟评估对象的犯罪人属性情节的判断。已决犯的调查评估意见与犯罪人属性情节维度无关，代表评估对象的违法违规情况的前科和劣迹情况与调查评估意见没有显著性相关。

（二）调查评估程序中的衔接机制对调查评估意见的影响

斯皮尔曼等级相关系数分析显示，委托主体的不同，具体来说公安机关、检察院、法院的委托会影响调查评估意见的最终结果，而是来自省内相关主体的委托还是省外的委托对调查评估意见的最终结果没有影响。评估单位和委托单位是否属于同一行政区（县），对调查评估意见也有影响，最终决定机关对评估书的形式上的采信，与评估意见也有统计学意义上的关系。

（三）基层社区矫正调查评估人员结构性限制因素

调查评估工作是一项非常专业的工作，按照相关规定出具评估报告时需走访调查评估对象的家庭、社区、邻居、单位，并需所在村（社区）的意见，程序在有关文件中是进行了规范，但是调查评估的意见的出具需要社区矫正机构人员花足够的时间去落实。目前调查评估工作主要由司法所工作人员担任，缺乏专业的审前调查人员。目前对整体社区矫正人员人数不足和素质有待提高多有研究论述，但各种数据的范围较小。笔者对安徽省从事社区矫正评估的工作的基层社区矫正工作人员进行了全样本的结构性分析。

1.安徽省社区矫正专职队伍人员和司法所人员配备基本情况

社区矫正专职队伍主要指省域内的社区矫正专门机构中的工作人员，经省厅的官方统计数据，全省社区矫正专职工作人员共有286人，加上辅助人员共582人。全省在册社区矫正对象32,063人，省级社区矫正专职工作人员与社区矫正对象数量比例为112∶1，即每一个专职的社区矫正工作人员要对应112名社区矫正对象。其中，省级机构6人，排名全国靠后；市级机构41人，平均每个市2.56人，BZ市、SZ市、F市、D市、WE市、AQ市、HS市等市低于全省平均水平，CZ市仅有1人，为全省最低。县级机构239人，平均每个县2.98人。A市、HN市、C市、WE市、B市、CZ市、AQ市、HS市等市的县区平均配备不足2人。社区矫正工作人员，特别是专业人员缺口非常大。工作任务重、力量不足、专业人才缺乏是长期困扰基层工作的严重问题，是制约社区矫正工作发展的瓶颈。因此，加快社区矫正专业人才队伍培养，为社区矫正机构配备更多的专业人才是基层所急需。社区矫正机构不仅要承担对社区矫正对象的监督管理和教育帮扶工作，还要做好收监执行、落实帮扶政策等大量协调工作，而现在的人员配备，仅仅能满足基本工作需求。全省社区矫正专职队伍建设存在专职力量严重不足的问题。在美国，一个专职的缓刑官负责监管的常规缓刑犯的适当数量是50人。然而在实际上，大多数专职缓刑官负责监管的缓刑犯的人数都是这个数字的2～3倍。[1]当案件量超过50人时，对每一个缓刑犯都进行管理在实际上是不可能的。在没有监督和指导的情况下将缓刑犯释放，实质上仅仅是对判决的暂缓执行，这与缓刑的原则是不一致的。如果犯罪人不需要监督和指

[1] Guynes, Randall, *Difficult Clients*, *Large Caseloads Plague Probation*, *Parole Agencies*, National Institute of Justice, Research in Action, Department of Justice. (1988).

导,就不应该对其实施缓刑;如果他们确实需要指导,那么每位缓刑官所负责的缓刑犯的数量就应该得到控制,从而能够开展工作。

同时按照《社区矫正法》的规定,目前对社区矫正的具体的监督管理、教育帮扶工作由社区矫正机构委托司法所来承担,司法所的专职队伍情况也影响着社区矫正适用前调查评估的质量。全省 1531 个乡镇(街道)司法所,共有司法所工作人员 2492 人,平均每个所 1.63 人,与司法部规定的每个司法所配备 3 人的标准还有较大的差距。全省司法所中,工作人员数量在 3 人(含 3 人)的 181 个,占比为 11.82%;2 人所 603 个,占比为 39.38%;1 人所 679 个,占比为 44.35%。值得关注的是,全省还有无人所 68 个,占比为 4.44%。在具体的人员配备上,暂未配备司法所所长的司法所有 403 个,占比为 26.3%;既无司法所所长又无副所长的司法所 260 个,占比为 16.9%。在 2492 名司法所工作人员中,男性有 1580 人,占比为 63.4%,女性有 912 人,占比为 36.6%。从年龄分布上看,30 岁以下的有 427 人,占比为 17.1%,30~50 岁的有 1479 人,占比为 59.3%,50 岁以上的有 586 人,占比为 23.5%。司法所 30 周岁以下的工作人员偏少,占比为17.1%,30~50 岁的占比为 59.3%,近 2/3,50 岁以上的司法所工作人员占比为 23.5%。(见表 4-30、图 4-1、表 4-31)

司法所相对较少的专职人员总量,加之极不平衡的人员配备,与当前社区矫正对象数量较多的现状不匹配。同时,司法所除社区矫正工作外,还要承担矛盾调解、普法宣传、安置帮教等多项业务工作和地方党委政府中心工作,任务繁重,人员力量不足。

表 4-30 社区矫正机构人员配备情况

	机构数量/个	专职人员数量/人	专职人员平均数量/人
省级机构	1	6	—
市级机构	16	41	2.56
县级机构	108(含 4 个功能区)	239	2.98
司法所	1531	2492	1.63

	机构数量/个	专职人员数量/人	专职人员平均数量/人
市级机构	1	3	—
县级机构	13(含3个开发区)	16	1.23
司法所	131	193	1.47

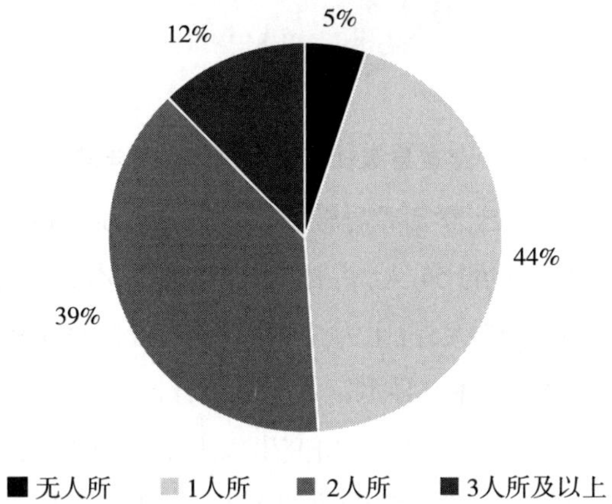

图4-1　全省司法所人员配备情况

表4-31　全省社区矫正工作人员性别比情况

机构性别	省级机构	市级机构	县级机构	司法所
男	6人	32人	145人	1580人
女	0人	9人	94人	912人

2.安徽省社区矫正专职队伍人员和司法所人员专业素质情况

首先,人员结构比例不合理,年龄结构不合理。经统计,在具体实施社区矫正工作的县级机构队伍中,人数最多的年龄段为41~50岁,共75人,占比31.4%;而本应是中坚力量的30~40岁的人员63人,只占26.3%;30岁以下的人员仅有43人,仅占17.9%。(见图4-2)

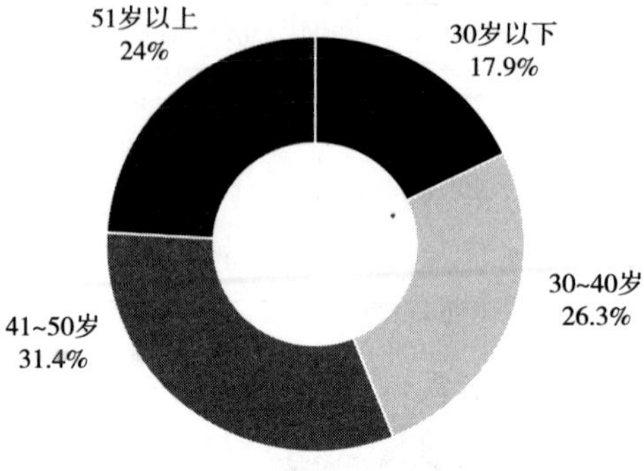

图4－2　全省县级社区矫正机构人员年龄分布

其次,专业素质缺乏,学历差异较大。全省社区矫正机构专职工作人员中,学历为专科及以下的54人,占比为17.85%。本科的213人,占比为74.5%,研究生以上的17人,占比为5.9%。全省社区矫正机构专职工作人员学历总体较高,但是个体差异也巨大。县级社区矫正机构人员中,专科以下学历的3人,本科学历的131人,研究生以上学历的9人;法律专业的151人,社区矫正专业的1人,教育学专业的4人,心理学专业的5人,社会学专业的1人,其他专业的77人。全省社区矫正机构专职工作人员中,具备法律专业的177人,占比为61.9%。但与社区矫正相关的专业很少,专业人才十分稀缺,社区矫正工作的专业化需求很大。(见图4－3、表4－32)

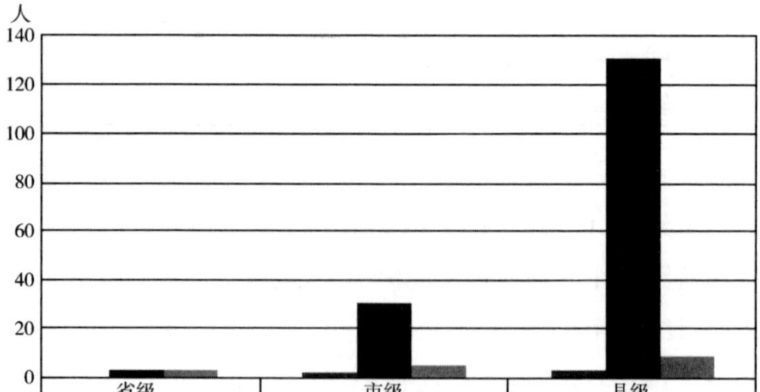

	省级	市级	县级
■专科及以下	0	2	3
■本科	3	31	131
■研究生及以上	3	5	9

图4－3　全省县级社区矫正机构人员学历分布

表 4－32　全省县级社区矫正机构人员专业分布

专业	省级机构	市级机构	县级机构
法律	2 人	24 人	151 人
社会学	0 人	1 人	1 人
教育学	1 人	0 人	4 人
社区矫正	0 人	0 人	1 人
其他	3 人	16 人	77 人

最后，现有的工作人员流失。近年来，市县司法局分管领导、社区矫正机构负责人、司法所所长调离、转岗现象频繁，尤其是社区矫正机构负责人和司法所所长岗位流动性大。从市、县司法局分管领导、市、县社区矫正机构负责人、司法所所长三个层级上看，共 1554 人。无论在哪个层级，都是 5 年以上工作经验的工作人员居多。总体来看，小于 1 年工作年限的有 63 人，占比为 6%；1～3 年工作年限的有 176 人，占比为 11.6%；3～5 年工作年限的为 136 人，占比为 9.0%；五年以上工作经验的最多，有 1110 人，占比为 79.4%。工作年限小于 1 年的，市、县社区矫正机构负责人有 10 人，占比为 8.2%，司法所所长有 92 人，占比为 6%；工作年限 1～3 年的市、县社区矫正机构负责人有 19 人，占比为 15.6%，司法所所长有 176 人，占比为 11.6%；工作年限 3～5 年的，市、县社区矫正机构负责人有 18 人，占比为 14.8%，司法所所长有 136 人，占比为 9%。（见图 4－4）

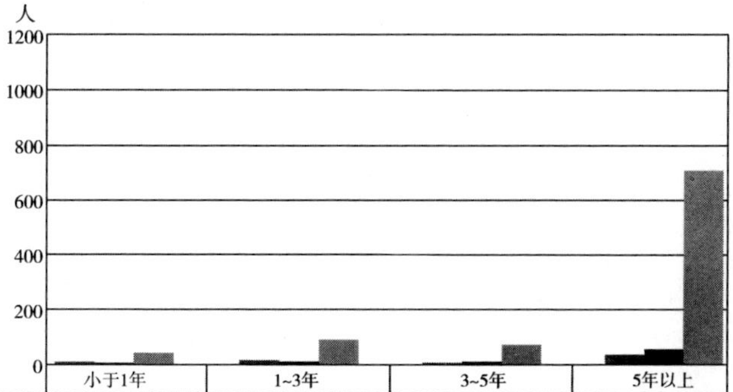

	小于1年	1~3年	3~5年	5年以上
■市县级分管领导	19	27	13	50
■市县级社区矫正机构负责人	10	19	18	75
■司法所所长	63	130	105	985

图 4－4　全省县级社区矫正机构人员工作年限情况

社区矫正是严肃的刑事执行工作，相较于其他司法行政工作，其业务性强、要求高、任务重，承担的职业风险更大，而相关职业保障机制尚未建立，职业晋升难度大，很多同志不愿意分管和从事社区矫正工作。据统计，市县社区矫正机构人员工作5年以上提拔的只有21人，工作10年以上提拔的仅15人。2017年以来，全省受到处分的社区矫正工作人员共33人，占总人员比例为1.2%。全省被立案审查的社区矫正工作人员有6人；最终被追究刑事责任的共3人，都被判处有期徒刑；接受行政处分的共10人，其中被警告的5人，记过1人，降级1人，撤职3人；接受党纪处分的共16人，其中警告6人，严重警告7人，留党察看2人，开除党籍1人。

第五章　社区矫正适用前调查评估意见的应用

社区矫正工作在国外的发展过程中,经历了反矫正运动和对“犯罪强硬”政策,矫正学界开始采纳循证矫正的策略,采用定量研究干预矫正,社区矫正适用前调查评估作为社区矫正程序中重要的一环,循证矫正涉及三种社会科学认识论,包括实证主义、诠释主义和批判主义。目前大部分的循证矫正实践都是沿着实证主义的思路,追寻客观证据进行科学决策和设计实践方案。[1] 但是基于跨情境的实证研究得出的循证因果关系,并不一定在具体的个案中发生因果效应。加拿大矫正学派的邦德和安德鲁斯也指出群体层面的相关性不能等同于个体层面。[2] 社区矫正适用前调查评估制度的最终意义需要体现在对预防刑的量刑和对于监禁刑向非监禁刑的裁量中,因此对调查评估意见在量刑裁判中的应用情况的实证研究和模型构建是检验的最好方式。但基于前文对调查评估意见的相关性因素分析,假释的评估意见没有与任何的因素有统计学意义上的相关性,因此在讨论社区

〔1〕 郭伟和:《扩展循证矫正模式:循证矫正在中国的处境化理解和应用》,载《社会工作》2017 年第 5 期。

〔2〕 James Bonta & Andrews D. A. , *The Psychology of Criminal Conduct*, Routledge, 2017, p. 33 – 34.

矫正调查评估意见的应用中,仅以是否适用缓刑的评估意见的1115份案例进行其后续判决结果的追踪,以研究社区矫正适用前调查评估的意见应用情况。

一、刑事执行状态及其影响因素

社区矫正调查评估是多主体衔接机制的共同体现,若要全面地了解评估委托机关和执行机关对调查评估意见是否一致,以及何种因素最终能影响决定机关的最终选择。调查评估意见是否形成了应有的模式对个案正义和刑罚个别化的最终实现有重要的意义。目前西方的研究主要关注评估结果与法院最终判决的一致性和哪些因素对评估的结果有影响。

(一)社区矫正决定机关的刑事执行状态

判断刑事执行状态的基础是法院最终对调查评估对象的判决情况,从刑种来看,除去缺失的193例,刑种为有期徒刑的占主导,为538例,占比为48.2%,其次为拘役的368例,占比为33.0%,管制的7例,占比为0.6%,单处罚金的6例,占比为0.5%,免予刑事处罚的3例,占比为0.3%,整体样本中,适用缓刑的占大多数,为755例,占比为67.7%,不适用缓刑的为173例,占比为15.5%,单处罚金的为31例,占比为2.8%,免予刑事处罚的最少,为12例,占比为1.1%。再从刑期来看,除去缺失的196例,平均刑期为12.0942个月,中位数为7,标准差为15.85992,其中刑期最短的为1个月,最长的为168个月,范围在167。再从缓刑时间来看,除去缺失的369例,平均缓刑时间为14.6743,中位数为12,标准差为13.23752,其中缓刑时间最短的为1个月,最长的为120个月,范围为119。再从罚金来看,除去缺失的511例,平均缴纳罚金25,957.02元,中位数为6000,标准差为86,373.3,处罚金最少的为800元,最多的为1,500,000元,范围为1,499,200。从共犯人数来看,除去缺失的683例,平均共犯人数7.76人,中位数为4,其中犯人最少的为1人,共犯最多的为81人,范围为80。(见表5-1)

表 5－1　判决情况

		平均值	中位数	标准差	最小值	最大值	范围
刑期/月							
有效	919	12.094	7.000	15.860	1.00	168.00	167.00
缺失	196	196	—	—	—	—	—
缓刑/月							
有效	746	14.674	12.000	13.238	2.00	120.00	119.00
缺失	369	369	—	—	—	—	—
罚金/元							
有效	604	25,957.02	6000.00	86,373.300	800	1,500,000	1,499,200
缺失	511	511	—	—	—	—	—
共犯人数/人							
有效	432	7.76	4.00		1	81	80
缺失	683	683	—	—	—	—	—

法院作出的判决代表着裁判机关对犯罪人刑罚适用的选择，也是最后判断社区矫正评估意见应用情况的基础。因此笔者对法院的判决进行了整合，以刑事执行措施分类，分为免予刑事处罚、单处罚金、适用缓刑、不适用缓刑四种刑事执行措施。除了判处缓刑和监禁刑，还有一种结果是虽然进行了评估的委托，但最终判处单处罚金（附加刑）和免予刑事处罚，其无须进行社区矫正，因此有必要进行单独的区分。对调查评估意见的应用主要是探讨调查评估的意见对法院最终判决的影响，是否影响了法官在适用刑罚上的理性选择。通过相关性分析显示，调查评估意见与判决的结果具有统计学意义上的一致性，法院作出的判决的刑事执行措施与调查评估结果是具有相关性的，通过对调查评估样本的后续判决的追踪，发现法院的判决中除了判决适用缓刑和监禁刑，还有比缓刑判决更轻的免予刑事处罚和单处罚金，本研究统一用刑事执行的措施进行归纳。其中缺失 144 例，免予刑事处罚的 12 例，占比为 1.1%，单处罚金的 31 例，占比为 2.8%，适用缓刑的 755 例，占比为 67.7%，不适

用缓刑的173例,占比为15.5%。(见表5-2)

表5-2 刑事执行状态

刑事执行状态	频数/例	百分比/%	有效百分比/%
免予刑事处罚	12	1.1	1.2
单处罚金	31	2.8	3.2
适用缓刑	755	67.7	77.8
不适用缓刑	173	15.5	17.8
缺失	144	12.9	0
总计	1115	100.0	100.0

(二)刑事执行状态与调查评估内容的维度相关性

在调查评估内容的维度和社区矫正对象的刑事执行状态的意见上,评估的执行机关和决定机关是一致的。进一步探究对法院与评估结果的一致性有影响的因素,发现被评估对象的户口类别、罪名章节、审判的级别、是否被取保对评估结果有统计学意义上的影响。

1. 刑事执行状态与犯罪人属性的二列相关分析

基于前文的分析,犯罪人的属性主要包括其前科和劣迹情况、共同犯罪的情况。首先,刑事执行状态与前科劣迹情况二列相关的研究显示,无前科劣迹的最终判决适用缓刑的占比为78.1%,有劣迹的占比为80.4%,有前科的占比为52.8%;与评估意见的结果一致,有劣迹情况的适用缓刑的比例反而要高于无前科劣迹情况。而前科的情况对评估机关和决定机关的决定影响较大。其适用缓刑和建议适用社区矫正的比例都是最低的。在不适用缓刑的最终判决中,有前科情况的占比最高,为44.4%,其次,无前科劣迹情况的,占比为17.0%,有劣迹情况的不适用缓刑的占比最低,为14.4%。同样,前科也存在判决结果不存在免予刑事处罚的情况。而值得注意的是,有劣迹情况的免予刑事处罚的比例居然高于无任何情况的,占比为4.1%。(见表5-3)

可见，有前科和有劣迹作为调查评估内容的维度，对评估的意见和法院判决的结果有一定的预测性，但其呈现出作为劣迹的评估意见适用比例和缓刑适用比例都高于无前科劣迹情况的和整体的比例。有前科情况的调查评估意见适用比例和最终缓刑的适用比例都最低，其对于负面的评估意见和缓刑的不适用比例有一定的影响。

对刑事执行状态与共犯情况的二列相关的研究显示，两种情况下，适用缓刑的占比都为本类型中最多，单独作案的评估对象最终判决适用缓刑的占比为78.4%，有共犯的占比为76.0%。没有共犯的适用缓刑的比例要高于有共犯的情况。在不适用缓刑的最终判决中，有共犯情况的占比最高为18.0%，没有共犯情况的占比为17.5%。在单处罚金的最终判决中，没有共犯情况的占比为3.3%，略高于有共犯情况的占比3.1%。共犯获得的免予刑事处罚的比例高于无共犯情况的占比。(见表5-3)

在刑事诉讼程序中，对羁押必要性判断的因素会进行社会危险性的考量；而拟判处的刑期预判和罪名情况，审级情况也在一定程度上预示着犯罪人属性的情况。这些因素虽然没有被明文规定在对社区矫正适用前调查评估的内容之中，在刑事司法裁量中却可能影响到最终的刑事执行状态。具体包括取保候审的因素、罪名所在章节的因素、审判程序因素、最终审级因素。

总体来看，在审判前是否被取保候审对刑事执行状态是有一定影响的，被取保候审的评估对象适用缓刑的比例为81.1%，而未被取保候审的适用缓刑的比例仅为46.9%。被取保候审的评估对象未适用缓刑的比例仅为13.7%，未被取保候审的评估对象不适用缓刑的比例则高达49.6%。(见表5-3)

表 5－3　前科劣迹刑事执行状态交叉统计

	免予刑事处罚	单处罚金	适用缓刑	不适用缓刑	总计
前科劣迹					
无	12 例	29 例	658 例	143 例	842 例
	1.4%	3.4%	78.1%	17.0%	100.0%
劣迹	4 例	1 例	78 例	14 例	97 例
	4.1%	1.0%	80.4%	14.4%	100.0%
前科	0 例	1 例	19 例	16 例	36 例
	0.0%	2.8%	52.8%	44.4%	100.0%
总计	16 例	31 例	755 例	173 例	975 例
	1.6%	3.2%	77.4%	17.7%	100.0%
共犯					
是	11 例	12 例	295 例	70 例	388 例
	2.8%	3.1%	76.0%	18.0%	100.0%
否	5 例	19 例	457 例	102 例	583 例
	0.9%	3.3%	78.4%	17.5%	100.0%
总计	16 例	31 例	752 例	172 例	971 例
	1.6%	3.2%	77.4%	17.7%	100.0%
取保候审					
否	2 例	2 例	53 例	56 例	113 例
	1.8%	1.8%	46.9%	49.6%	100.0%
是	12 例	28 例	624 例	105 例	769 例
	1.6%	3.6%	81.1%	13.7%	100.0%
总计	14 例	30 例	677 例	161 例	882 例
	1.6%	3.4%	76.8%	18.3%	100.0%

我国刑法的罪名章节是按照侵犯客体的社会危害性和人身危险性的大小程度进行区分的，因此对被评估对象所涉之罪进行类型化的探讨也有一定意义。在所有的章节分类中，适用缓刑的刑执状态占比最多，

侵犯公民人身权利、民主权利罪占比最高，为 86.7%，从高到低依次是：危害公众安全罪占比为 84.3%，贪污贿赂罪、渎职罪占比为 78.8%，破坏社会主义市场经济秩序罪占比为 78.0%，妨害社会管理秩序罪占比为73.4%，侵犯财产罪占比为 62.6%。在不适用缓刑的刑执状态下，妨害社会管理秩序罪占比最高，为 24.2%，侵犯财产罪占比为 21.8%，破坏社会主义市场经济秩序罪占比为 15.4%，贪污贿赂罪、渎职罪占比为 15.2%，危害公众安全罪占比为 14.5%，侵犯公民人身权利、民主权利罪占比最低，为 11.7%。在单处罚金的刑执状态下，侵犯财产罪占比最高，为12.8%，贪污贿赂罪、渎职罪占比为6.1%，破坏社会主义市场经济秩序罪占比为 3.3%，妨害社会管理秩序罪占比最低，为 1.4%。罪名章节也存在判决结果即刑罚执行状态的缺项，即不存在免予刑事处罚的情况。在这种刑执状态下，破坏社会主义市场经济秩序罪占比最高，为 3.3%，侵犯财产罪占比为 2.8%，侵犯公民人身权利、民主权利罪占比为1.6%，危害公共安全罪占比为 1.2%，妨害社会管理秩序罪占比最低，为 1.0%。（见表5－4）

表5－4　罪名章节刑执状态交叉统计

	免予刑事处罚	单处罚金	适用缓刑	不适用缓刑	总计
危害公共安全罪	4 例	0 例	280 例	48 例	332 例
	1.2%	0.0%	84.3%	14.5%	100.0%
破坏社会主义市场经济秩序罪	3 例	3 例	71 例	14 例	91 例
	3.3%	3.3%	78.0%	15.4%	100.0%
侵犯公民人身权利、民主权利罪	2 例	0 例	111 例	15 例	128 例
	1.6%	0.0%	86.7%	11.7%	100.0%
侵犯财产罪	5 例	23 例	112 例	39 例	179 例
	2.8%	12.8%	62.6%	21.8%	100.0%
妨害社会管理秩序罪	2 例	3 例	152 例	50 例	207 例
	1.0%	1.4%	73.4%	24.2%	100.0%

续表

	免予刑事处罚	单处罚金	适用缓刑	不适用缓刑	总计
贪污贿赂罪、渎职罪	0 例	2 例	26 例	5 例	33 例
	0.0%	6.1%	78.8%	15.2%	100.0%
总计	16 例	31 例	752 例	171 例	970 例
	1.6%	3.2%	77.5%	17.6%	100.0%

审判的程序选择也是决定机关对案件难易程度、犯罪人的属性情况的预判。并且不同的审判程序的审判时限会影响调查评估的时限。将刑事执行状态与审判程序做二列相关的研究显示，适用缓刑的占比都为本类型中占比最高，速裁程序适用缓刑的占比为 93.8%，简易程序的占比最多为 79.3%，普通程序的占比 73.2%。速裁适用缓刑的比例要高于简易程序、普通程序。在不适用缓刑的最终判决中，普通程序的占比最高，为24.1%，简易程序的占比为 16.6%，速裁程序的占比最低，为 6.3%。在单处罚金情况下，简易程序的占比最高，为3.9%，普通程序的占比 1.7%，速裁程序情况没有相关案例。审判程序也存在判决结果，即刑罚执行状态的缺项，即不存在免予刑事处罚的情况。普通程序的免予刑事处罚的比例高于简易程序，速裁程序占比为 1.0%。简易程序的免予刑事处罚占比为 0.2%。速裁程序的免予刑事处罚情况也没有相关案例。（见表 5－5）

表 5－5　审判程序刑执状态交叉统计

	免予刑事处罚	单处罚金	适用缓刑	不适用缓刑	总计
简易	1 例	18 例	368 例	77 例	464 例
	0.2%	3.9%	79.3%	16.6%	100.0%
普通	3 例	5 例	213 例	70 例	291 例
	1.0%	1.7%	73.2%	24.1%	100.0%

续表

	免予刑事处罚	单处罚金	适用缓刑	不适用缓刑	总计
速裁	0 例	0 例	15 例	1 例	16 例
	0.0%	0.0%	93.8%	6.3%	100.0%
总计	4 例	23 例	596 例	148 例	771 例
	0.5%	3.0%	77.3%	19.2%	100.0%

案件的终审级别在一定程度上也能体现犯罪人属性特征,因此对案件的终审级别与刑事执行状态也进行了二列相关的探究。一审适用缓刑的比例要明显高于二审的案件。适用缓刑的刑执情况,一审适用缓刑的占比为78.9%,二审的占比为57.6%,一审适用缓刑的比例要高于二审的情况。二审不适用缓刑的最终判决中,二审的占比最高,为39.0%,一审的占比为16.5%。在单处罚金的状态下,一审的占比为3.2%,二审单处罚金的占比为1.7%。审级也存在判决结果即刑罚执行状态的缺项,即不存在免予刑事处罚的情况。缺失的免予刑事处罚的比例高于一审、二审的占比,缺失的占比为100.0%,一审的占比为1.4%,二审的占比为1.7%。(见表5-6)

表5-6　审级刑执状态交叉统计

	免予刑事处罚	单处罚金	适用缓刑	不适用缓刑	总计
一审	13 例	29 例	716 例	150 例	908 例
	1.4%	3.2%	78.9%	16.5%	100.0%
二审	1 例	1 例	34 例	23 例	59 例
	1.7%	1.7%	57.6%	39.0%	100.0%
缺失	1 例	0 例	0 例	0 例	1 例
	100.0%	0.0%	0.0%	0.0%	100.0%
总计	15 例	30 例	750 例	173 例	968 例
	1.5%	3.1%	77.5%	17.9%	100.0%

2. 刑事执行状态与社会人属性因素相关性分析

刑事执行状态在预防刑的裁量中应当适当考量除了犯罪属性之外的社会人属性因素，以实现刑罚个别化的目的。因此需要进行关于刑事执行状态与犯罪人社会人属性的二列相关分析。犯罪人的社会人属性主要分为居所情况，生活情况维度中的职业情况、户口情况、学历情况，家庭维度中的家庭关系、家庭经济、婚姻状况、独生子女情况，其他组织和个人意见维度中社会评价和亲属评价情况。

(1)犯罪人的居所情况

居所情况与刑事执行状态两列相关的探究显示，租房或者无房的适用缓刑比例最高，占比为91.2%，与伴侣同住的其次，占比90.3%，自有住房的占比82.1%，与长辈同住的最低，占比73.7%。在不适用缓刑最终判决中，与长辈同住的占比最高，为26.3%，与子女同住的无不适用缓刑的情况，其次为租房或者无房的，占比为3.5%。在单处罚金的最终判决中，无与长辈同住的情况，与子女同住的占比最高，为25.0%。居所情况也存在判决结果即刑罚执行状态的缺项不存在免予刑事处罚的情况，仅有租房或者无房和自有住房的存在此种情况。(见表5－7)

表5－7　住所情况刑事执行状态交叉统计

	免予刑事处罚	单处罚金	适用缓刑	不适用缓刑	总计
租房或者无房	1例	2例	52例	2例	57例
	1.8%	3.5%	91.2%	3.5%	100.0%
自有住房	5例	6例	276例	49例	336例
	1.5%	1.8%	82.1%	14.6%	100.0%
与长辈同住	0例	0例	14例	5例	19例
	0.0%	0.0%	73.7%	26.3%	100.0%
与伴侣同住	0例	1例	28例	2例	31例
	0.0%	3.2%	90.3%	6.5%	100.0%

续表

	免予刑事处罚	单处罚金	适用缓刑	不适用缓刑	总计
与子女同住	0 例	1 例	3 例	0 例	4 例
	0.0%	25.0%	75.0%	0.0%	100.0%
总计	6 例	10 例	373 例	58 例	447 例
	1.3%	2.2%	83.4%	13.0%	100.0%

最终适用缓刑的案例中,居住地与户籍地一致的占比 78.3%,高于不一致的情况的 75.6%。刑事执行状态为不适用缓刑的,同样是不一致的高于居住地与户籍地一致的情况,占比分别为 18.8% 和 16.3%,在单处罚金的情况下趋势也一致。(见表 5－8)

表 5－8　居住地与户籍地刑事执行状态交叉统计

	免予刑事处罚	单处罚金	适用缓刑	不适用缓刑	总计
否	7 例	8 例	205 例	51 例	271 例
	2.6%	3.0%	75.6%	18.8%	100.0%
一致	8 例	22 例	441 例	92 例	563 例
	1.4%	3.9%	78.3%	16.3%	100.0%
总计	15 例	30 例	646 例	143 例	834 例
	1.8%	3.6%	77.5%	17.1%	100.0%

(2)犯罪人的生活和家庭

生活情况分为职业情况、户口类别、学历情况三个因素,家庭情况分为独生子女情况、家庭经济情况、家庭关系、婚姻状况四个因素来分析。

刑事执行状态与职业分类的二列显示,在所有的职业类型中,适用缓刑的占比都为本类型中最高,职业分为务农和普通企事业职员的占比最高,都为 85.0%,从高往低,依次是企事业管理层的占比为 80.4%,个体户的占比为 80.3%,自由职业的占比为 80.0%,无业的占比为 67.8%。在不适用缓刑的最终判决中,无业的占比最高,为 27.1%,务工的占比为

17.2%，自由职业的占比为16.4%，个体户的占比为15.7%，企事业管理层的占比为13.7%，普通企事业职员的占比为10.6%，务农的占比最低，为10.0%。在单处罚金的最终判决中，务工的占比最高，为4.2%，企事业管理层的占比为3.9%，无业的占比为3.5%，个体户的占比为3.1%，普通企事业职员的占比为2.7%，务农的占比为2.5%，自由职业的占比为1.8%。职业分类也存在判决结果即刑罚执行状态的缺项，不存在免予刑事处罚的情况。务农的占比最高，为2.5%，企事业管理层的占比为2.0%，自由职业和普通企事业职员的占比都为1.8%，务工的占比为1.7%，无业的占比为1.5%，个体户的占比最低，为0.8%。（见表5-9）

表5-9 职业刑执状态交叉统计

	免予刑事处罚	单处罚金	适用缓刑	不适用缓刑	总计
无业	3例	7例	135例	54例	199例
	1.5%	3.5%	67.8%	27.1%	100.0%
务农	1例	1例	34例	4例	40例
	2.5%	2.5%	85.0%	10.0%	100.0%
个体户	1例	4例	102例	20例	127例
	0.8%	3.1%	80.3%	15.7%	100.0%
务工	4例	10例	183例	41例	238例
	1.7%	4.2%	76.9%	17.2%	100.0%
自由职业	1例	1例	44例	9例	55例
	1.8%	1.8%	80.0%	16.4%	100.0%
普通企事业职员	2例	3例	96例	12例	113例
	1.8%	2.7%	85.0%	10.6%	100.0%
企事业管理层	1例	2例	41例	7例	51例
	2.0%	3.9%	80.4%	13.7%	100.0%
总计	13例	28例	635例	147例	823例
	1.6%	3.4%	77.2%	17.9%	100.0%

刑事执行状态与户口类别两列相关的研究显示，在两种情况下，适用缓刑的占比为本类型中最高，农村的占比为81.3%，城镇的占比为75.2%。农村适用缓刑的比例要高于城镇的。在不适用缓刑最终判决中，城镇的占比为18.8%，农村的占比为15.9%。在单处罚金的最终判决下，城镇的占比为3.7%，农村的占比为2.2%。城镇户口的免予刑事处罚的占比为2.3%，农村户口的占比为0.6%。（见表5－10）

表5－10　住所情况刑执状态交叉统计

	刑执状态				总计
	免予刑事处罚	单处罚金	适用缓刑	不适用缓刑	
城镇	14例	23例	463例	116例	616例
	2.3%	3.7%	75.2%	18.8%	100.0%
农村	2例	8例	292例	57例	359例
	0.6%	2.2%	81.3%	15.9%	100.0%
总计	16例	31例	755例	173例	975例
	1.6%	3.2%	77.4%	17.7%	100.0%

刑事执行状态与学历的二列相关分析显示，在所有的学历分类下，适用缓刑的占比在刑事执行状态中最高，本科及以上的占比为81.0%，大专的占比为79.4%，中学的占比为78.0%，高中或中专的占比为77.8%，小学的占比为71.0%，文盲的占比为68.4%。本科及以上适用缓刑的比例要高于大专、中学、高中或中专、小学、文盲。在不适用缓刑的最终判决中，小学的占比最高，为21.5%，文盲的占比为21.1%，中学的占比为19.5%，高中或中专的占比为16.3%，大专的占比为14.5%，本科及以上的占比最少，为11.9%。在单处罚金的最终判决中，文盲的占比最高，为10.5%，小学的占比为6.5%，本科及以上的占比为4.8%，高中或中专的占比为3.6%，中学的占比为2.0%，大专的占比最低，为1.5%。文盲不存在免予刑事处罚的情况，大专的免予刑事处罚的比例最高，占比为4.6%，本科及以上的占比为

2.4%，高中或中专的占比为2.3%，小学的占比为1.1%，中学的占比最低，为0.5%。（见表5－11）

表5－11　学历刑执状态交叉统计

	免予刑事处罚	单处罚金	适用缓刑	不适用缓刑	总计
文盲	0例	2例	13例	4例	19例
	0.0%	10.5%	68.4%	21.1%	100.0%
小学	1例	6例	66例	20例	93例
	1.1%	6.5%	71.0%	21.5%	100.0%
中学	2例	8例	308例	77例	395例
	0.5%	2.0%	78.0%	19.5%	100.0%
高中或中专	5例	8例	172例	36例	221例
	2.3%	3.6%	77.8%	16.3%	100.0%
大专	6例	2例	104例	19例	131例
	4.6%	1.5%	79.4%	14.5%	100.0%
本科及以上	2例	4例	68例	10例	84例
	2.4%	4.8%	81.0%	11.9%	100.0%
计数	30例	731例	166例	943例	11例
百分比在学历内	3.2%	77.5%	17.6%	100.0%	100.0%
总计	2例	8例	218例	26例	254例
	0.8%	3.1%	85.8%	10.2%	100.0%

刑事执行状态与是否有独生子女的二列相关的研究显示，在两种情况下，适用缓刑情况下，非独生子女的占比为79.6%，是独生子女的占比为75.6%。非独生子女适用缓刑的比例要高于是独生子女的情况。在不适用缓刑的刑事执行状态下，是独生子女的占比为18.6%，非独生子女的占比为16.7%。在单处罚金的最终判决中，是独生子女的占比为3.6%，非独生子女的占比为2.7%。是否有独生子女也存在判决结果即刑罚执行状态的缺项，不存在免予刑事处罚的情况。是

独生子女的免予刑事处罚的占比为2.3%，非独生子女的占比为0.9%。（见表5－12）

表5－12　独生子女刑事执行状态交叉统计

	免予刑事处罚	单处罚金	适用缓刑	不适用缓刑	总计
是	12例	19例	403例	99例	533例
	2.3%	3.6%	75.6%	18.6%	100.0%
否	4例	12例	352例	74例	442例
	0.9%	2.7%	79.6%	16.7%	100.0%
总计	16例	31例	755例	173例	975例
	1.6%	3.2%	77.4%	17.7%	100.0%

刑事执行状态与家庭关系的二列相关的研究显示，从适用缓刑的比例看，离异、负债或重病的占比最高，为85.7%，一般正常的占比为82.7%，关系融洽的占比为79.7%，重大变故的占比为50.0%。离异、负债或重病适用缓刑的比例要高于一般正常、关系融洽、重大变故的情况。在不适用缓刑的最终判决中，重大变故的占比最高，为25.0%，一般正常的占比都为14.4%，离异、负债或重病和关系融洽的占比都为14.3%。在单处罚金的最终判决情况下，重大变故的占比最高，为25.0%，关系融洽的占比为3.8%，一般正常的占比最低，为1.8%。家庭关系也存在判决结果即刑罚执行状态的缺项，不存在免予刑事处罚的情况。关系融洽的免予刑事处罚的比例最高，为2.1%，一般正常的占比为1.1%。但应注意到，家庭情况为重大变故，离异、负债和重病的情况较少。（见表5－13）

表 5－13　家庭关系刑事执行状态交叉统计

	免予刑事处罚	单处罚金	适用缓刑	不适用缓刑	总计
重大变故	0 例	1 例	2 例	1 例	4 例
	0.0%	25.0%	50.0%	25.0%	100.0%
离异、负债或重病	0 例	0 例	6 例	1 例	7 例
	0.0%	0.0%	85.7%	14.3%	100.0%
一般正常	3 例	5 例	230 例	40 例	278 例
	1.1%	1.8%	82.7%	14.4%	100.0%
关系融洽	6 例	11 例	228 例	41 例	286 例
	2.1%	3.8%	79.7%	14.3%	100.0%
总计	9 例	17 例	466 例	83 例	575 例
	1.6%	3.0%	81.0%	14.4%	100.0%

家庭经济状况较好的为 9 例，刑事执行状态都为适用缓刑。很好的为 11 例，其中 1 例为免予刑事处罚的，其余都为适用缓刑。经济状况良好的共 22 例，其中适用缓刑的 19 例，占比为 86.4%。家庭经济状况一般的适用缓刑比例为 86.2%，家庭经济状况较差的适用缓刑比例最低，为 69.2%。不适用缓刑的，只有经济状况较差的，占比为 30.8%，一般的占比为10.6%，良好的占比为 9.1%。（见表 5－14）

表 5－14　家庭经济刑事执行状态交叉统计

	免予刑事处罚	单处罚金	适用缓刑	不适用缓刑	总计
无收入或贫困	0 例	1 例	4 例	0 例	5 例
	0.0%	20.0%	80.0%	0.0%	100.0%
较差	0 例	0 例	9 例	4 例	13 例
	0.0%	0.0%	69.2%	30.8%	100.0%
尚可	1 例	0 例	5 例	0 例	6 例
	16.7%	0.0%	83.3%	0.0%	100.0%

续表

	免予刑事处罚	单处罚金	适用缓刑	不适用缓刑	总计
一般	0 例	6 例	162 例	20 例	188 例
	0.0%	3.2%	86.2%	10.6%	100.0%
良好	0 例	1 例	19 例	2 例	22 例
	0.0%	4.5%	86.4%	9.1%	100.0%
较好	0 例	0 例	9 例	0 例	9 例
	0.0%	0.0%	100.0%	0.0%	100.0%
很好	1 例	0 例	10 例	0 例	11 例
	9.1%	0.0%	90.9%	0.0%	100.0%
总计	2 例	8 例	218 例	26 例	254 例
	0.8%	3.1%	85.8%	10.2%	100.0%

婚姻状况为已婚的适用缓刑的比例最高，为 440 例，占比 81.2%，婚姻状态为离异和再婚的适用缓刑的比例最低，有 44 例，占比 66.7%。婚姻状况为未婚的适用缓刑的比例为 76.9%。在不适用缓刑的情况下，婚姻状况为再婚的占比最高，为 33.3%，但应考虑再婚样本较少，仅为 3 例。其次为离异的，占比为 28.8%，未婚的占比为 17.6%，最低的为婚姻状况丧偶的情况，占比为 14.3%。（见表 5－15）

表 5－15　婚姻状况刑事执行状态交叉统计

	免予刑事处罚	单处罚金	适用缓刑	不适用缓刑	总计
未婚	3 例	2 例	70 例	16 例	91 例
	3.3%	2.2%	76.9%	17.6%	100.0%
已婚	8 例	18 例	440 例	76 例	542 例
	1.5%	3.3%	81.2%	14.0%	100.0%
离异	1 例	2 例	44 例	19 例	66 例
	1.5%	3.0%	66.7%	28.8%	100.0%

续表

	免予刑事处罚	单处罚金	适用缓刑	不适用缓刑	总计
丧偶	0 例	1 例	5 例	1 例	7 例
	0.0%	14.3%	71.4%	14.3%	100.0%
再婚	0 例	0 例	2 例	1 例	3 例
	0.0%	0.0%	66.7%	33.3%	100.0%
总计	12 例	23 例	561 例	113 例	709 例
	1.7%	3.2%	79.1%	15.9%	100.0%

(3)针对犯罪人的其他组织和个人意见

依据上文的分析思路,组织的意见以社会评价衡量,个人意见以亲属评价衡量。刑事执行状态与社会关系评价二列相关的研究显示,在适用缓刑的状态中,社会关系评价为融洽的占比最高,为 94.1%,一般(无不良行为)的占比为 86.6%,不错的占比为 75.5%,不熟悉的占比最少为 69.0%。融洽的适用缓刑的比例要高于一般(无不良行为)、不错、不熟悉的情况。在不适用缓刑的最终判决中,不熟悉的占比最高,为 26.2%,不错的占比为20.6%,一般(无不良行为)的占比为 11.0%,融洽的占比最低,为 2.0%。在单处罚金的最终判决中,不错的占比最高,为 2.9%,一般(无不良行为)的和不熟悉的占比都为 2.4%,融洽的占比最低,为 2.0%。不熟悉的免予刑事处罚的比例最高,占比为 2.4%,融洽的占比为 2.0%,不错的占比为 1.0%。(见表 5－16)

表 5－16　社会关系评价刑事执行状态交叉统计

	免予刑事处罚	单处罚金	适用缓刑	不适用缓刑	总计
融洽	1 例	1 例	48 例	1 例	51 例
	2.0%	2.0%	94.1%	2.0%	100.0%
不错	1 例	3 例	77 例	21 例	102 例
	1.0%	2.9%	75.5%	20.6%	100.0%
一般	0 例	2 例	71 例	9 例	82 例
	0.0%	2.4%	86.6%	11.0%	100.0%

续表

	免予刑事处罚	单处罚金	适用缓刑	不适用缓刑	总计
不熟悉	1 例	1 例	29 例	11 例	42 例
	2.4%	2.4%	69.0%	26.2%	100.0%
总计	3 例	7 例	225 例	42 例	277 例
	1.1%	2.5%	81.2%	15.2%	100.0%

刑事执行状态与亲属评价的二列相关的研究显示,适用缓刑亲属评价为良好的占比最高,为 85.7%,一般的占比为 82.7%,不熟的占比为 79.7%,和睦的占比为 50.0%。良好的适用缓刑的比例要高于一般、不熟、和睦的情况。在不适用缓刑的最终判决中,和睦的占比最高,为 25.0%,一般的占比为 14.4%,良好和不熟的占比都为 14.3%。在单处罚金的最终判决中,和睦的比例最高,占比为 25.0%,不熟的占比为 3.8%,一般的占比最低,为 1.8%。亲属评价也存在判决结果即刑罚执行状态的缺项,不存在免予刑事处罚的情况。不熟的免予刑事处罚的比例最高,占比为 2.1%,一般的占比为 1.1%。(见表 5－17)

表 5－17　亲属评价刑事执行状态交叉统计

	免予刑事处罚	单处罚金	适用缓刑	不适用缓刑	总计
和睦	0 例	1 例	2 例	1 例	4 例
	0.0%	25.0%	50.0%	25.0%	100.0%
良好	0 例	0 例	6 例	1 例	7 例
	0.0%	0.0%	85.7%	14.3%	100.0%
一般	3 例	5 例	230 例	40 例	278 例
	1.1%	1.8%	82.7%	14.4%	100.0%
不熟	6 例	11 例	228 例	41 例	286 例
	2.1%	3.8%	79.7%	14.3%	100.0%
总计	9 例	17 例	466 例	83 例	575 例
	1.6%	3.0%	81.0%	14.4%	100.0%

3. 刑事执行状态与评估程序衔接因素相关性分析

根据前文对调查评估程序模式的冲突的分析，对于调查评估意见可能有影响的程序间衔接因素是否也对刑事执行状态、法院最终的判决有影响，同样对法院判决的刑事执行状态进行了调查评估委托主体、调查评估委托的地域(省内还是省外)、评估主体与委托主体是否属于同一行政区域的因素作区分，并与刑事执行状态进行了二列相关分析的探究。

在最终刑事状态为适用缓刑的情况下，随着刑事诉讼流程的推进，其比例也是呈现出逐渐升高的状态，其中侦查阶段公安机关启动委托的占比为50.0%，审查起诉阶段检察院委托的占比为77.1%，审判阶段法院委托的占比为77.9%。最终刑事执行状态也呈现了诉讼流程上的变化，随着诉讼流程的推进，不适用缓刑的占比在逐渐下降，其中公安机关委托的占比最高，为25.0%，检察院委托的为19.3%，法院委托的为17.5%，免予刑事处罚的情况也呈现出此种变化。(见表5－18)

表5－18　委托主体刑事执行状态交叉统计

	免予刑事处罚	单处罚金	适用缓刑	不适用缓刑	总计
公安	2 例	2 例	8 例	4 例	16 例
	12.5%	12.5%	50.0%	25.0%	100.0%
检察院	3 例	0 例	64 例	16 例	83 例
	3.6%	0.0%	77.1%	19.3%	100.0%
法院	11 例	29 例	681 例	153 例	874 例
	1.3%	3.3%	77.9%	17.5%	100.0%
总计	16 例	31 例	753 例	173 例	973 例
	1.6%	3.2%	77.4%	17.8%	100.0%

因不同省域的社区矫正具体实施的细则有所差异，并且在适用缓刑的尺度上，不同的省份有具体的量刑指导意见，因此需要探讨不同地域的委托主体对刑事执行状态的影响。在委托主体的地域差异上，值得注

意的是，在适用缓刑和不适用缓刑的情况下，省内委托的占比都要高于省外的委托。只有在免予刑事处罚的情况下，省外委托的占比要高于省内的委托。（见表5－19）

表5－19　委托地域（省内外）刑事执行状态交叉统计

	免予刑事处罚	单处罚金	适用缓刑	不适用缓刑	总计
省内	12例	27例	653例	151例	843例
	1.4%	3.2%	77.5%	17.9%	100.0%
省外	4例	4例	100例	22例	130例
	3.1%	3.1%	76.9%	16.9%	100.0%
总计	16例	31例	753例	173例	973例
	1.6%	3.2%	77.4%	17.8%	100.0%

同样在对评估机关与委托机关是否属于同一行政区域（县、区）的前期的定性研究中，决定机关也提到同一地域内的调查评估运行得较为顺利。同样在适用缓刑情况下，两地域一致的情况下适用缓刑的比例更高，为79.4%，不一致的情况下适用缓刑的占比为77.0%。不适用缓刑的情况差异不大，但也是低于不一致情况的，免予刑事处罚和单处罚金的情况与不适用缓刑的趋势一致。（见表5－20）

表5－20　评估与委托单位刑事执行状态交叉统计

	免予刑事处罚	单处罚金	适用缓刑	不适用缓刑	总计
否	9例	15例	391例	93例	508例
	1.8%	3.0%	77.0%	18.3%	100.0%
一致	6例	15例	336例	66例	423例
	1.4%	3.5%	79.4%	15.6%	100.0%
总计	15例	30例	727例	159例	931例
	1.6%	3.2%	78.1%	17.1%	100.0%

评估书的有无其实体现了决定机关对于评估意见形式上的采信，将其与最终刑事执行的状态进行二列相关的分析显示，在适用缓刑的情况下，判决书中有提到评估书的占比要显著高于未提到评估书的，分别为96.3%和74.4%。在不适用缓刑的刑事执行状态下，判决书中未提及评估书与提到评估书的差距很大，提到评估书的不适用缓刑的占比仅为3.0%，未提到评估书的不适用缓刑的占比高达20.1%。（见表5－21）

表5－21　评估书（有无）刑事执行状态交叉统计

	免予刑事处罚	单处罚金	适用缓刑	不适用缓刑	总计
无	16例	30例	626例	169例	841例
	1.9%	3.6%	74.4%	20.1%	100.0%
有	0例	1例	129例	4例	134例
	0.0%	0.7%	96.3%	3.0%	100.0%
总计	16例	31例	755例	173例	975例
	1.6%	3.2%	77.4%	17.7%	100.0%

4. 刑事执行状态与犯罪人属性与社会人属性的斯皮尔曼相关性

基于对刑事执行状态与犯罪人属性、影响犯罪人属性的刑事裁量因素，犯罪人的社会人属性因素的二列相关分析，进行斯皮尔曼的相关性系数分析。在犯罪人属性维度中，共犯因素、前科劣迹情况与刑事执行状态无统计学意义上的相关性，取保候审的情况与刑事执行状态相关性显著。在影响犯罪人属性的刑事裁量程序中，审判程序和审级与刑事执行状态的相关性显著，审级的影响更为显著，罪名章节无统计学意义上的相关。犯罪人的社会人属性维度，对调查评估意见有影响的居所情况对刑事执行状态无影响。只有拟评估对象的生活情况的学历、职业与刑事状态有统计学意义上的相关。此外，程序衔接因素中的评估书的有无对刑事执行状态有显著影响。（见表5－22）

表 5－22　刑事执行状态相关性

			社会人属性											犯罪人属性				
			性别	住房	学历	职业分类	户口类别	经济	家庭关系	婚姻状况	是否独生子女	亲属评价	社会关系评价	是否共犯	是否取保	罪名章节	审级	审判程序
斯皮尔曼等级相关系数	刑事执行状态	相关系数	0.024	0.066	-0.077	-0.101	0.002	-0.074	-0.032	0.050	-0.001	-0.032	0.109	0.012	-0.279	0.041	0.128	0.081
		显著性（双尾）	0.461	0.161	0.018	0.004	0.962	0.237	0.442	0.180	0.973	0.442	0.071	0.707	0.000	0.207	0.000	0.025
		N	969	447	943	823	975	254	575	709	975	575	277	971	882	970	967	771

二、社区矫正适用前调查评估意见的采信

社区矫正决定机关对调查评估意见的采信是体现社区矫正适用前评估意义的重要环节，但《社区矫正法》对评估意见的采信没有具体的规定，根据《社区矫正法实施办法》的规定，社区矫正决定机关对调查评估意见的采信情况，应当在相关法律文书中说明。2016 年安徽省《关于进一步加强社区矫正工作衔接意见》的通知中第一部分提及加强适用前的衔接配合“人民法院、人民检察院、公安机关、监狱没有采纳司法行政机关调查评估意见的，要及时进行反馈”。在最新的安徽省衔接工作意见征求意见稿中“社区矫正决定机关应当认真审查调查评估意见，作为依法适用社区矫正的参考。对调查评估意见的采信情况，应当在相关法律文书中说明。不予采信且没有在相关法律文书中说明的，应当制作《调查评估意见不予采信说明书》，说明不予采信的理由，于作出相关判决、裁定或决定之日起 5 日内送达执行地县级社区矫正机构，并抄送同级人民检察院”。

（一）法院判决书对调查评估意见形式上的采信

在本研究的缓刑和管制的评估样本中，最终在判决书中提到评估的有 134 例，占总体样本的 12%。其对评估的提法也不同，有“调查评估意见书”6 例、“社区矫正评估意见书”10 例、“社区矫正适用前调查评估意见书”17 例，“社区影响评估意见书”101 例，还有 981 例已进行评估委托的案件的最终判决书中并没有提及评估。参见表 5 - 23 判决书中未提到评估的占绝大多数，占比为 88.0%，仅有 12.0% 的判决书中提到了调查评估的意见。2016 年发出的委托有 4 例，2017 年有 21 例，2018 年有 49 例，2019 年有 44 例，2020 年有 16 例。

表 5－23　决定机关对评估意见书提法

	频数/例	百分比/%	有效百分比/%	累积百分比/%
调查评估意见书	6	0.5	0.5	0.5
社区矫正评估意见书	10	0.9	0.9	1.4
社区矫正适用前调查评估意见书	17	1.5	1.5	3.0
社区影响评估意见书	101	9.1	9.1	12.0
无	981	88.0	88.0	100.0
总计	1115	100.0	100.0	—

评估意见与评估书(有无)的二列相关显示,有评估书的适用缓刑的比例要高于无评估书的情况,判决未提及评估书的评估意见占比为80.1%,提及评估书的评估意见为适用的比例更高。在评估意见为不适用情况下无评估书占比为10.6%,有评估书的占比为3.0%。评估意见为退回的情况中,没有评估书的占比高,为9.3%,有评估书的占比低,为6.0%。(见表5－24)

表 5－24　评估书(有无)评估意见交叉统计

	退回	不具备	具备	总计
无	91 例	104 例	786 例	981 例
	9.3%	10.6%	80.1%	100.0%
有	8 例	4 例	122 例	134 例
	6.0%	3.0%	91.0%	100.0%
总计	99 例	108 例	908 例	1115 例
	8.9%	9.7%	81.4%	100.0%

评估书(有无)对刑事执行状态的二列相关探究显示,有评估书的缓刑占比为96.3%,无评估书的占比为74.4%,有评估书的适用缓刑的比例要高于无评估书的情况。在不适用缓刑的最终判决中,无评估书的占比为20.1%,有评估书的占比为3.0%。在单处罚金的最终判决中,没

有评估书的占比为3.6%，有评估书的占比为0.7%。评估书的有无也存在判决结果即刑罚执行状态的缺项，不存在免予刑事处罚的情况。无评估书的免予刑事处罚的占比为1.9%。（见表5－25）

表5－25　评估书（有无）刑执状态交叉统计

	免予刑事处罚	单处罚金	适用缓刑	不适用缓刑	总计
无	16例	30例	626例	169例	841例
	1.9%	3.6%	74.4%	20.1%	100.0%
有	0例	1例	129例	4例	134例
	0.0%	0.7%	96.3%	3.0%	100.0%
总计	16例	31例	755例	173例	975例
	1.6%	3.2%	77.4%	17.7%	100.0%

（二）法院的判决对调查评估意见实质上的采信

调查评估与法院判决的一致性体现了调查评估结果对法院判决的作用，是对调查评估实质上采信的分析基础。此种一致性研究若不借助一定的定量分析，是难以真正体现评估结果对判决起到的作用，即法院最后对该名对象在是否适用社区矫正问题上与评估单位的意见相同程度。调查评估的结果分为适用、不适用、基本适用和退回四种情况，结合对评估意见基本适用的设置目的分析，将基本适用并入不适用种类中进行一致性的分析，因此调查评估的意见为适用、不适用和退回三种类型。而为了体现一致性，对最后的判决按照免予刑事处罚、单处罚金、适用缓刑、不适用缓刑四种情况进行刑罚执行状态的区分。其中免予刑事处罚意味着其实该名罪犯不需要接受任何刑事处罚、单处罚金表明该名罪犯仅仅适用附加刑而不论主刑是有期还是拘役，为了评估结果能够进行一致性的比较，对其进行了适用缓刑和不适用缓刑的区分。

为了体现法院的最终裁决对评估意见的采纳一致性，将最后的判决分为免予刑事处罚、单处罚金、适用缓刑和不适用缓刑四种。将其与评估意见进行交叉分析发现，在退回的评估意见中，适用缓刑的占比为7.0%，而在不适用评论意见的情况下，不适用缓刑的占比为22.0%；在基本适用的情况下，不适用缓刑的占比为5.7%；在评估意见为适用的，刑罚执行的状态为适用缓刑的占比最高，为88.1%，从二列相关分析上，可以看出法院对评估意见有一定的一致性。（见表5－26）

表5－26　评估意见刑事执行状态交叉统计

		刑事执行状态				总计
		免予刑事处罚	单处罚金	适用缓刑	不适用缓刑	
评估结果	不适用	2例	5例	22例	35例	64例
		18.2%	16.7%	3.5%	22.0%	7.7%
	基本适用	1例	0例	6例	9例	16例
		9.1%	0.0%	0.9%	5.7%	1.9%
	适用	4例	22例	557例	88例	671例
		36.4%	73.3%	88.1%	55.3%	80.6%
	退回	3例	3例	44例	26例	76例
		27.3%	10.0%	7.0%	16.4%	9.1%
	其他	1例	0例	3例	1例	5例
		9.1%	0.0%	0.5%	0.6%	0.6%
总计		11例	30例	632例	159例	832例
		100.0%	100.0%	100.0%	100.0%	100.0%

适用调查评估意见与适用缓刑的判决一致；与不适用缓刑的判决不一致；与单处罚金和免予刑事处罚也不一致，因为法院的量刑更轻，都不需要进行限制人身自由的任何刑罚处罚。对于不适用的调查评估意见，与不适用缓刑一致；与免予刑事处罚和单处罚金的一致，因为法院和评估机构都认为其不适用进行接受社区矫正；与适用缓刑的不一致。对于退回的评估意见，与适用缓刑、免予刑事处罚、单处罚金的不一致，与不适用缓刑一致，至少在本区域内，评估机关认为其不适用缓

刑。(见表5－27)

表5－27　刑事执行状态与评估意见一致性

	频数/例	百分比/%	有效百分比/%
评估一致性/%			
一致	763	68.4	78.3
不一致	212	19	21.7
缺失	140	12.6	0
总计	1115	100	100

1. 调查评估程序衔接因素对评估意见一致性的影响

依据评估意见程序中不同地域间的差距,对委托主体和评估书的有无与调查评估主体是否属于同一地域与评估意见的一致性进行的二列相关研究显示,省内行政主体委托的调查评估一致性为77.9%,省外主体委托的调查评估一致性为80.0%。省内的委托一致性要略低于省外的委托。在不一致的占比中,省内的占比为22.1%,省外的占比为20.0%。(见表5－28)

表5－28　委托地域评估一致性交叉统计

	不一致	一致	总计
省内	186例	657例	843例
	22.1%	77.9%	100.0%
省外	26例	104例	130例
	20.0%	80.0%	100.0%
总计	212例	761例	973例
	21.8%	78.2%	100.0%

法院判决书有对评估意见予以说明的,最终的结果与法院判决的一致性要比未对评估意见予以说明的高,有对评估意见书予以说明的,一致的为121例,占比90.3%,不一致的为13例,占比为9.7%。而未对

评估意见书予以说明的,为不一致的占比为23.7%,一致的占比为76.3%。可见,对于评估意见在判决书论述中予以说明的,其采信率更高,同时也有利于提高基层的社区矫正工作人员对此项工作的重视程度,真正体现调查评估工作辅助实现法院个别的科学的判决。(见表5-29)

表5-29　评估书(有无)评估一致性交叉统计

	不一致	一致	总计
无	199例	642例	841例
	23.7%	76.3%	100.0%
有	13例	121例	134例
	9.7%	90.3%	100.0%
总计	212例	763例	975例
	21.7%	78.3%	100.0%

2. 犯罪人属性情节与调查评估一致性相关分析

犯罪人的属性情节包括共犯、前科劣迹、罪名章节、审判程序、审级、取保情况,将其与评估一致性进行二列相关分析。在两种情况下,一致的占比为本类型中最高,没有共犯的占比最高,为78.4%,有共犯的占比最低,为77.8%。在不一致的情况下,有共犯的占比为22.2%,高于没有共犯的占比为21.6%。综上可以看出数据差异不明显,共犯对评估的影响不大。前科的评估一致性占比最低,仅为58.3%,在法院与评估结果一致时,有劣迹情况的占比最高,为79.4%。无前科劣迹情况的占比为79.0%。在法院与评估结果不一致情况下,有前科现象占比最高,为41.7%。无前科劣迹情况的占比为21.0%,有劣迹情况的占比最低,为20.6%。取保的评估对象的评估一致性高于未取保的情况,已经取保的占比最高,达79.7%,没有取保的占比最低,为64.6%。在法院与评估结果不一致时,没有取保的占比高,达35.4%,已经取保的占比最低,为20.3%。(见表5-30)

表 5-30　犯罪人属性评估一致性交叉统计

	不一致	一致	总计
共犯			
是	86 例 22.2%	302 例 77.8%	388 例 100.0%
否	126 例 21.6%	457 例 78.4%	583 例 100.0%
总计	212 例 21.8%	759 例 78.2%	971 例 100.0%
前科劣迹			
无	177 例 21.0%	665 例 79.0%	842 例 100.0%
劣迹	20 例 20.6%	77 例 79.4%	97 例 100.0%
前科	15 例 41.7%	21 例 58.3%	36 例 100.0%
总计	212 例 21.7%	763 例 78.3%	975 例 100.0%
取保			
否	40 例 35.4%	73 例 64.6%	113 例 100.0%
是	156 例 20.3%	613 例 79.7%	769 例 100.0%
总计	196 例 22.2%	686 例 77.8%	882 例 100.0%

法院与评估一致时，危害公共安全罪的占比最高，为 84.6%，侵犯公民人身权利、民主权利罪的占比为 81.3%，妨害社会管理秩序罪的占比为 76.8%，破坏社会主义市场经济秩序罪的占比为 74.7%，贪污贿赂

罪、渎职罪的占比为69.7%，侵犯财产罪的占比最低，为68.7%。在法院与评估不一致时，侵犯财产罪的占比为31.3%，贪污贿赂罪、渎职罪的占比为30.3%，破坏社会主义市场经济秩序罪的占比为25.3%，妨害社会管理秩序罪的占比为23.2%，侵犯公民人身权利、民主权利罪的占比为18.8%，危害公共安全罪的占比最低，为15.4%。可以看出，除了侵犯公民人身权利、民主权利罪，罪名的社会危害性越轻一致性越高。（见表5－31）

表5－31　罪名章节法院与评估一致性交叉统计

	不一致	一致	总计
危害公共安全罪	51例	281例	332例
	15.4%	84.6%	100.0%
破坏社会主义市场经济秩序罪	23例	68例	91例
	25.3%	74.7%	100.0%
侵犯公民人身权利、民主权利罪	24例	104例	128例
	18.8%	81.3%	100.0%
侵犯财产罪	56例	123例	179例
	31.3%	68.7%	100.0%
妨害社会管理秩序罪	48例	159例	207例
	23.2%	76.8%	100.0%
贪污贿赂罪、渎职罪	10例	23例	33例
	30.3%	69.7%	100.0%
总计	212例	758例	970例
	21.9%	78.1%	100.0%

在审判级别方面，一审的拟评估对象的评估的一致性高于二审的，评估结果为一致时，一审占比最高，为79.1%，二审占比最低，为67.8%。在法院与评估结果不一致时，二审占比高于一审占比，二审占比为32.2%。一审占比为20.9%。其他审级数据只有一个，不具有分

析的意义。评估一致性与审判程序二列相关分析，呈现出审判程序越简单，评估一致性越高的情况。在法院与评估结果一致时，审判程序为速裁程序的占比最高，为100.0%，简易程序的占比为79.7%，普通程序的占比最低，为74.6%。在法院与评估结果不一致时，审判程序为普通程序的占比最高，为25.4%，简易程序的占比最低，为20.3%。（见表5－32）

表5－32　程序、审级评估一致性交叉统计

	不一致	一致	总计
审判程序			
简易	94例	370例	464例
	20.3%	79.7%	100.0%
普通	74例	217例	291例
	25.4%	74.6%	100.0%
速裁	0例	16例	16例
	0.0%	100.0%	100.0%
总计	168例	603例	771例
	21.8%	78.2%	100.0%
审级			
一审	190例	718例	908例
	20.9%	79.1%	100.0%
二审	19例	40例	59例
	32.2%	67.8%	100.0%
缺失	1例	0例	1例
	100.0%	0.0%	100.0%
总计	210例	758例	968例
	21.7%	78.3%	100.0%

3.犯罪人的社会人属性情况与评估一致性二列相关分析

犯罪人的社会人属性情况的分析与评估意见、刑事执行状态分析的维度一致,按照居所情况、生活和家庭情况、有关组织和个人意见三个层次分析。

(1)犯罪人的社会人属性情况之居所情况

在法院与评估结果一致时,居住情况为租房情况的最高,占比为90.2%,与直系亲属同住的占比为83.0%,自有情况的占比为78.0%。无房的占比最低为71.4%。在法院与评估结果不一致时,无房情况的占比最高,为28.6%,自有情况的占比为22.0%,与直系亲属同住的占比为17.0%,租房情况的占比最低,为9.8%。(见表5-33)

表5-33 居住情况评估一致性交叉统计

	不一致	一致	总计
无房	2例	5例	7例
	28.6%	71.4%	100.0%
租房	5例	46例	51例
	9.8%	90.2%	100.0%
与直系亲属同住	9例	44例	53例
	17.0%	83.0%	100.0%
自有	74例	262例	336例
	22.0%	78.0%	100.0%
总计	90例	357例	447例
	20.1%	79.9%	100.0%

在居住地与户籍地一致的情况下,调查评估意见与法院判决一致性的占比高于居住地与户籍地不一致的情况,占比为79.8%,户籍地不一致且评估意见不一致的占比为77.9%。此外,居住地与户籍地一致情况下,评估意见不一致的占比较低,为20.2%,评估意见一致的占比较高,为22.1%。(见表5-34)

表 5－34 居住地与户籍地评估一致性交叉统计

	不一致	一致
不一致	60 例	211 例
	22.1%	77.9%
一致	114 例	449 例
	20.2%	79.8%
总计	174 例	660 例
	20.9%	79.1%

(2)犯罪人的社会人属性情况之生活和家庭情况

法院与评估结果一致时,本科及以上的占比最高,为 82.1%,学历为高中或中专的占比为 80.1%,大专的占比为 77.9%,中学的占比为 78.2%,文盲的占比为 73.7%,小学的占比为 73.1%。评估结果不一致时,小学学历的占比最高,为 26.9%,文盲学历的占比为 26.3%。大专学历的占比为 22.1%,中学学历的占比为 21.8%,高中或大专的占比为 19.9%,本科及以上的占比最低,为 17.9%。(见表 5－35)

表 5－35 学历评估一致性交叉统计

	不一致	一致	总计
文盲	5 例	14 例	19 例
	26.3%	73.7%	100.0%
小学	25 例	68 例	93 例
	26.9%	73.1%	100.0%
中学	86 例	309 例	395 例
	21.8%	78.2%	100.0%
高中或中专	44 例	177 例	221 例
	19.9%	80.1%	100.0%
大专	29 例	102 例	131 例
	22.1%	77.9%	100.0%

续表

	不一致	一致	总计
本科及以上	15 例	69 例	84 例
	17.9%	82.1%	100.0%
总计	204 例	739 例	943 例
	21.6%	78.4%	100.0%

在法院判决与评估结果一致时，务农的占比最高，为 87.5%，普通企事业职员的占比为 85.8%，自由职业的占比为 85.5%，个体户的占比为 83.5%，务工的占比为 77.7%，无业的占比为 70.4%，企事业管理层的占比最低，为 66.7%。在法院判决与评估结果不一致情况下，企事业管理层的占比最高，为 33.3%，无业的占比为 29.6%，务工的占比为 22.3%，个体户的占比为 16.5%，普通企事业职员占比为 14.2%，务农的占比最低，为 12.5%。（见表 5－36）

表 5－36　职业法院与评估一致性交叉统计

	不一致	一致	总计
无业	59 例	140 例	199 例
	29.6%	70.4%	100.0%
务农	5 例	35 例	40 例
	12.5%	87.5%	100.0%
个体户	21 例	106 例	127 例
	16.5%	83.5%	100.0%
务工	53 例	185 例	238 例
	22.3%	77.7%	100.0%
自由职业	8 例	47 例	55 例
	14.5%	85.5%	100.0%
普通企事业职员	16 例	97 例	113 例
	14.2%	85.8%	100.0%

续表

	不一致	一致	总计
企事业管理层	17 例	34 例	51 例
	33.3%	66.7%	100.0%
总计	179 例	644 例	823 例
	21.7%	78.3%	100.0%

在法院判决与评估结果一致时，户口类别为农村的占比为 83.3%，城镇的占比为 75.3%。在法院判决与评估结果不一致时，城镇的占比为 24.7%，农村的占比为 16.7%。（见表 5－37）

表 5－37　户口类别法院与评估一致性交叉统计

	不一致	一致	总计
城镇	152 例	464 例	616 例
	24.7%	75.3%	100.0%
农村	60 例	299 例	359 例
	16.7%	83.3%	100.0%
总计	212 例	763 例	975 例
	21.7%	78.3%	100.0%

在法院判决与评估结果一致时，非独生子女占比为 81.2%，独生子女占比为 75.8%。在法院判决与评估结果不一致时，独生子女占比为 24.2%，非独生子女占比，为 18.8%。（见表 5－38）

表 5－38　独生子女法院与评估一致性交叉统计

	不一致	一致	总计
是	129 例	404 例	533 例
	24.2%	75.8%	100.0%
否	83 例	359 例	442 例
	18.8%	81.2%	100.0%

续表

	不一致	一致	总计
总计	212 例	763 例	975 例
	21.7%	78.3%	100.0%

在法院判决与评估结果一致时，丧偶的占比最高，为 85.7%，已婚的占比为 81.9%，未婚的占比为 79.1%，离异的占比为 69.7%，再婚的占比最低，为 66.7%。在法院判决与评估结果不一致的情况下，再婚的占比最高，为 33.3%，离异的占比为 30.3%，未婚的占比为 20.9%。已婚的占比为 18.1%，丧偶的占比最低，为 14.3%。（见表 5－39）

表 5－39　婚姻状况法院与评估一致性交叉统计

	不一致	一致	总计
未婚	19 例	72 例	91 例
	20.9%	79.1%	100.0%
已婚	98 例	444 例	542 例
	18.1%	81.9%	100.0%
离异	20 例	46 例	66 例
	30.3%	69.7%	100.0%
丧偶	1 例	6 例	7 例
	14.3%	85.7%	100.0%
再婚	1 例	2 例	3 例
	33.3%	66.7%	100.0%
总计	139 例	570 例	709 例
	19.6%	80.4%	100.0%

家庭经济状况对一致性是有影响的，经济状况越好评估意见与法院最终的裁决一致的比例越高。同样地，家庭关系的维度也呈现出这样的特征。在法院判决与评估结果一致时，经济状况很好、较好的占比最高，都为 100%，一般的占比为 83.5%，尚可的占比为 83.3%，良好的占比为

81.8%，无收入或贫困的占比为80%，较差的占比最低，为76.9%。在法院判决与评估结果不一致时，较差的占比最高，为23.1%，无收入或贫困的占比为20.0%，良好的占比为18.2%，尚可的占比为16.7%，一般的占比为16.5%。在法院判决与评估结果一致的情况下，家庭关系一般正常的占比最高，为85.6%，关系融洽的占比为82.2%，离异、负债或重病的占比为71.4%，重大变故的占比最低，为50.0%。在法院判决与评估结果不一致的情况下，重大变故的占比最高，为50.0%，离异、负债或重病的占比为28.6%，关系融洽的占比为17.8%，一般正常的占比最低，为14.4%。（见表5-40）

表5-40　家庭情况评估一致性交叉统计

	不一致	一致	总计
家庭经济			
无收入或贫困	1例	4例	5例
	20.0%	80.0%	100.0%
较差	3例	10例	13例
	23.1%	76.9%	100.0%
尚可	1例	5例	6例
	16.7%	83.3%	100.0%
一般	31例	157例	188例
	16.5%	83.5%	100.0%
良好	4例	18例	22例
	18.2%	81.8%	100.0%
较好	0例	9例	9例
	0.0%	100.0%	100.0%
很好	0例	11例	11例
	0.0%	100.0%	100.0%

续表

	不一致	一致	总计
总计	40 例 15.7%	214 例 84.3%	254 例 100.0%
家庭关系			
重大变故	2 例 50.0%	2 例 50.0%	4 例 100.0%
离异、负债或重病	2 例 28.6%	5 例 71.4%	7 例 100.0%
一般正常	40 例 14.4%	238 例 85.6%	278 例 100.0%
关系融洽	51 例 17.8%	235 例 82.2%	286 例 100.0%
总计	95 例 16.5%	480 例 83.5%	575 例 100.0%

(3)有关组织和个人的意见

在法院判决与评估结果一致的情况下,亲属评价一般的占比最高,为 85.6%,不熟的占比为 82.2%,良好的占比为 71.4%,和睦的占比最低,为 50.0%。在法院判决与评估结果不一致的情况下,和睦的占比最高,为 50.0%,良好的占比为 28.6%,不熟的占比为 17.8%,一般的占比最低,为 14.4%。

在法院判决与评估结果一致时,社会关系评价为融洽的占比最高,为 94.1%,一般(无不良行为)的占比为 81.7%,社会关系评价不错的占比最低,为 74.5%。在法院与评估结果不一致的情况下,不错的占比为 25.5%,不熟悉的占比为 23.8%,一般(无不良行为)的占比为 18.3%,融洽的占比最低,为 5.9%。(见表 5-41)

表 5－41　社会关系和亲属评价法院与评估一致性交叉统计

		不一致	一致	总计
社会关系				
融洽		3 例	48 例	51 例
		5.9%	94.1%	100.0%
不错		26 例	76 例	102 例
		25.5%	74.5%	100.0%
一般		15 例	67 例	82 例
		18.3%	81.7%	100.0%
不熟悉		10 例	32 例	42 例
		23.8%	76.2%	100.0%
总计		54 例	223 例	277 例
		19.5%	80.5%	100.0%
亲属评价				
和睦		2 例	2 例	4 例
		50.0%	50.0%	100.0%
良好		2 例	5 例	7 例
		28.6%	71.4%	100.0%
一般		40 例	238 例	278 例
		14.4%	85.6%	100.0%
不熟		51 例	235 例	286 例
		17.8%	82.2%	100.0%
总计		95 例	480 例	575 例
		16.5%	83.5%	100.0%

4. 评估一致性与各维度因素的斯皮尔曼等级相关系数探究

犯罪人的社会人属性仅有户口类别和独生子女情况对评估一致性有显著影响。户口的类别代表被评估对象的生活环境，即在农村还是在城镇生活的被评估对象会影响评估一致性的判断。独生子女情况也会对评估结果的应用有影响，家庭的情况对评估一致性有统计学意义上的影响。犯罪人的社会人属性情节中生活维度和家庭维度各有一因素影响了评估意见的应用情况。

犯罪人属性情节是对一致性有影响的主导因素，在犯罪人属性情节中，罪名的章节其实在一定程度上能反映罪犯社会危害性的大小，因为刑法分则罪名的章节是按照侵犯客体的严重程度排列的。审判的级别表明案件审理各方对一审的合意程度，鉴于实践中大部分的二审程序的启动由当事人提起，也可以说案件的复杂程度会影响法院判决与评估意见的一致性。是否被取保代表着之前程序中法院对被评估对象的社会危险性的判断，也即羁押必要性的判断，也验证了实践中让评估机关对被评估对象的社会危险性进行判断的空间。外部程序衔接因素中，仅有评估书（有无）与评估一致性有统计学意义上的相关性。（见表 5 – 42）

表 5－42　相关性

				社会人属性											犯罪人属性							外部衔接因素
			评估一致性	居所	性别	学历	职业分类	户口类别	家庭经济	家庭关系	婚姻状况	独生子女	亲属评价	社会评价	前科劣迹	是否共犯	是否取保	罪名章节	审级	审判程序	刑种	评估书（有无）
斯皮尔曼等级相关系数	法院与评估一致性	相关系数	1.000	－0.027	－0.013	0.042	0.058	0.093	0.090	－0.024	－0.042	0.065	－0.024	－0.086	－0.049	0.007	0.121	－0.105	－0.073	－0.036	－0.026	0.117
		显著性（双尾）	0.00	0.568	0.695	0.202	0.096	0.004	0.151	0.568	0.264	0.041	0.568	0.155	0.123	0.838	0.000	0.001	0.023	0.325	0.434	0.000
		N	975	447	969	943	823	975	254	575	709	975	575	277	975	971	882	970	968	771	922	975

三、社区矫正适用前调查评估回归模型的构建

基于上文二列相关分析和相关系数的探究，在犯罪人属性即社会危险性和社会人属性情节对居住社区的影响以及评估程序的衔接因素与最终的调查评估意见、刑事执行状态和评估的一致性均有相关性影响，因此从三种结果上对调查评估进行回归模型的构建，探究从调查评估机关的调查评估意见，判决机关的刑事执行状态和评估一致性的预测模型，以探究刑罚个别化理论下预防刑因素在社区矫正适用中的应用模式。

（一）社区矫正适用前调查评估意见的回归模型建构

在对调查评估意见模型的构建中，虽然对评估意见有影响的因素包含了犯罪人属性、社会人属性和外部衔接的层面。但是最终符合预测建模条件的全部为犯罪人的社会人属性因素。模型建构的因变量为评估意见，根据前文分析，退回、不具备、具备有程度上的区别，为有序分类变量，采用有序多分类 logistic 回归模型分析。调查评估意见与是否独生子女、户口类别、社会关系评价这三个变量具有相关性，且三个自变量不具有平行共线性，均可纳入有序多分类回归模型中。通过模型测试后保留的变量为：户口类别和是否独生子女、社会关系评价。下表为基本描述情况。户口类别：1 = 城镇，0 = 农村；是否独生子女：1 = 是，0 = 否；社会关系评价：1 = 融洽，2 = 不错，3 = 一般，4 = 不熟悉。（见表 5 - 43）

表 5 - 43　个案处理摘要（O）

		N	边缘百分比
评估 2	退回	8	2.6%
	不适用	15	5.0%
	适用	279	92.4%
是否独生子女	否	177	58.6%
	是	125	41.4%

续表

		N	边缘百分比
户口类别	农村	123	40.7%
	城镇	179	59.3%
社会关系评价	融洽	54	17.9%
	不错	108	35.8%
	一般(无不良行为)	93	30.8%
	不熟悉	47	15.6%
有效		302	100.0%
缺失		813	—
总计		1115	—

模型拟合度信息表中显著性 p(sig) <0.001,说明至少一个变量系数不为0,具有统计学显著性,即该模型有意义。(见表5-44)

表5-44　模型拟合信息

模型	-2对数似然	卡方(i)	df	显著性(P)
仅有截距	86.419			
与前面连写	56.764	29.655	5	0.000

联接函数:Logit。

检验P(Sig.)值为0.442 >0.05,自变量通过平行线检验可以使用多重有序Logistic回归。(见表5-45)

表5-45　平行线检验[a]

模型	-2对数似然	卡方(i)	df	显著性(P)
原假设	56.764			
常规	51.974[b]	4.790[c]	5	0.442

零假设规定位置参数(斜率系数)在各响应类别中都是相同的。

a. 联接函数:Logit。

b. 在最大步骤对分次数后无法进一步增加对数拟然值。

c. 卡方统计量的计算基于广义模型最后一次迭代得到的对数似然值。检验的有效性不确定。

有序多分类回归原理是将因变量的多个分类一次分割为多个二元的回归方程，所以因变量评估结果有三种情况，分析时拆分为两个二元回归，分别为（1vs2 +3）、（1 +2vs3），均是低等级与高等级的比较。下表中 Threshold 阈值对应的是评估结果本次拆分的两个二元回归的常数项。户口类别、是否独生子女作为自变量，均为二分类变量，以是和否两种取值间比较。其中，是否独生子女 =0 的系数估计值为 1.025，意味着不是独生子女的组，相比是独生子女的组，评估结果至少高一个等级的可能性是 exp（1.025）=2.79 倍。即非独生子女比独生子女的评估结果等级高。同理可得，户口 = 农村的比户口 = 城镇的评估结果至少高一个等级的可能性为 exp（ -0.641）=0.527 倍。

社会关系评价为多分类变量，在分析中被拆分成了三个哑变量（社会关系评价取值 1、2、3），分别与社会关系评价 =4 的组进行对比。社会关系评价 =1 系数估计值（Estimate）为 2.466，意味着在调整其他三个变量（是否独生子女、户口类别、是否取保）的情况下，社会关系评价 =1（社会关系为融洽的）的组，相比于社会关系评价 =4（关系不熟悉）的组，评估意见结果至少高一个等级的可能性是 exp（2.466）=11.78倍，同理推算，社会关系评价 =2（评价不错）比社会关系评价 =4（评价不熟悉）的组，评估意见结果高一个等级的可能性为 exp（2.791）=16.3 倍，社会关系评价 =3（评价一般）比社会关系评价 =4（评价不熟悉）的组，评估意见结果高一个等级的可能性为 exp（2.166）=8.72 倍。

在对调查评估意见的影响因素中，非独生子女比独生子女评估意见等级高的可能性为 2.79 倍，户口农村的比户口城镇人员评估意见等级高一个级别的有 0.447 倍，社会关系评价中，评价融洽、评价不错、评价一般比评价不熟悉相比，评估意见等级高的可能性分别为 11.78 倍、16.3 倍、8.72 倍，即在调查评估意见中，可以根据拟评估对象的生活和家庭情况，以及其他组织的评价预测出调查评估最终的结果，基本上与安徽省的调查评估维度一致，能表明其对调查评估意见的出具已经形成了较为成熟的模式。（见表 5 -46）

表 5－46　参数估计

		估算(E)	标准错误	Wald	df	显著性	95%的置信区间	
							下限	上限
Threshold	[评估2＝1]	－1.826	0.515	12.584	1	0.000	－2.834	－0.817
	[评估2＝2]	－0.590	0.445	1.754	1	0.185	－1.462	0.283
位置	[是否独生子女＝0.0]	1.025	0.480	4.559	1	0.033	0.084	1.965
	[是否独生子女＝1.0]	0[a]	0.00	0.00	0	0.00	0.00	0.0
	[户口类别＝0]	－0.641	0.496	1.670	1	0.196	－1.613	0.331
	[户口类别＝1]	0[a]	0.00	0.00	0	0.00	0.00	0.0
	[社会关系评价＝1]	2.466	0.809	9.288	1	0.002	0.880	4.052
	[社会关系评价＝2]	2.791	0.699	15.948	1	0.000	1.421	4.161
	[社会关系评价＝3]	2.166	0.601	12.990	1	0.000	0.988	3.344
	[社会关系评价＝4]	0[a]	0.00	0.00	0	0.00	0.00	0.00

联接函数：Logit。
a. 此参数设置为零，因为它是冗余的。

（二）刑事执行状态的回归模型建构

依据前文对法院判决是否适用社区矫正评论意见的情况，进行了刑事执行状态的区分，除了适用缓刑和不适用缓刑，还有比适用缓刑更轻的单处罚金刑和免予刑事处罚。因此因变量为刑执状态：1 免予刑事处罚、2 单处罚金、3 适用缓刑、4 不适用缓刑；自变量为评估书（有无）：1 是、0 否；审级：1 一审、2 二审；刑期：连续性变量。（见表 5－47）

表 5－47　个案处理摘要（O）

		N	边缘百分比
刑执状态（复制）	单处罚金	3	0.3%
	适用缓刑	739	81.2%
	不适用缓刑	168	18.5%
审级	一审	853	93.7%
	二审	57	6.3%

续表

		N	边缘百分比
评估书(有无)	无	777	85.4%
	有	133	14.6%
有效		910	100.0%
缺失		205	
总计		1115	

模型拟合度信息表中显著性 p(sig) <0.001,说明至少一个变量系数不为0,具有统计学显著性,即该模型有意义。(见表5－48)

表5－48　模型拟合信息

模型	－2 对数似然	卡方(i)	df	显著性(P)
仅有截距	322.206			
与前面连写	272.933	49.272	3	0.000

联接函数:Logit。

各自变量的P=0.160,刑事执行状态可以适用于有序 Logistics 回归。(见表5－49)

表5－49　平行线检验[a]

模型	－2 对数似然	卡方(i)	df	显著性(P)
原假设	272.933			
常规	267.766	5.168	3	0.160

零假设规定位置参数(斜率系数)在各响应类别中都是相同的。

a. 联接函数:Logit。

评估书有无(0=否)的系数为1.728,所以没有评估意见书的组相比有评估意见书的组,在最终刑执状态里判处更高一级的可能性要高出exp(1.728)=5.63倍。审级(1=一审)的系数是－0.88,所以一审的组比二审的组在最终刑执状态里判处更高一层的可能性为exp(－0.88)=0.42倍,也就是二审比一审在最终的刑执状态里等级更高的可能性为

2.4倍。(见表5－50)

表5－50 参数估计

		估算(E)	标准错误	Wald	df	显著性(P)	95%的置信区间	
							下限	上限
Threshold	[刑事执行状态＝2.00]	－5.229	0.696	56.447	1	0.000	－6.594	－3.865
	[刑事执行状态＝3.00]	2.425	0.515	22.152	1	0.000	1.415	3.435
位置	刑期(数字)	0.013	0.005	6.167	1	0.013	0.003	0.023
	[评估书(有无)＝0.00]	1.728	0.420	16.932	1	0.000	0.905	2.551
	[评估书(有无)＝1.00]	0[a]	0.00	0.00	0	0.00	0.00	0.00
	[审级＝1.00]	－0.880	0.300	8.582	1	0.003	－1.468	－0.291
	[审级＝2.00]	0[a]	0.00	0.00	0	0.00	0.00	0.0

联接函数:Logit。
a.此参数设置为零,因为它是冗余的。

由此可得回归方程为:

(免予刑事处罚＋单处罚金)vs(适用缓刑＋不适用缓刑)

Ln(刑执状态＝2)＝－5.229＋0.016＊刑期＋1.728＊评估书(有无)(1)－0.88＊审级(1)

(免予刑事处罚＋单处罚金＋适用缓刑)vs不适用缓刑

Ln(刑执状态＝3)＝2.425＋0.016＊刑期＋1.728＊评估书(有无)(1)－0.88＊审级(1)

对于刑事执行状态的预测,最终能进入模型构建的仅有评估书的有无,代表最终审判机关对评估意见在形式上的认可,实际上在判决书列明评估书的更倾向于判处缓刑和免予刑事处罚、罚金的更为轻缓的刑事执行方式,除此之外,终审的级别也能对刑事执行状态进行预测。

(三)社区矫正适用前调查评估意见应用模型建构

社区矫正适用前调查评估应用模型的建构旨在分析,作为社区矫正最终的决定机关,对调查评意见的采信情况,即评估是否起到了为法院量刑提供类型化因素的建议作用。根据前文的相关性分析,评估意见应用一致性和拟评估对象社会人属性中的生活和家庭情况（户口类别、是否独生子女）、社会人属性情节中（罪名章节、审级、是否取保）和调查评估程序衔接因素［评估书（有无）］相关。自变量取值：法院与评估一致性：0 不一致、1 一致；因变量为户口类别：1 城镇、0 农村，罪名章节：有序分类（2/3/4/5/6/7）。审级：1 一审、2 二审；是否取保：0 否、1 是；评估书有无：0 无、1 是。（见表 5－51）

表 5－51　相关性

			法院与评估一致性	是否独生子女	户口类别	罪名章节	审级	是否取保	评估书（有无）
斯皮尔曼等级相关系数	法院与评估一致性	相关系数	1.000	－0.065*	－0.093**	－0.105**	－0.066*	0.121**	0.117**
		显著性（双尾）	0.00	0.041	0.004	0.001	0.041	0.000	0.000
		N	975	975	975	970	967	882	975

* 相关性在 0.05 级别显著（双尾）。
** 相关性在 0.01 级别显著（双尾）。

采用二元 logistics 回归模型进行变量筛选检测，将所有相关的变量全部纳入其中。在模型测试中将审级、是否独生子女删除，因其无法在回归方程中体现意义。本次统计过程中筛选变量的方式是 Forward：LR 法（基于最大似然估计的向前逐步回归法），结果相对可靠。模型系数综合检验，其模型的显著性 $P<0.05$，表示本次拟合的所有变量至少有一个变量有统计学意义，即模型总体有意义。（见表 5－52）

表 5－52　模型系数的 Omnibus 检验

		卡方	自由度	显著性（P）
步骤 4	步长（T）	6.829	1	0.009
	块	50.195	8	0.000
	模型	50.195	8	0.000

Hosmer and Lemeshow 检验是模型拟合度检验，$p > 0.05$，认为当前数据中信息已经被充分提取，模型拟合优度较高。（见表 5－53）

表 5－53 Hosmer 和 Lemeshow 检验

步长(T)	卡方	自由度	显著性(P)
4	3.509	7	0.834

总体观测准确率为 77.5%。（见表 5－54）

表 5－54 分类表[a]

观测值			预测值		
			评估一致性		百分比正确
			不一致	一致	
步骤 4	评估一致性	不一致	7	186	3.6%
		一致	10	670	98.5%
	总体百分比				77.5%

a. 分界值为 0.500。

上述表格中包含了最终筛查出的变量和其参数。其中户口类别、罪名章节、是否取保、评估书有无的显著性均小于 0.05，都具有统计学意义。本研究采用二分类 Logistic 回归评估户口类别、是否取保、罪名章节、评估书（有无）对研究对象最终法院判决和评估结果一致性的影响。

最终，得到的 Logistic 模型具有统计学意义，显著性小于 0.001。该模型能够正确分类 77.5% 的研究对象。模型纳入的四个自变量中，均有统计学意义。对于户口类别、是否取保、评估书（有无）三个二分类变量，相对于赋值较低的组（农村户口、没有取保的、无评估书的），赋值较高的研究对象（城市户口、取保的、有评估书的）评估和判决结果一致的可能性为 0.622 倍、1.908 倍、2.779 倍。

对于罪名章节这个多分类变量，以罪名（第二章）作为参照组，得到的结果是罪名章节（第三章）、罪名章节（第四章）罪名章节（第五章）罪名章节（第六章）罪名章节（第八、九章）分别对应于罪名（第二章）的比值。

(见表5-55)

表5-55 方程式中的变量

		B	S. E.	Wald	自由度	显著性(P)	Exp(B)	95% C. I. 用于EXP(B)	
								下限	上限
步骤4[a]	户口类别	-0.474	0.184	6.613	1	0.010	0.622	0.434	0.893
	罪名章节	—	—	16.539	5	0.005	—	—	—
	罪名章节(1)	0.663	0.459	2.088	1	0.148	1.941	0.789	4.772
	罪名章节(2)	0.130	0.505	0.066	1	0.797	1.138	0.423	3.060
	罪名章节(3)	0.616	0.496	1.540	1	0.215	1.851	0.700	4.896
	罪名章节(4)	-0.214	0.469	0.208	1	0.648	0.807	0.322	2.023
	罪名章节(5)	0.268	0.468	0.327	1	0.568	1.307	0.522	3.271
	是否取保(看起书最后)	0.646	0.225	8.264	1	0.004	1.908	1.228	2.963
	评估书(有无)	1.022	0.309	10.929	1	0.001	2.779	1.516	5.094
	常量	0.589	0.508	1.344	1	0.246	1.803		

a. 步骤4:[%1:4:。

该Logistic模型具有统计学意义,该模型能够正确分类77.5%的研究对象,模型的敏感度为98.5%。评估一致性模型纳入的四个自变量中,户口类别、罪名章节、取保与否、评估书(有无)均具有统计学意义。

调查评估意见的应用模型中，根据调查评估对象社会人属性中的生活情况维度（户口类别），犯罪人属性中犯罪和涉嫌犯罪维度（罪名章节、取保与否），以及调查评估意见衔接因素中评估书（有无）被提及来对调查评估意见的应用情况进行预测。（见表5－56）

表5－56　评估一致性因素的Logistic回归分析

	OR（比值,95%置信区间）	显著性（P）
户口类别		
农村	1.0	<0.01
城市	0.62（0.43～0.90）	
罪名章节		
第二章	1.0	<0.01
第三章	1.94（0.8～4.77）	
第四章	1.14（0.42～3.06）	
第五章	1.85（0.7～4.9）	
第六章	0.8（0.32～2.02）	
第八、九章	1.3（0.52～3.28）	
取保		
否	1.0	<0.01
是	1.9（1.23～2.96）	
评估意见书（有无）		
无	1	<0.01
有	2.78（1.51～5.10）	

结　语

社区矫正调查评估作为社区矫正适用的前置程序，由于社区矫正制度在我国仍然在完善之中，笔者认为调查评估并未形成完善的制度，只能对目前调查评估有的模式进行研究。在借鉴了国外类似的制度之后，结合我国社区矫正的国情，从调查评估模式的角度进行研究。社区矫正适用前调查评估从程序、内容、评估意见的出具、评估意见的应用都形成了一定的模式。

由于我国社区矫正制度在不同省份的具体落实时对于具体工作把握的尺度不同，同时调查评估的工作有一部分涉及跨省域的评估的委托及执行，反映出应该进行省域间调查评估标准的统一。通过梳理当前社区矫正适用前调查评估的发展脉络，社区矫正适用前调查评估程序工作正从最初的稍显无序和混乱的模式逐步走向规范化，但实践中如果无法摆脱以监管条件为中心的调查评估，调查评估程序中衔接不畅的问题也难以解决。笔者对社区矫正适用前调查评估程序的做法进行了模式化的总结，并结合实践运行情况与文本的差距，构建了社区矫正适用前调查评估的应然模式。同时结合访谈和实地调研情况归纳调查程序衔接因素并进行量化的数据分析，证实程序上的衔接因素确实会对调查评估的意见产生统计学意义上的影响。我国调查评估程序的一大症结是实践中并没有区分调查程序和评估程序,若要让调查评估的意见发挥更大的作用,调查评估的程序应当更为完善,此处的完善并非单纯的增加评估意见的出具层批程序,而是应当完善被评估对象的权利保障,调查评估的程序正义是评估结果公正的基础。

由于《社区矫正法实施办法》和《社区矫正法》实际上采用的是对调查评估内容完全不同的规定方式,二者对评估内容的简单粗暴地衔接为明确调查评估的内容造成了一定的困扰。笔者通过对大量不同层级和不同时期的法律法规进行梳理,以刑罚个别化和预防刑理论为指导,对调查评估的内容模式进行了辨析。从缓刑评估的未决犯评估内容模式和已决犯的评估模式,以责任刑与预防刑理论下犯罪人的犯罪人属性情节和社会人属性情节为路径对各级别的文书规定的评估内容进行了模式归纳,并结合实践运行情况确定了调查评估内容的最终因素,在对调查评估作相关性分析和模型建构时进行了符合实践情况的分析。本研究针对未决犯缓刑的调查评估,结合对刑事执行状态的界定,对调查评估的应用模式也进行了有效的模型构建。

社区矫正适用前调查评估是各司法机关在社区矫正程序上衔接机制的重要体现。本研究显示调查评估的意见出具已形成一定的成熟模式,关于调查的评估对象居所情况维度(如居住状态、居住地与户籍地一致性)、生活和家庭情况维度(如户籍情况、独生子女)、有关组织和个人意见中(如社会评价)与评估意见都呈显著相关,通过社会评价和独生子女情况以及户口情况因素可以构建回归模型从而对评估意见进行预测。

法院判决背后体现的是法官理性选择的结果,研究显示法官的理性选择中还是过多依赖自身对犯罪人属性情节判断,社区矫正适用前调查评估并未实现其应有的价值。最后构建的模型显示调查评估文本中所列的内容大多是关于被评估对象的犯罪人的社会人属性情节,如家庭经济情况、亲属评价、邻居评价,对调查评估的意见都没有任何的统计学意义上的影响。这些因素在实践中对于调查评估机关和决定机关程序上的意义要大于评估内容本身的实质的意义。对于调查评估应用模型建构显示户口类别、罪名章节、取保与否、评估书（有无）因素能对评估一致性进行预测，即仅有犯罪人社会人属性中显而易见的被评估对象的户口类别能准确预测评估结果的应用，大量的因素都为决定机关确定的犯罪人属性情节。本研究也指向了对于今后调查评估的应用构建上应当规范化调查评估的各项程序制度和对评估内容进行符合实践情况的调整，决定机关不能随意的启动评估，对调查评估中的属于预防性的因素，即社会人属性因素应予以考量，而不是过于看重已然在刑事诉讼程序中确定的犯罪人属性因素，其主要属于责任刑的因素。倘若如此，有悖于刑罚个别化。

最后，社区矫正研究近几年在国内开展得较为缓慢，社区矫正适用前调查评估研究则更为匮乏，但作为决定非监禁刑执行的“第一道关卡”，其研究有较为重要的价值，希望本研究构建的模型能为实践中调查评估的运行和符合刑罚个别化原则的调查评估起到一定的作用。

参考文献

一、著作及译著类

1. [日]平野龙一:《刑法总论①》,有斐阁1972年版。

2. [日]原田国男:《量刑判断的实际》,立花书房2008年增补版。

3. [日]泽登俊雄:《刑法的适用》,载[日]平场安治、平野龙一编:《改正刑法的研究概说·总则》,东京大学出版会1972年版。

4. [日]浅田和茂:《刑法总论》,成文堂2007年补正版。

5. [日]大谷实:《刑法总论》,黎宏译,中国人民大学出版社2008年版。

6. [日]井田良:《变革时代的理论》,庆应义塾大学出版会2007年版。

7. [日]川崎一夫:《体系的量刑论》,成文堂1991年版。

8. [日]曾根威彦:《量刑基准》,载[日]西原春夫主编:《日本刑事法的形成与特色》,日本成文堂1997年版。

9. [美]肯尼斯·卡尔普·戴维斯:《裁量正义》,毕洪海译,商务印书馆2009年版。

10. [美]埃得温·萨瑟兰《犯罪学原理》,吴宗宪译注,中国人民公安大学出版社2009年版。

11. 卞建林、邓修明、顾永忠、陈明国:《刑事诉讼法修正案草案(重点问题研究)》,中国人民公安大学出版社2012年版。

12. [美]本杰明·卡多佐:《司法过程的性质》商务印书馆2019年版。

13. 孙强:《社区服刑人员法律指导手册》,中国法制出版社 2017 年版。

14. [德]亚图·考夫曼:《法律哲学》,刘幸义等译,台北,五南图书出版有限公司 2000 年版。

15. 姚建龙主编:《刑事司法进化论》,北京大学出版社 2017 年版。

16. 阎少华:《管制刑研究》,吉林人民出版社 2005 年版。

17. 姚建龙:《法学的童真》,上海三联书店 2015 年版。

18. 吴宗宪:《社区矫正比较研究》(上、下),中国人民大学出版社 2011 年版。

19. 吴宗宪:《社区矫正导论》,中国人民大学出版社 2011 年版。

20. 蔡明骅:《关于社区矫正调查评估制度的思考与建议》。

21. 司法部社区矫正管理局编:《社区矫正研究论文集》(2013),法律出版社 2013 年版。

22. 翟中东:《刑罚个别化研究》,中国人民公安大学出版社 2001 年版。

23. 翟中东:《中国社区矫正制度的建构与立法问题》,中国人民公安大学出版社 2017 年版。

24. 黎宏:《刑法学》,法律出版社 2012 年版。

25. 高铭暄、赵秉志主编:《刑罚总论比较研究》,北京大学出版社 2008 年版。

26. 武红玉:《社区矫正管理模式研究》,中国法制出版社 2011 年版。

27. 刘强:《各国(地区)社区矫正法规选编及评价》,中国人民公安大学出版社 2004 年版。

28. 四川省监狱管理局:《监狱人民警察常用法律法规》,电子科技大学出版社 2017 年版。

29. 王珏、王平、杨诚:《中加社区矫正概览》,法律出版社 2008 年版。

30. [德]卡尔·拉伦茨:《法学方法论》,陈爱娥译,商务印书馆 2013 年版。

31. 王爱立、姜爱东:《中华人民共和国社区矫正法释义》,中国民主法制出版社 2020 年版。

32. 宋伟卫:《刑事一体化视野下的人身危险性研究》,法律出版社 2019 年版。

33. 蓝向东:《我国审前羁押制度问题研究》,人民法院出版社 2015 年版。

34. 林钰雄:《刑事诉讼法》(上册总论编),中国人民大学出版社 2005 年版。

35. 张建明:《社区矫正实务》,中国政法大学出版社 2010 年版。

36. 张明楷:《刑法学》(第 5 版),法律出版社 2016 年版。

37. 张明楷:《外国刑法纲要》,法律出版社 2020 年版。

38. 张明楷:《责任刑与预防刑》,北京大学出版社 2019 年版。

39. 张明楷《刑事责任论》,中国政法大学出版社 1992 年版。

40. 黄荣坚:《基础刑法学》(下),中国人民大学出版社 2009 年版。

41. 高铭暄:《刑法学原理》(第 3 卷),中国人民大学出版社 1994 年版。

42. 邱兴隆:《刑罚理性辩论——刑罚的正当性批判》,中国检察出版社 2019 年版。

43. 王爱立:《中华人民共和国社区矫正法解读》,中国法制出版社 2020 年版。

44. 王娜、计时俊、赵运锋:《青少年犯罪与司法问题研究》,中国法制出版社 2017 年版。

45. 王平:《刑罚执行现代化:观念、制度与技术》,北京大学出版社 2017 年版。

46. [日]川本哲郎:《交通犯罪对策研究》,杨宁译,法律出版社 2021 年版。

47. 缪伟君:《减刑、假释制度改革研究》,中国检察出版社 2017 年版。

48. 刘志伟、涂龙科、郭玮、田旭:《中国社区矫正立法专题研究》,中国人民公安大学出版社 2017 年版。

49. 张明楷:《外国刑法纲要》(第 2 版),清华大学出版社 2007 年版。

50. 敦宁:《自由刑改革的中国路径》,人民出版社 2014 年版。

51. 孟庆华:《全国各省自治区直辖市刑法适用规范性文件通览》(第 2 卷),中国检察出版社 2016 年版。

52. 贾济东:《中国刑法》,知识产权出版社 2012 年版。

53. 陈明国:《社区矫正工作教程》,法律出版社 2017 年版。

二、期刊类

1. 许世腾:《论社区矫正法律监督工作的完善与创新》,载《山东人大工作》2016 年第 2 期。

2. 任文启:《完善我国社区矫正审前调查评估制度的思考——基于文本和现实的比较分析》,载《甘肃政法学院学报》2016 年第 3 期。

3. 余俊:《社区矫正裁前评估:现状、问题与完善》,载《贵州警官职业学院学报》2016 年第 3 期。

4. 顾顺生:《建立调查评估未使用社区矫正前置程序之思考》,载《中国检察官》2016 年第 7 期。

5. 戴思洋、张明、陈翔:《长株潭地区社区矫正审前调查评估制度研究》,载《湖南警察学院学报》2016 年第 5 期。

6. 肖乾利、薛宁:《社区矫正审前调查评估制度研究》,载《宜宾学院学报》2019 年 7 月。

7. 黄智聪:《关于开展社区矫正适用前调查评估工作的实践与思考》,载《中国司法》2019 年第 5 期。

8. 杨刚:《社区矫正调查评估科学化研究》,载《中国司法》2020 年第 10 期。

9. 王鹏飞:《社区矫正社会调查评估的现实困境与规则建构》,载《宜宾学院学报》2021 年第 4 期。

10. 罗智勇、李慧涛:《关于〈社区矫正法〉实施中人民法院正确履职的若干思考》,载《法律适用》2021 年第 2 期。

11. 王宏玉、张学超:《突破与完善:我国社区矫正社会调查制度探析》,载《中国人民公安大学学报(社会科学版)》2013 年第 2 期。

12. 陈珠,叶凌:《刑事案件审前社会调查制度实证研究——以长乐法院审前社会调查运行情况为样本》,载《福建警察学院学报》2014 年第 1 期。

13. 谢平海、郭妙珊:《社区矫正前调查评估制度的现实困境与路径探析——基于福建省 F 县的实证研究》,载《福建广播电视大学学报》2015 年第 1 期。

14. 邹志强、陈韦君:《社区矫正调查评估的实证化研究——以江西省赣州市为例》,载《四川警官学院学报》2016 年第 5 期。

15. 赵爽:《社区矫正前置调查评估制度现状与对策探析》,载《净月学刊》2017 年第 2 期。

16. 赵兴洪:《缓刑适用的中国图景——基于裁判文书大数据的实证研究》,载《当代法学》2017 年第 2 期。

17. 陈磊、石磊:《身份差异与量刑歧视——流动人口犯罪缓刑适用问题研究》,载《法律适用》2013 年第 1 期。

18. 高一飞:《量刑前调查报告符合现代刑法理念》,载《学习月刊》2007 年第 6 期。

19. 李沐阳:《雨花台区开展社区矫正审前调查工作的调研》,载《人民调解》2012 年 2 期。

20. 殷健康:《论量刑前的社会调查制度》,载陈兴良主编:《刑事法评论》2013年第32卷,北京大学出版社2013年版。

21. 唐震:《未成年被告人个体情况调查报告的法律性质与运用》,载《法治论丛》2001年第6期。

22. 韩轶:《论刑罚目的与量刑原则》,载《安徽大学学报(哲学社会科版)》2006年第4期。

23. 胡学相:《论我国刑法中量刑原则的重构》,载《法学评论》2005年第1期。

24. 任文启:《完善我国社区矫正审前调查评估制度的思考——基于文本和现实的比较分析》,载《甘肃政法学院学报》2016年第3期。

25. 迟大奎:《论社区矫正中的"裁前风险评估"——实体与程序的双重展开》,载《河南警察学院学报》2019年第4期。

26. 顾晓浪:《关于〈中华人民共和国社区矫正法〉第17条的案例解读》,载《中国监狱学刊》2020年第4期。

27. 肖乾利、薛宁夫:《社区矫正审前调查评估制度研究》,载《宜宾学院学报》2019年第7期。

28. 陈贤东、张学文:《浅析人民法院视角下的审前社会调查制度适用于完善》,载《南方论刊》2018年第6期。

29. 范少恒:《社区矫正社会调查的实践困惑与制度完善》,载《湖南科技学院学报》2014年第4期。

30. 杨刚:《社区矫正调查评估科学化研究》,载《中国司法》2020年10期。

31. 高通:《轻罪案件中的逮捕社会危险性条件研究——以故意伤害罪为例》,载《政法论坛》2021年第3期。

32. 杨秀莉、关振海:《逮捕条件中社会危险性评估模式之构建》,载《中国刑事法杂志》2014年第1期。

33. 孙谦:《司法改革背景下逮捕的若干问题研究》,载《中国检察官》2017年第13期。

34. 王贞会:《审前逮捕社会危险性评估量化模型的原理与建构》,载《政法论坛》2016年第2期。

35. 曾赟:《服刑人员刑满释放前重新犯罪风险预测研究》,载《法学评论》2011年第6期。

36. 劳家琦:《累犯从严量刑适用实证研究》,载《中国法学》2016 年第 1 期。

37. 曹莉:《刑法禁止令的法律性质与司法适用》,载《中国检察官》2019 年第 19 期。

38. 刘竹君、韩舒宇:《矫正对象“居住地”研究》,载《长江丛刊》2020 年第 10 期。

39. 迟大奎:《论社区矫正中的“裁前风险评估”——实体与程序的双重展开》,载《河南警察学院学报》2019 年第 4 期。

40. 周晓杨:《刑事被害人过错责任之实证考查》,载《国家检察官学院学报》2006 年第 6 期。

41. 吴一澜:《“犯罪人属性情节”在缓刑适用困境辨析》,载《齐齐哈尔大学学报(哲学社会科学版)》2021 年第 1 期。

42. 周光权:《量刑的实践及其未来走向》,载《中外法学》2020 年第 5 期。

43. 罗智勇、李慧涛:《关于〈社区矫正法〉实施中人民法院正确履职的若干思考》,载《法律适用》2021 年第 2 期。

44. 郭伟和:《扩展循证矫正模式:循证矫正在中国的处境化理解和应用》,载《社会工作》2017 年第 5 期。

45. 郭玮:《我国社区矫正裁决前调查制度的完善建言》,载《渭南师范学院学报》2017 年第 2 期。

46. 宋立宵:《审前调查评估时限与案件审限冲突的原因及解决——兼谈〈社区矫正法〉第 18 条》,载《河南司法警官职业学院学报》2020 年第 3 期。

47. 王牧、陈丽娜:《中国社会化行刑措施的体系性完善》,载《社会科学战线》2020 年第 9 期。

48. 杜宣:《行为人前科劣迹规范适用的法教义学分析》,载《法学研究》2017 年第 2 期。

49. 李勇:《认罪罚罪案件量刑建议“分类精准”模式之提倡》,载《河北法学》2021 年第 1 期。

50. 王静:《认罪认罚从宽制度中的被害人权利保障》,载《华东政法大学学报》2021 年第 4 期。

51. 陈珊、冉宇鹏、彭萱:《认知行为治疗降低社区矫正对象再犯率有效性的质性系统评价》,载《宜宾学院学报》2019 年第 7 期。

52. 桂林市中级人民法院课题组:《社会调查报告收集和审查机制的实证研究——以桂林市两级法院未成年人刑事案件为研究对象》,载《中国应用法学》2017 年第 6 期。

53. 陈伟、谢可君:《社区矫正中人身危险性理论适用探究》,载《山东警察学院学报》2016 年第 2 期。

54. 郑洁、袁传有:《社区矫正调查评估中被告人身份多模态话语构建》,载《政法学刊》2018 年第 4 期。

55. 杨刚:《社区矫正调查评估科学化研究》,载《中国司法》2020 年第 10 期。

56. 戴思洋、张明、陈翔:《长株潭地区社区矫正审前调查评估制度研究》,载《湖南警察学院学报》2016 年第 5 期。

57. 刑霞、孙爱民、刘丽杰:《司法治理视域下假释"再犯罪危险"的评估失范与规制》,载《山东法官培训学院学报》2021 年第 3 期。

58. 姜涛:《缓刑适用条件的法条冲突与解决》,载《检察日报》2020 年 7 月 2 日,第 3 版。

59. 唐震:《未成年人被告人个体情况调查报告的法律性质及其运用》,载《法治论丛》2002 年第 6 期。

60. 王茵、郭红钰:《基于 CART 的社区矫正人员危险性评估》,载《计算机与现代化》2018 年第 8 期。

61. 陈珠、叶凌:《刑事案件审前社会调查制度实证研究——以长乐法院审前社会调查运行情况为标本》2014 年第 1 期。

62. 陈龙、沈运峰:《分级处遇完善论:从事实危险性到规范危险性》,载《中国监狱学刊》2020 年第 5 期。

63. 王平、史希宏:《刑罚交付执行中的疑难问题与制度构建》,载《中国检察官》总第 333 期(2020 年)。

64. 郑洁:《身份多模态话语构建的个体化研究——以社区矫正适用前调查评估为例》,载《西安外国语大学学报》2019 年第 2 期。

65. 张明楷:《论预防刑的裁量》,载《现代法学》2015 年第 1 期。

66. 李云雄:《社区矫正审前调查制度浅析》,载《中国司法》2009 年第 8 期。

67. 敦宁:《缓刑适用的规范化进路——以制度完善为中心的理论探讨》,载《法治研究》2014 年第 9 期。

68. 刘倩:《监禁刑执行路径探索的文献综述》,载《辽宁公安司法管理干部学院学报》2020 年第 1 期。

69. 王书剑:《社区矫正调查评估报告研究——兼与未成年人刑事案件社会调查报告比较》,载《预防青少年犯罪研究》2020 年。

70. 许芝萍:《天津市社区矫正工作的机制及对策研究》,载《天津法学》2021 年。

71. 杜宣:《行为人前科劣迹规范适用的法教义学分析》,载《首都师范大学学报(社会科学版)》2017 年。

72. 梁皓:《社区矫正运行程序的实践探究》,载《人民司法》2015 年。

73. 王青:《"无逮捕必要"情形的社会危险性分析》,载《中国检察官》2013 年第 13 期。

74. 夏勇:《关于量刑根据的反思》,载《法治研究》2012 年第 4 期。

三、学位论文类

1. 王耀忠:《非监禁刑问题研究》,武汉大学 2013 年博士学位论文。

2. 杨凡:《社区矫正适用前社会调查评估调研报告》,湖南大学 2019 年硕士学位论文。

3. 余俊:《社区矫正裁前评估研究》,四川师范大学 2017 年硕士学位论文。

4. 卢振:《社区矫正调查评估研究》,南京师范大学 2016 年硕士学位论文。

5. 袁浩:《上海市闵行区社区矫正审前调查制度研究》,上海师范大学 2018 年硕士学位论文。

6. 王星:《缓刑适用中的社区影响评估制度研究》,内蒙古大学 2020 年硕士学位论文。

7. 魏桥一:《未成年人犯罪社区矫正制度实证研究——以 C 市 W 区为例》,四川省社会科学院 2019 年硕士学位论文。

8. 王超:《监禁矫正效能实证研究》,吉林大学 2015 年博士学位论文。

9. 林岚虹:《社区矫正人员执行地确定问题研究》,厦门大学 2019 年硕士学位论文。

10. 鲁小锋:《社区矫正社会调查评估制度研究》,湖南大学 2013 年博硕学位论文。

11. 陈丹:《我国社区矫正工作的现状及实效性提升研究》,复旦大学 2011 年硕士学位论文。

12. 石作洲:《社区矫正的理论与实践研究》,华侨大学 2014 年博士学位论文。

13. 周剀:《未成年人刑事社会调查制度研究》,西南政法大学 2015 年硕士学位论文。

14. 段李杜:《社区矫正前评估机制研究》,湘潭大学 2012 年硕士学位论文。

15. 吴敏滔:《人民法院参与社区矫正工作实务研究》,广西师范大学 2020 年硕士学位论文。

16. 刘璐:《农村社区矫正的困境与出路》,吉林大学 2018 年硕士学位论文。

四、中文网站类

1. http://gongbao. court. gov. cn/Details/c15ac3fd6bd534567eec8e047941eb. html。

2. http://gongbao. court. gov. cn/Details/c70030ba6761ec165c3c2f0bd2a12b. html。

3. http://gongbao. court. gov. cn/Details/fcadfe71e8d5a54acd8f840f768e65. html。

4. https://baike. baidu. com/item/% E5% 85% B8% E5% 9E% 8B% E8% BE6% 9F% A5/5400899? fr = aladdin。

五、外文论文类

1. Johnson, Charles L. & Barry D. Smith. 1980. Pattems of Probation and Parole Organization. Federal Probation 44:43 – 51.

2. McGee Richard A. 1981. Prisons and Politics. Lexington, MA: Lexington Books.

3. Berk Richard A. & Sheldon L. Messinger, et al. 1983. "Prisons as Self – Regulating Systems: A Comparison of Historical Patterns in California for Male and Female Offenders." Law and Society Review 17:547 – 586.

4. Rogers Joseph W. & Norman S. Hayner. 1963. "The Ideal Parole Board: Views from the Correctional World and the Society of Captives." Proceedings of the

American Correctional Associatian 1963:287 - 300.

5. Allen Harry E. , Eric W. Carlson & Evalyn C. Parks. 1979. CriticalLssuesinAdultProbation: Summary. Washington, DC: U. S. DepartmentofJustice, p. 33

6. Petersilia Joan & Susan Turner, et al. 1985. GrantingFelonsProbation. SantaMonica, CA: RandCorporation, p. 22.

7. Erwin. Billie S. & Lawrence A. Bennett. 1987. "New Dimensionsin Probation: Georgia's experience with Intensive Probation Supervision (IPS)." National Institute of Justice, Researchin Brief. Washington, DC. U. S. Department of Justice. Euwles, Saled. 1959 "A Comparative Study of Two Delinquency Areas National Review of Criminal Science (UAR) 2:1 - 15.

8. Delinquency as the Failure of Personal and Social Controls, American Sociological Review 16:196 - 207.

9. Glaser Daniel & Richard F. Hangren. 1958. "Predicting the Adjustment of Federal Probationera. National Probation and Parole Association journal 4:258 - 267.

10. Landis, Judson, James D. Mercer, & Carole E. Wolff. 1696. "Success and Failure of Adult Probationers in California." Journal of Research in Crime and Delinquency 6:34 - 40.

11. Ronndtree, George A. Dan W. Edwards & Jack B. Parker. 1984. "A study of the Personal Characteristics of Probationers as Related to Recidivism." Journal of Offender Counseling. Services and Rehabilitation 8:53 - 61.

12. Jay S. Albanese, Criminal Justice, 2nd ed. (Boston, MA: Allyn and Bacon 2003), p. 186.

13. Rolando V. del Carmen & Chad R. Trulson, Juvenile Justice: The system, process, and Law (Belmont, CA: Thomas Wadsworth, 2006), p278.

14. Allen Harry E. , Eric W. Carlson & Evalyn C. Parks. 1979. CriticalLssues in Adult Probatioon: Summary. Washington, DC: U. S. Department of Justice.

15. Carter Robert M. & Leslie T. Wilkius. 1967. "Some Factors in Sentencing Policy." Journal of Criminal Law, Criminology and PoliceSinence 58:503 - 514.

16. Ebbesen, Ebbe B. & Vladimir J. Konecni. 1981. The Process of Sentencing Adult Felons: A Causal Analysis of Judicial Decisions. p. 413 - 458 in The Trial

Process, edited by B. Sales. New York: Plenum Press.

17. Carlson Eric W. & Evalyn C. Parks. 1979. Critical Issues in Adult Probation: Issues in Probation Management. Washington, DC: U. S. Department of Justice.

18. Morris Joe Alex. 1970. First Offender. New York: Funk and Wagnalls.

19. Mattick Hans W. & Broderick E. Reischi. 1975. Some Problem in the Evaluation of Criminal Justice Programs. Chicago: University of Illinois at Chicago Circle, Center for Research in Criminal Justice.

20. Umphries B., "What else Counts as Evidence in Evidence – based Practice Social Work", Social Work Education, Vol. 22(. 1) 2003, p. 81 – 91.

21. Guynes Randall. 1988. "Difficult Clients, Large Caseloads Plague Probation, Parole Agencies." National Institute of Justice, Research in Action. Washington, De: U. S. Department of Justice.

22. James Bonta & Andrews D. A., The Psychology of Criminal Conduct, Sixth Edition, London and New York: Routledge, 2017, p. 33 – 34.

23. Billie S. Erwin & Lawrence A. Bennett, New Dimensions in Probation: Georgia's Experience With Intensive Probation Supervision (IPS), National Institute of Justice, Vol. 24, 1987.

六、在读期间发表的学术论文与研究成果

1.《中缅跨国婚姻中的妇女贩运研究》,载《河南警察学院学报》2019 年 6 期。(译作)

2.《全球性剥削型人口贩运发案率的评估策略研究》,载《河南警察学院学报》,2020 年第 3 期。(译作)

3.《女性主义犯罪论本土化研究》,载《长春大学学报》第 4 期,2020 年 3 期。

4.《紧张、负面情绪和中国被监禁妇女的犯罪水平》,载《警学研究》2020 年第 2 期。(译作)

5.《三螺旋理论视角下社区矫正人才协同培养机制研究》,载《广西民族师范学院学报》2021 年第 3 期。

6.《社会纽带理论下涉罪未成年人社会危害性影响因素实证研究》,载《青少年犯罪问题》2021 年第 3 期。

7.《“犯罪人属性情节”在缓刑适用困境辨析》,载《齐齐哈尔大学学报(哲学社会科学版)》2021 年第 1 期。

8. The impart of criminal psychology trend prediction based on deep learning algorithm and three – dimensional convolutional neural network. journal of ambient intelligence and humsnized computing. Sep 2021.

附录 1

安徽省 2018 年版社区矫正适用前调查评估意见呈批表

被调查人姓名		年龄		身份证号	
文化程度		民族		联系电话	
户籍地				居住地	
工作单位					
居住地调查小组意见	调查人签字： 日期：				
居住地司法所意见	所长签字： （盖公章） 日期：				
评估小组意见	集体研究意见为： 评估小组成员签字确认： 日期：				
法制审核意见	负责人签字： 日期：				
司法局意见	负责人签字： （盖公章） 日期：				

调查评估意见书

________司调评(　　)字　号

__________________人民法院(人民检察院、公安局、监狱)：

受你单位委托，我局于________年____月____日至________年____月____日对被告人(犯罪嫌疑人、罪犯)是否适用社区矫正进行了调查评估。有关情况如下：

____

____

____

____

综合以上情况，(基本具备、具备、不具备)适用社区矫正的条件。

(公章)

年　月　日

附录 2

安徽省 2021 年版社区矫正适用前调查评估意见呈批表

被调查人姓名		年龄		身份证号	
文化程度		民族		联系电话	
户籍地				居住地	
工作单位					
居住地调查小组意见	调查人签字： 日期：				
居住地司法所意见	所长签字： （盖公章） 日期：				
评估小组意见	集体研究意见为： 评估小组成员签字确认： 日期：				
法制审核意见	负责人签字 日期：				
社区矫正机构意见	负责人签字（盖公章） 日期：				

附录 3

C 省规范性社区矫正附录中调查评估意见呈批表

<table>
<tr><td>被调查人姓名</td><td></td><td>年龄</td><td></td><td>身份证号</td><td></td></tr>
<tr><td>文化程度</td><td></td><td>民族</td><td></td><td>联系电话</td><td></td></tr>
<tr><td>户籍地</td><td colspan="3"></td><td>居住地</td><td></td></tr>
<tr><td>工作单位</td><td colspan="5"></td></tr>
<tr><td>调查评估小组意见</td><td colspan="5">小组成员签字：

日期：</td></tr>
<tr><td>社区矫正机构意见</td><td colspan="5">负责人签字(公章)

日期：</td></tr>
</table>

附录4

调查评估意见

( )矫调评字第号:

受你单位委托,我单位于　　年　　月　　日至　　年　　月　　日对拟适用社区矫正的被告人(罪犯)是否适用社区矫正进行了调查评估。有关情况如下:

综合以上情况,我单位认为具备(不具备)适用社区矫正的条件。

(公章)

年　　月　　日

访谈提纲:

法院

1. 法院委托调查评估相关法律依据及政策规定;

2. 从法院作为决定机关视角,何时、何种情形下以及如何启动调查评估的程序;

(法院在适用缓刑的标准,《刑法》《刑事诉讼法》的规定比较宽泛)

3. 对于审前调查评估法院的考量及衡量标准,在实际执行层面如何具体把握;

4. 法院采信社区矫正机构调查评估结果的标准及程序以及对于司法行政机关的调查评估结果的采信率是多少(法院对社区影响评估的内容期望);

5. 在评估时如何确定委托的司法行政机关(如何确定所在地,有何程序),户籍地和经常居住地的选择;

6. 适用速裁案件、简易程序的评估时间的问题(案件审限制较短的案件)与评估工作时限工作的冲突和建议;

7. 未成年人案件评估。

检察院

1. 检察机关委托调查评估相关法律依据及政策规定;

2. 从检察机关视角,何时、何种情形下以及如何启动调查评估的程序;

3. 对于未成年人调查评估，检察机关的考量及衡量标准，在实际执行层面如何具体把握；

4. 检察机关采信社区矫正机构调查评估结果的标准及程序；

5. 检察机关对本地相关案件开展适用社区矫正调查评估的实际效果评价；

6. 检察机关委托调查评估与决定机关评估的实际工作的衔接（决定机关是否认可检察机关组织的调查评估的结论）；

7. 检察机关对于司法行政机关给予决定机关的调查评估结果有没有做具体的了解以及在决定机关是否采用的这一层面进行研究并给予决定机关一定的建议。

录音标题	录音编码
2021年3月10日蜀山区人民法院访谈	SSFT210310
2021年3月19日瑶海区人民法院访谈	YHFG210319
2021年3月25日长丰县人民检察院访谈	JCY210325
2021年3月25日长丰人民法院两名法官混合访谈	CF2FG210325
2021年3月29日包河区未审庭长访谈	WSTZFT210329
2021年7月1日包河区人民法院访谈	BHFG210701
2021年7月2日LY区人民检察院访谈	LYJCY210702
2021年10月21日省司法厅01	STYFZRZC211021
六安市裕安区人民法院01	FYFG1－01
肥东县司法所所长访谈	FDWSZ
人民检察院01	JCY01
人民检察院02	JCY02
人民检察院03	JCY03
六安市裕安区人民法院02	LAYAZFG
六安市裕安区人民检察院01	QYLFY－02
2021年3月14日六安市司法所矫正中心访谈	LASFS JZZX3.14
六安市司法所矫正中心访谈	LASFS JZZX
六安市裕安区人民法院01	JCY210319－01

续表

录音标题	录音编码
六安市裕安区人民法院02	JCY210309－02
六安市裕安区人民法院03	JCY210309－03
2021年10月20号合肥市社区矫正负责人邵	HFSQJZ211020
省厅社区矫正负责人	STSQJZ

地区名称	地区编码
河南省	B省
江苏省	C省
合肥市	A市
铜陵市	B市
马鞍山市	C市
六安市	D市
上海市	E市
蚌埠市	F市
宿州市	SZ市
池州市	CZ市
绍兴市	SX市
淮南市	HN市
安庆市	AQ市
黄山市	HS市
芜湖市	HW市
亳州市	BZ市
巢湖市	CE市
新郑市	XI市
常熟市	CS市
宁波市	NB市
长丰县	E县

续表

地区名称	地区编码
宁国县	NG 县
石台县	ST 县
包河区	BH 区
蜀山区	SH 区
瑶海区	YH 区
庐阳区	LY 区
裕安区	YA 区
贵池区	GC 区
海曙区	HS 区
矶滩乡	JT 乡